权威 · 前沿 · 原创

重庆人才蓝皮书

BLUE BOOK OF CHONGQING'S TALENT

重庆人才发展报告

2023

重庆市人才研究和人力资源服务协会　编

重庆大学出版社

图书在版编目（CIP）数据

重庆人才蓝皮书：重庆人才发展报告. 2023 / 重庆
市人才研究和人力资源服务协会编. –– 重庆：重庆大学
出版社, 2023.12
（蓝皮书系列）
ISBN 978-7-5689-4319-2

Ⅰ.①重…　Ⅱ.①重…　Ⅲ.①人才—发展战略—研究
报告—重庆—2023　Ⅳ.①C964.2

中国国家版本馆 CIP 数据核字(2023)第 250641 号

重庆人才蓝皮书：
重庆人才发展报告（2023）
CHONGQING RENCAI LANPISHU：CHONGQING RENCAI FAZHAN BAOGAO（2023）

重庆市人才研究和人力资源服务协会　编
责任编辑：顾丽萍　　版式设计：顾丽萍
责任校对：邹　忌　　责任印制：张　策
＊
重庆大学出版社出版发行
出版人：陈晓阳
社址：重庆市沙坪坝区大学城西路 21 号
邮编：401331
电话：(023)88617190　88617185(中小学)
传真：(023)88617186　88617166
网址：http：// www. cqup. com. cn
邮箱：fxk@ cqup. com. cn（营销中心）
全国新华书店经销
重庆升光电力印务有限公司印刷
＊
开本：720mm × 1020mm　1/16　印张：16.75　字数：302 千
2023 年 12 月第 1 版　　2023 年 12 月第 1 次印刷
ISBN 978-7-5689-4319-2　定价：98.00 元

目录
CONTENTS

实践篇 ▶

附　录 ▶

综合篇

国家人才战略布局下推进重庆人才战略布局研究

——以建设先进制造业人才集聚平台为例

重庆社会科学院课题组

摘　要:通过对相关政策文件和实践案例的分析,提出了以下四点结论:首先,重庆应充分利用国家人才政策的支持,加大对先进制造业人才的引进和培养力度;其次,建设先进制造业人才集聚平台需要整合各类资源,包括高校、科研机构、企业等,形成产学研用一体化的创新生态系统;再次,重庆还应注重人才培养和激励机制的建设,提供具有竞争力的薪酬和福利待遇,吸引和留住优秀人才;最后,重庆应积极开展人才交流与合作,与其他地区、企业建立合作平台,促进人才的流动和共享。

关键词:人才集聚平台　人才引进和培养　人才培养和激励机制　人才交流与合作

党的二十大报告明确提出,完善人才战略布局,加快建设世界重要人才中心和创新高地,着力形成人才国际竞争的比较优势,把各方面优秀人才集聚到党和人民事业中来。重庆作为西部地区唯一直辖市、长江上游地区经济中心、国家中心城市,具备建设吸引集聚人才平台的基础,可依托先进制造业发展优势,探索西部内陆地区推进国家人才平台建设的特色之路。

一、建设背景和内涵价值

(一)国家战略人才布局的背景和要求

2021年9月,习近平总书记在中央人才工作会议上发表重要讲话,提出了新时代实施人才强国战略的总体目标,即"加快建设世界重要人才中心和创新高地",并且提出了2025年、2030年、2035年的三步走战略布局。加快建设世界重要人才中心和创新高地,需要进行战略布局。习近平总书记指出:综合考虑,可以在北京、上海、粤港澳大湾区建设高水平人才高地,一些高层次人才集中的中心城市也要着力建设吸引和集聚人才的平台,开展人才发展体制机制综合改革试点,集中国家优质资源重点支持建设一批国家实验室和新型研发机构,发起国际大科学计划,为人才提供国际一流的创新平台,加快形成战略支点和雁阵格局。国家综合考虑经济社会发展目标和科技、产业等布局,综合区域经济发展水平、人才队伍规模质量、科技创新能力、国家战略性需求和基础设施建设等因素,结合现有国家级科创中心、自贸区、高新区、示范区等功能区建设,梯次推进世界重要人才中心和创新高地建设。充分发挥北京、上海、粤港澳大湾区以及高层次人才集中的中心城市国际化程度高、文化兼容性强、事业发展平台大、高层次人才集中的优势,加快教育、科技、文化设施布局和建设,加大研发投入,加速创新业态培育,提升公共服务水平,开展人才政策改革创新试点,使之成为全国对外开放程度最高、创新活力最强、科技和人才成果最丰富的国家人才示范区。

(二)重庆先进制造业人才集聚平台的区域化建设要求

从区域化建设要求来看,在新形势下,重庆深入贯彻落实中央部署、推动高质量发展、建设改革开放新高地的战略部署,必须加快建设西部人才中心和创新高地。重点要结合重庆实际,发挥战略机遇、人才集聚、良好生态、产业发展等优势,找准有效路径,进一步推动形成重庆人才队伍结构合理、人才发展平台能级较高、人才制度体系健全、创新创业活力迸发、人才作用发挥突出、人才生态近悦远来的良好局面。

重庆产业相较于传统制造业,先进制造业和新兴产业中的制造业部分对高端人才的战略性需求更高。目前,重庆市制造业人才的培养以及人才队伍的建设工作与建设制造强市的宏伟战略的现实需求之间有一段距离:缺乏专业系统的制造业人才培训和科学完善的学科体系;一些企业缺少精细的培训,人才的专项技能提升空间不足;缺乏专注、敬业的工匠精神等;迫切需要加快先进制造业人才集聚平台建设。重庆市委六届二次全会提出,"加快建设国家吸引和集聚人才平台"。重庆市战略区域优势独特、产业优势、区位优势、生态优势、体制优势突出,综合考虑重庆区域经济发展水平、人才队伍规模质量、科技创新能力、国家战略性需求和基础设施建设等因素,结合市委六届二次全会提出的经济社会发展目标和科技、产业等布局,可以探索以先进制造业来推进国家吸引和集聚人才平台建设。

建设先进制造业人才集聚平台是全面贯彻新时代制造强国、科技强国、人才强国的路径选择。制造业企业的转型升级、技术的进步与企业创新能力的提升都需要大量的人才作为转型升级的重要推动力量,需要不断加大科技投入。人才效应带来的经济收益更为可观,人才资源成为制造业升级过程中的核心资源。加强基础研究和应用基础研究,打造原创技术策源地,力争关键核心技术取得重大突破。疏通基础研究、应用研究和产业化双向链接的快车道,推进制造业创新链、产业链、人才链深度融合,打造一批现代产业链"链长"企业。建设先进制造业人才集聚平台是应对国际产业人才竞争的战略选择。2018年7月,布鲁金斯学会发布的《全球制造业记分牌》报告,在美、英、日、德、中等19个国家中,中国制造业的竞争力排在第12位,其中,在劳动力素质方面,中国排在第17位,在教育支持力度、劳动生产率、劳动参与率等方面,中国仍落后于世界大多数发达经济体。

(三)先进制造业人才集聚平台的内涵界定

先进制造业在国家产业体系中具有独特的作用。先进制造业是指不断吸收信息、机械、材料以及现代管理等方面的高新技术,并将这些先进的技术综合应用于制造的各个环节和全过程,从而取得较好的经济效益和社会效益的制造业总称。先进制造业在统计分类和标准中没有确切的规定。先进制造业体现为:一是产业的先进性,具有较高的附加值和技术含量,通常指高技术产业或新兴产业;二是技术的先进性,在技术和研发方面保持先进水平;三是管理的先进性,即采用先进的管理方式方法和技术手段。根据国家统计局发布的《国民经济行业分类》,制造业可以分为汽车制造业,铁路、船舶、航空航天和其他运输设备制造业,电气机械和器材制造业,计算机、通信和其他电子设备制造业,仪器仪表制造业等30个门类。高技术产业(制造业),是指国民经济行业中R&D投入强度相对高的制造业行业,包括:医药制造,航空、航天器及设备制造,电子及通信设备制造,计算机及办公设备制造,医疗仪器设备及仪器仪表制造,信息化学品制造等6大类。按照国家税务总局的标准,生产并销售"非金属矿物制品""通用设备""专用设备""计算机、通信和其他电子设备""医药""化学纤维""铁路、船舶、航空航天和其他运输设备""电气机械和器材""仪器仪表"归于先进制造行业。《广东省先进制造业发展"十三五"规划(2016—2020年)》重点发展先进装备制造业、先进材料制造业、新一代信息技术产业、生物医药产业等4大产业、21个细分领域。重庆市提出制造业主要以新一代信息技术、新能源及智能网联汽车、高端装备、新材料、生物技术、绿色环保等产业为重点方向。党的二十大以来，重庆根据新形势新要求，结合地方发展的特色优势，提出了新的产业发展方向和要求。

人才集聚平台建设要求是综合考虑经济发展水平、人才队伍规模质量、科技创新能力和基础设施建设等因素，打造成为特色鲜明、优势互补、协同发展的人才集聚平台。国家人才集聚平台建设目标则需要根据地区发展的基础条件打造平台，具体如下：一是在部分领域聚集一批在全球具有影响力的战略科技人才、青年人才；二是在部分领域聚集一批重大科技创新平台，形成一批有分量的科研成果；三是形成较为精准的政策支持体系；四是构建具有区域比较优势的人才发展生态。

二、发展现状和独特优势

习近平总书记于2019年4月15—17日在重庆考察时强调，重庆要坚定不移推动高质量发展，扭住深化供给侧结构性改革这条主线，把制造业高质量发展放到更加突出的位置，加快构建市场竞争力强、可持续的现代产业体系。重庆作为中西部唯一的直辖市和重要的国家中心城市，近年来城市开放度与产业外向度大幅提升，重庆市大力加强制造业建设，各行业呈现聚集的态势。

（一）发展现状

《成渝地区双城经济圈建设规划纲要》提出，把成渝地区双城经济圈建设成为具有全国影响力的重要经济中心、科技创新中心，深入推进国家战略性新兴产业集群发展工程，培育具有国际竞争力的先进制造业集群。《重庆市国民经济和社会发展第十四个五年规划和2035年远景目标纲要》提出，把制造业高质量发展放到更加突出的位置，培育具有国际竞争力的战略性新兴产业集群和先进制造业集群，巩固壮大实体经济根基，加快建设国家重要先进制造业中心，推动工业经济迈上3万亿级新台阶。围绕新一代信息技术、新能源及智能网联汽车、高端装备、新材料、生物技术、节能环保6大重点领域，集中优势资源培育一批产值规模超千亿的产业集群和基地，带动全市战略性新兴产业规模迈上万亿级。深入实施智能制造和绿色制造，加快发展服务型制造，推动电子、汽车摩托车、装备制造、消费品、材料等产业向高端化、智能化、绿色化转型。

综合判断,重庆制造业已具备实现更高水平、更有效率发展的基础和条件。未来5~15年的时间,是重庆制造业跨关口、培优势、上台阶的战略决胜期,发展成效将直接决定重庆在全球制造业版图中的地位。必须紧紧抓住当前难得的战略机遇,积极应对挑战,加快建设具有国际竞争力的先进制造业人才基地,努力完成建设国家重要先进制造业中心的历史使命。

(二)发展优势

重庆作为国家中心城市和西部地区唯一的直辖市,兼具区位优势、生态优势、产业优势、体制优势,在国内大循环中,西部地区加快工业化、城市化进程,为重庆制造业发展提供了广阔市场空间;在国际循环中,重庆已构建起西部陆海新通道、中欧班列(成渝)等国际贸易大通道,为重庆制造业要素集聚和产成品输出提供了便利条件。成渝地区双城经济圈发展战略的实施,将有效促进国内两大制造业基地生产要素资源合理流动、高效聚集、优化配置。大数据智能化的率先实践给重庆制造业转型升级指明了有效路径。通过持续推进大数据智能化发展战略,全市数字产业化、产业数字化进程不断加快,在新一代信息技术赋能制造业转型升级上走在全国前列。高度契合全球新一轮科技革命和产业变革的趋势,让重庆在全球产业竞争中占据了先机。

一是集成多重国家战略,履行国家战略使命,在区域协调发展战略中发挥引领作用,是构建我国战略回旋空间和推动安全发展的重要屏障。习近平总书记高度重视重庆发展,多次对重庆工作作出重要指示批示,强调重庆是西部大开发的重要战略支点,处在"一带一路"和长江经济带的联结点上,在国家区域发展和对外开放格局中具有独特而重要的作用,要求重庆建设内陆开放高地、山清水秀美丽之地,推动高质量发展、创造高品质生活,推动成渝地区双城经济圈建设,努力在推进新时代西部大开发中发挥支撑作用、在推进共建"一带一路"中发挥带动作用、在推进长江经济带绿色发展中发挥示范作用。新时期,重庆还承担着国家新一代人工智能创新发展试验区、首批数字经济创新发展试验区、全面创新改革试验区、国家级服务贸易创新试点等20余项重要国家级创新试点改革任务。新一轮我国发展改革任务的全面推进,赋予了重庆全新的重要使命,承担多重国家战略,也为重庆发展创造了新的重大机遇。作为习近平总书记亲自谋划、亲自部署、亲自推动的成渝地区双城经济圈极核城市之一,重庆将持续推进高质量发展,更好地履行带动全国高质量发展的重要增长极和新的动力源的神圣使命。

二是集聚雄厚产业体系,加速推进制造业数字化、网络化、智能化水平,在提升产业基础高级化和产业链现代化中发挥核心作用,是巩固壮大实体经济根基的重要保障。重庆是我国传统的老工业基地,工业经济发展水平一直位居全国前列。在我国41个工业门类中,重庆拥有39个,其中拥有全部31个制造业大类行业门类,基本建成门类齐全、产品多样的制造业体系,笔记本电脑、手机、汽车、摩托车产量占全国比重分别超过24%、9%、6%、29%,已经建成国内最大已二酸、氨纶生产基地;形成电子信息产业、汽车产业等两个5000亿元产业集群和装备制造、新材料等多个千亿级产业集群。其中,重庆的汽车产业在全国具有举足轻重的地位,已形成"1+10+1000"的全产业链配套格局,总产能接近400万辆,发展势头良好。

重庆还是重要的机器人产业聚集区之一,全国唯一的通航全产业链发展试点省市。2021年,重庆规模以上工业总产值达2.6万亿元,增加值增长10.7%。规模工业战略性新兴产业增加值占规模工业增加值比重达到28.9%,规模以上工业实现利润1877.5亿元,两年平均增长28.5%,高出全国10.3个百分点。规模以上工业营业收入排在全国第五(前四强为上海、苏州、深圳、北京),是西部唯一进入全国十强的城市。汽摩产业、电子制造业、医药产业、装备产业等制造业"主引擎"产业的增加值均呈两位数增长。数字经济增加值占地区生产总值比重已达到27.2%。"芯屏器核网、云联数算用、住业游乐购"已经成为重庆建设"智造重镇""智慧名城"的重要应用场景,"芯屏器核网"全产业链不断壮大,新集聚大数据智能化企业1000余家。高技术产业和战略性新兴产业对工业增长贡献率分别达到37.9%、55.7%。

三是集中丰富科教资源,推进科、产、城、教深度融合,在推进以大数据智能化为引领的创新发展中发挥支撑作用,是实现区域高质量发展的重要引擎。重庆是高等教育发展大市,拥有高校70所,居全国第4位、西部第1位。重庆大学机械工程学科是国家首批一级重点学科和一级学科博士学位授权点,将以前沿、交叉、国家战略需求为导向,重点攻克国之重器装备中的极端传动和智能传动。电气工程学科承担"西电东送"国家重大工程和智能电网关键技术攻关和应用基础研究项目,已为国家重大需求及电力网安全可靠运行提供了重要的基础理论和技术支撑。土木工程学科为重庆市一级重点学科、国家品牌专业,将重点围绕新型城镇化和重大基础设施建设系统,以山地城镇建设安全与智能化为研究重点。重庆大学还有车辆工程、电机与电器等19个国家二级重点学科。西南大学将进一步打造生物学、教育学优势领域,通过生物学一流学科建设,提高生命科学、农业科学、生物医药等领域竞争力,彰显农业科技办学特色。2021年重庆市制造业从业人员约222.6万人,规模以上工业从业人员145.4万人,汽车、电子、智能装备制造等行业领域集聚人才相对较多,其中汽车行业人才约26.5万人,电子行业约29.3万人。重庆市创新创业创造的环境不断优化,活力不断增强,"近悦远来"人才生态成为重庆科技、人才事业发展的响亮品牌。

四是集结高能科创设施,强化战略科技力量生成,承载国之重器,在参与国际科技竞争中发挥主导作用,是提升区域技术创新能力的重要平台。加速建设高能科创设施,强化战略科技力量入驻布局,集成"大科学装置+国家重点实验室+工程技术研究中心+企业技术中心+领域技术创新中心"研发设施体系,有力承载国之重器。截至2021年底,市级及以上重点实验室220个,其中国家重点实验室10个。市级及以上工程技术研究中心364个,其中国家级中心10个。新型研发机构179个,其中高端研发机构77个。大力推进大科学装置建设。推进超瞬态实验装置、分布式雷达验证试验场、长江模拟器、野外科学观测站等大科学装置建设。加快重要研发平台建设。国家儿童健康与疾病临床医学研究中心、国家应用数学中心等国家科技创新基地和基础学科研究平台获批建设。中国科学院重庆科学中心、北京大学重庆大数据研究院、重庆医科大学国际体外诊断研究院等研发机构建成投用。正在推进建设重庆高端数控机床研究院、重庆汽车轻量化材料工程研究院、重庆国际免疫研究院、重庆先进病理研究院、重庆医科大学国际体外诊断(IVD)研究院等高端研发机构。两江协同创新区新引进科研院所10家,集聚院士团队14个。联合微电子中心获批成为国家级制造业创新中心,重庆市畜牧科学院获批建设国家生猪技术创新中心。国家级"专精特新"小巨人企业、高新技术企业、科技型企业分别达到118家、5108家、3.69万家,有研发机构的规模以上工业企业占比预计达到30%。全市5000多家高新技术企业和近4万户科技型企业,三成以上规模工业企业拥有自己的研发机构。2021年,全年专利授权7.62万件,其中发明专利授权0.94万件,有效发明专利4.23万件。建设环大学创新生态圈10个。2021年,全市已建成国家备案众创空间55个、国家级科技企业孵化器26个。重组科技投资平台,发放知识价值信用贷款223.52亿元,增长53.4%;创投基金投资项目1436个,金额180.6亿元;培育科技型企业36939家,增长40.1%;发展高新技术企业5108家,增长21%;规模以上工业企业研发投入强度1.65%,企业创新动力、活力、能力明显增强。

(三)问题与不足

重庆市制造业人才结构不合理,与建设全国重要先进制造业中心要求不相适应。主要表现在以下四个方面。

一是制造业人才结构不合理、高技能人才匮乏。我国高技能人才总量占比低,仅为5%左右,远低于德国等制造强国高技能人才占技能劳动者总量比重(40%~50%)。制造业领军人才、大国工匠紧缺,基础制造、先进制造技术等领域高端人才严重不足,部分产业集群及重点领域的人才供需不平衡。汽车、摩托车、电子、装备、化工、医药、材料、消费品、能源等重点产业领域有大量缺口。大数据智能化、高端制造、生物医药等新兴产业领域相关的行业人才缺口相对较大,电子行业、装备行业、医药行业的人才缺口分别达25%、17%、11%,三大行业占总缺口的53%。

二是制造业人才高学历、高职称产业人才占比低。从学历结构来看,全市重点产业高学历人才较少,硕士研究生及以上学历人才占比仅为2.2%,不足5%,其中,装备行业高学历人才占比最高,仅为6.7%;医药行业、汽车行业、电子行业、能源行业、摩托车行业高学历人才占比分别为2.9%、2.5%、2.4%、2.3%、2.3%,其余行业均不足1%。从职称结构来看,全市重点产业高级职称人才数占比仅为2.3%,其中,电子行业高级职称占比最高,仅为5.1%;装备行业、材料行业、能源行业、化工行业、医药行业高级职称占比分别为4.3%、2.7%、2.6%、2.1%、1.2%;汽车行业高级职称占比仅为0.8%。

三是平台集聚能力不强,创新综合实力弱。全市一流高校和一流学科高校分别仅1家,低于四川的2家和6家以及陕西的3家和5家;中央部门所属地在渝院所3家,远低于四川的27家和陕西的38家;全市国家重点实验室仅有8个,低于四川、陕西的13个、21个;国家工程技术中心仅有10个,低于四川的16个;尚未建立国家实验室、国家研究中心等高水平科技创新平台。

四是产业链与人才链匹配不高。市级层面的中高端人才和专业技术人才都集聚在高等院校、科研院所、国有企业,与企业合作不深,科研创新成果转化的效率和水平普遍较低。高等教育、职业教育难以适应产业链不断创新、动态升级的发展需求。以点为主、各自为政引进人才难以形成与产业链匹配的人才链,人才引进必须加强产业上下游统筹、企业大中小跟进。

三、产业动向和人才趋势

(一)国内外先进制造业的发展趋势

制造业是国民经济的主体,是立国之本、强国之基。先进制造业集群作为一种创新型网络组织,能够更加有效地配置创新资源,快速提升国际竞争力,推动集群所在地区的企业提升创新能力,加快迈上全球价值链中高端,需要把握其趋势。

1.我国制造业发展现状及趋势

我国制造业拥有体量大、体系完善健全、品类齐全等特征。2021年,我国制造业增加值为31.4万亿元,同比增长9.8%,占GDP比重自2018年以来首次回升,达27.4%,占全球的比重由22.5%提高到近30%。我国经济建成了世界上最为健全的现代工业体系,也是全世界唯一拥有联合国产业分类中全部工业门类的国家,共拥有41个大类、207个中类和666个小类。光伏、新能源汽车、家电、智能手机等重点产业均已跻身于世界前列,通信设备、工程机械、高铁等产品均已走出国门。

从新兴产业上看,表明新兴产品在制造业的比重越来越大。近年来,我国高技术制造业发展迅速,占规模以上工业增加值的比重逐年上升。高科技制造业的细分行业,如计算机及办公设备制造业、电子及通信设备制造业、航空航天器及设备制造业与医药制造业,均在新冠疫情下逆势增长,增长率远高于规模以上工业,有力地支撑了高科技制造业的兴起。从细分产品来看,许多新兴制造业产品产量增势强劲,尤其是微型计算机设备、集成电路、工业机器人与新能源汽车,其中,新能源汽车在2021年产量同比增长高达145.6%。

从分布特征上看,我国已形成以"一带三核两支撑"为特征的先进制造业集群空间分布总体格局。其中,"一带"指的是沿海经济带,"三核"是指环渤海、长三角、粤港澳三大核心区,"两支撑"包括中部地区和西部地区重点城市圈。环渤海核心地区主要包括北京、天津、河北、辽宁和山东等省市,是国内重要的先进制造业研发、设计和制造基地。其中,北京以先进制造业高科技研发为主,天津以航天航空业为主,山东以智能制造装备和海洋工程装备为主,辽宁则以智能制造和轨道交通为主;长三角核心地区以上海为中心,以江苏、浙江为两翼,主要在航空制造、海洋工程、智能制造装备领域较突出,形成较完整的研发、设计和制造产业链;珠三角核心地区的先进制造业主要集中在广州、深圳、珠海和江门等地,集群以特种船、轨道交通、航空制造、数控系统技术及机器人为主。中部支撑地区主要由湖南、山西、江西和湖北组成,其航空装备与轨道交通装备产业实力较为突出;西部支撑地区以川陕为中心,主要由陕西、四川和重庆组成,轨道交通和航空航天产业形成了一定规模的产业集群。

从发展特征上看,我国制造业向着高端化、绿色化、智能化方向发展。

一是新一代信息技术与现代制造业融合发展。当前,我国大多数企业两化融合基础已较为扎实,局部环节信息化基本实现,融合发展的工作重心正在由"深化局部应用"向"突破全面集成"转变。工业互联网平台作为工业互联网的核心,正成为工业技术与5G、大数据、人工智能、区块链等技术融合创新的关键载体。

二是先进制造业与现代服务业深度融合。新一代信息技术、人工智能等应用加速了产业融合进程,催生出众多融合新业态。从企业层面看,企业转型升级步伐加快、路径增多;从产业层面看,制造业、服务业的专业化水平不断提高,同时也会产生两者融为一体的新产业。

三是加大产业基础再造,提升产业链供应链韧性。巩固提升优势产业的国际领先地位,锻造一些"撒手锏"技术,持续增强高铁、电力装备、通信设备等领域全产业链优势。

四是制造业绿色发展的重点方向主要有加强绿色低碳技术创新应用,加快工业企业绿色化改造提升,全面推行绿色制造、共享制造、智能制造,支持企业创建绿色工厂。

2.发达国家发展先进制造业新动向

近年来,欧美等发达国家重新审视制造业的地位和作用,大力发展先进制造业,呈现出一系列新的发展趋势。

在战略导向上,将制造业视为促进经济繁荣和保障国家安全的重要基石。金融危机以来,欧美等发达国家和地区重新强调制造业的重要性,大力推行"再工业化"战略,尤其是2018年以来,加大力度支持先进制造业发展。美国发布《确保美国先进制造业领先地位战略》《评估和强化国防工业基础和弹性供应链》等战略计划,明确提出要增强先进制造业的领导地位,以确保其国家安全和经济繁荣。德国在深入实施"工业4.0"的基础上,出台《高科技战略2025》《国家工业战略2030》等,以推动制造业数字化转型升级,打造未来竞争的新优势,进一步巩固其制造业的世界领袖地位。日本在实施"社会5.0"的基础上,聚焦工业机器人、工业互联网等先进制造领域,并在发布的《日本制造业白皮书(2018)》中,将构建互联工业体系作为制造业发展的战略目标。

在产业政策上,强化对先进制造业发展的系统性支持。发达国家从技术研发、资金支持、产权保护等方面加大对先进制造业发展的引导和支持力度。如美国加强对人工智能、增材制造等前沿领域的资金支持,将企业所得税从35%降至20%,实施鼓励创新、强化知识产权保护等系列举措,构建促进先进制造业发展的全方位政策支持体系。

在发展路径上,把智能制造作为提升制造业核心竞争力的关键举措。发达国家将智能制造视为先进制造业的发展方向,大力推动制造业发展向数字化、智能化转型。如日本在精密数控机床、工业机器人等先进制造领域广泛应用物联网、人工智能等先进技术,形成由加工中心、物流导轨、上/下料机器人、自动化工装输送线组成的柔性自动化产线,以适应多品种不同批量的制造需求,实现全过程的自动化、智能化生产。

在要素供给上,强调人才的基础性支撑作用。发达国家充分认识到制造业发展正面临劳动力供求不匹配等突出瓶颈,因此要加大政策力度,不断强化高素质人才供给。如德国采取"双元制"职业教育,推行"学徒制"培养方式,弘扬工匠精神,以企业和学校联合办学的模式为产业升级源源不断地输送高素质劳动力。此外,德国技术工人的平均工资远高于英、法、美、日等国,与白领阶层相差不多,优厚的工资待遇确保了稳定的技术人才队伍。

3. 国内外先进制造业发展经验及启示

一是加强核心技术攻关,加快构建制造业创新生态体系。关键核心技术是国之重器,提高我国关键核心技术创新能力,是推动制造强国建设的必由之路。应发挥创新引领发展第一动力作用,面向关键领域的重大需求,采用新机制新模式布局建设一批制造业创新中心,开展关键共性技术研究和产业化应用示范。充分发挥企业的创新主体作用,培育一批具有国际竞争力的创新型领军企业,支持科技型中小企业健康发展,支持科研院所、高校与企业融通创新,打通核心技术研发转移扩散到商业化应用的创新链条,加快创新成果转化应用。进一步强化知识产权保护,构建更加公平公正、开放透明的法治和市场环境,让企业创新热情得到持续激发。

二是以智能制造为主攻方向,推动制造业模式根本性转变。智能制造是制造业未来竞争的制高点,应大力实施智能制造工程,推动重点领域智能转型,打造智能工厂、数字车间,建设智能应用典型经验和做法,加大智能制造试点示范推广力度。大力实施工业互联网创新发展战略,在重点领域着力推广大规模个性化定制、网络化协同制造和服务型制造,建立新型制造模式标准体系、规范和政策措施。

三是健全人才培养体系,打造高素质制造业人才队伍。没有强大的人才队伍做后盾,发展先进制造业就是无源之水、无本之木。应加快搭建校企合作平台,建立能够满足产业发展需求的教育培训体系。加快发展智能制造、大数据、增材制造等新兴工科专业,培养一批适应先进制造业发展的高技术人才。大力弘扬企业家精神和工匠精神,优化企业家创业的社会环境,努力培养大国工匠。

四是完善政策措施,优化制造业发展的营商环境。良好的政策环境是发展先进制造业的重要保障,应在产权保护、维护公平、强化激励机制等方面积极作为,积极营造有利于先进制造业发展的政策环境和制度环境。拓宽制造业企业融资渠道,充分发挥政府投资基金的杠杆引领作用,不断增强金融服务实体经济能力。加强政策协调和组织保障能力,促进各部门协调联动,努力实现科技、金融、产业间的良性循环。

(二)国际先进制造业人才流动趋势分析

先进制造业的竞争归根到底是人才的竞争。进入21世纪,国际人才流动规模持续扩大。由于受到全球公共卫生事件的影响,国际人才流动暂时放缓,但世界各国对高端人才的争夺从未停止,仍是促进国际人才流动的重要因素。国际人才流动呈现出区域化、数字化、共享化和务实化的新变化,正从根本上影响国际人才格局和竞争战略。

一是高端人才需求日趋强烈,其竞争愈发激烈。为在国际竞争中占据有利位置,世界各国对各领域顶尖人才的吸引历来十分激烈。在当前世界格局深刻变化和新技术进步的背景下,各国纷纷出台相关人才政策,"外引""回流"同步推进,各地各国高端人才政策出台愈演愈烈。欧盟多国,特别是法国、德国,为改变移民数量多但高级人才占比并不高的现状,在《阿姆斯特丹条约》正式生效后,有针对性地提高了移民门槛,加大对本国稀缺人才和高技能人才的吸引力度。如欧盟吸引高层次人才的"蓝卡计划"、德国吸引信息技术专家的"绿卡计划"、法国的"优秀人才居留证"制度和"人才护照"计划。为促进本国优秀人才回流,法国设立了国家级海外研究人员归国奖励基金,芬兰推出了杰出教授计划。《2020年欧盟内部劳动力流动年度报告》显示,在2019年欧洲内部人才流动中,34%是高技能人才,46%选择了英国或德国。根据《2020全球竞争力报告》的分析,在全球竞争力前10强国家中,欧洲占据5席。美国政府充分利用移民政策和签证政策,试图将美国打造成为全球人才中心,先后颁布《富布赖特法案》《教育和文化交流法案》和《国际教育法》,将国际人才引进上升到美国国家战略的高度。历届美国政府采取了一系列人才政策和举措,依托完备的移民管理与融入服务体系从全世界吸引人才。拜登政府执政后,认为如果训练有素的人才流失,将会损害美国的竞争力,一改前任政府收紧签证政策的做法,提出为我所用的人才政策,吸引全世界的优秀人才赴美学习,支持扩大高技能签证的数量,并为在美攻读STEM类理工博士学位的外国毕业生提供绿卡。英国一直奉行全球化实用主义人才观,先后推出了"计点积分制"和"全球人才签证",吸引科学、工程、医学、人文、数字技术和艺术与文化领域的人才,同时与基金会合作推出高级人才招聘计划,吸引全球顶级的科学家。日本实施"高级人才"优待制度,放宽对专业技术人才和投资创业人才的在留资格和永住权的审查,先后推出了"积分制""经营管理签证"等吸引人才政策;提出"亚洲人才资金构想",促进外国留学生求学和在日就职,吸引优秀的外国留学生。

二是区域化趋势明显,内部整合明显加速。近年来,全球化浪潮出现逆流,保护主义、单边主义盛行,且新冠疫情等全球公共卫生事件客观上制约了人员国际流动,国际人才全球化流动格局正发生新的变化。基于文化相近、地理相邻等客观因素和一些国家的政治考虑,人才的国际流动出现了区域化和局部化的趋势。欧盟通过"欧盟研发框架计划"、"欧盟劳动力流动计划"、欧洲高等教育区和欧洲研究区的"双区"战略和护照及长久居民证制度,促进欧盟内部人员自由流动,通过整合欧盟各国的科技力量促进欧洲经济的增长。欧盟委员会发布的《欧盟内部劳动力流动年度报告》显示,自2014年起,欧洲内部劳动力流动持续增加,2019年有1300万劳动力在欧洲内部流动。跨大西洋国家也就目前的前沿科技加强科研合作。在人工智能方面,2020年美国、加拿大等15个国家成立首个人工智能全球合作伙伴组织,对人工智能进行合作研究,并试图制定全球人工智能治理规则。在量子科技方面,美国发布提出《美国量子网络战略构想》,计划与他国共同研究量子互联网,延续其在信息技术方面的领先地位。在太空开发方面,美国与加拿大、澳大利亚、英国、日本等国签署了《阿尔忒弥斯协议》,计划利用各国的人力和科技资源开发和利用月球资源。

三是数字化和共享化趋势鲜明,智能制造成为新兴领域。5G、大数据、人工智能、区块链、物联网以及虚拟现实等新技术的迅猛发展,为国际人才交流与合作带来全新的实现路径。新的信息技术正打破物理空间的限制,扩展国际人才交流的边界。美欧多国大量投入虚拟实验室,在大学、研究机构和企业等多个场景广泛运用,借助网络计算机、虚拟现实技术、数字化仪器和软件,全天候对全球实验人员开放,实现了实验资源、实验数据和智力资源的远程共享。各国进行联合人才培养的趋势加强,世界各大名校纷纷在本国之外设立分校或与当地大学合作进行联合培养。专家指出,在印度等信息技术条件相对较好的发展中国家,人才培养"在地国际化"成为可能,学生不用出国,就可以接受国际化、高水平的高等教育。

四是多元化趋势突出,高技能工匠人才队伍保障引起各界高度关注。为应对人口老龄化等全球性挑战和公共卫生事件等非传统安全威胁,各国人才吸引越来越呈现出以问题为导向的需求多元化、政策务实化趋势,不仅吸引高端人才,也同时开启了包括蓝领工人、护工等在内的专业化人员的吸引。人口老龄化带来工作适龄劳动力不足,为解决多个行业面临的"用工荒"难题,日本实行"劳动力开国"战略,大量引进外国蓝领劳工。2019年生效的日本新移民法放宽了14个行业具有特定技能和经验的外籍工人的签证限制,并计划未来允许获得"特定技能工人"签证的外籍蓝领获得永久居留权。新加坡政府为确保企业引进高质量人才和保障本地就业,在2020年到2021年上半年不断收紧人才政策,调高给外国专业人才发放的准证(管理层、主管或专业职位)和给外国中级技术水准雇员提供的工作准证申请者的薪资要求。

四、发展思路和核心布局

加快建设人才强国、科技强国、制造强国是全面建成社会主义现代化强国的战略支撑。制造业是立国之本、强国之基,创新是引领发展的第一动力,其根本是要夯实人才这个第一资源。重庆应打造具有全球竞争力的先进制造业人才集聚区,全面建设高水平人才平台,加快融入新时代人才强国战略支点和雁阵格局,努力为我国建成世界重要人才中心和创新高地贡献重庆力量。

(一)目标定位

以习近平新时代中国特色社会主义思想为指导,全面贯彻落实习近平总书记关于做好新时代人才工作的重要思想和对重庆系列重要指示批示精神,按照党中央关于推进建设世界重要人才中心和创新高地的战略部署要求,遵循创新发展规律和人才成长规律,统筹发展与安全,突出"四个面向"战略导向,加速推进人才链、创新链、产业链的融合,以支撑引领国家重要先进制造业中心为主线,以提升人才集聚力、产业竞争力和原始创新能力为核心,以深化人才发展体制机制改革为动力,以建设具有全球影响力的先进制造业人才集聚区为主要目标,以汽车制造、电子信息、装备制造、生物医药等产业人才为主方向,促进产业发展、科技创新、人力资源等要素有效配置,打造成为集聚先进制造业人才、高水平科创平台的重要承载区,为建成国家重要先进制造业中心以及西部人才中心和创新高地提供重要支撑。

国家产业人才战略后方。重庆作为国家重要现代制造业基地,具有制造业门类齐全、产品多样等特点。需要发挥人口、土地、产业等基础优势,加快聚集汽摩产业、电子制造业、医药产业、装备产业等领域人才,夯实作为战略后方的产业人才支撑。

成渝人才协同创新核心区。充分发挥成渝协同创新优势,坚持对接京津冀、长三角、粤港澳,围绕产业链布局人才链、创新链,加速促进创新要素和人才资源最优配置,助力国家高水平人才高地建设,支撑成渝地区参与全球人才竞争。

未来新兴产业重要策源地。瞄准新兴产业设立开放式、国际化高端研发机构,构建全要素全链条创新生态系统,建成具有重要影响力的全球创新要素集聚高地、大学大院大所协同创新合作高地、科技创新及产业创新重要策源地。

重庆在打造平台时注重从全局谋划一域,以一域服务全局,更好服务于国家战略,发挥集中力量办大事的优势,集中力量、集中资源,加大重点产业、重点领域、重点企业人才储备和供给力度。要将国家所需高端资源和重庆优势相结合,大力引进培育国内外知名高校、科研院所和创新型企业等高端创新资源,以高端平台集聚高端人才,以高端人才引领高质量发展。全面深化人才体制机制改革,推动有效市场和有为政府更好结合,完善以能力贡献为导向的人才激励机制,健全开放灵活的人才吸引机制,营造"近悦远来"人才生态,有效撬动和激发人才、用人主体、社会力量的积极性,激发全社会创新创业创造活力。总体目标如下。

到2025年,在汽车制造、电子信息、装备制造、生物医药等领域集聚一批具有全球影响力的人才,制造业人才资源总量稳步增长,达到200万人,制造业从业人员中受过高等教育的比例达到40%。构建起较为完善的现代工业产业体系,产业基础高级化、产业链现代化达到国际水平,科技型企业超过4.5万家,每万家企业法人中高新技术企业数达到140家。加快集聚国家实验室及其基地、科技领军企业和重要高校、科研院所等国家战略科技力量,建立一批国家级产业创新平台,新型研发机构数量翻番,达到300家,每万名就业人员中研发人员达到75人。人才资源聚集能力和创新能力显著增强,初步形成先进制造业人才聚集区。

到2030年,适应高质量发展的人才体制机制基本形成,人才链、创新链、产业链深度融合,在新一代信息技术、新能源及智能网联汽车、高端装备、新材料、生物医药等领域集聚一大批国际顶尖人才、国家级重大创新平台,先进制造业人才聚集区取得标志性成果。

到2035年,在诸多领域形成人才竞争比较优势,全社会研发经费占地区生产总值的比重达到3%以上,人才队伍国际竞争力进入全国第一方阵,科创平台能力和产业核心竞争力在全国处于先进行列,建成具有全球竞争力的先进制造业人才聚集区。

(二)重点方向

一是找准产业发展方向,分层次分级做大产业集群。重点围绕"33618"的产业集群,瞄准培育世界级产业集群目标,做大做强做优智能网联新能源汽车、新一代电子信息制造业、先进材料这三大万亿级产业集群;加快推动智能装备及智能制造、食品及农产品加工、软件信息服务产业集群创新发展,推动以上三类产业各自形成五千亿级产值;创新打造新型显示、高端摩托车、轻合金材料、轻纺、生物医药、新能源及新型储能等6大千亿级特色优势产业集群;培育卫星互联网、生物制造、生命科学、元宇宙、前沿新材料、未来能源等6个未来产业集群,以及功率半导体及集成电路、AI及机器人、服务器、智能家居、传感器及仪器仪表、智能制造装备、动力装备、农机装备、纤维及复合材料、合成材料、现代中药、医疗器械等12个五百亿级、百亿级的高成长性产业集群。实施传统支柱产业提升行动和先进制造业产业集聚提升培育行动,推动新能源与智能网联汽车、节能环保等产业加快发展,积极培育半导体、智能制造装备、轻量化材料、生物医药等产业,进一步壮大软件与信息服务业、现代金融服务业集群,带动多层次、广领域的生产性服务业加快发展,强化对实体经济的支撑能力。力争到2027年,制造业增加值占GDP比重达28%,规模以上工业企业研发投入年均增长11%,规模以上工业单位增加值能耗累计下降13%。

二是完善核心关键环节,尽快形成高端产业链。围绕创新链产业链深度融合,高效配置各类创新资源,力争重点领域的创新取得标志性成果。半导体,重点加快功率半导体、存储芯片、人工智能及物联网芯片、模拟及数模混合芯片、新型显示等产品的研发制造。智能终端,重点巩固锂电池、摄像头模组、电路板、精密结构件、触控模组、智能传感器等关键行业,壮大智能手机、服务器、超高清视频终端、智能穿戴等整机行业。新能源与智能网联汽车,重点完善新能源汽车"大小三电"及氢燃料电池等环节,补齐智能网联汽车的智能感知元件、自动驾驶系统、网联终端等领域的短板。智能制造装备,重点突破高精密减速器、高性能控制器、高精度传感器等工业机器人核心零部件,突出发展大型精密复合冲压成形机床、超精密磨削、特种加工、高档数控机床和数控系统性能试验中心等,加快智慧城轨产业发展,补齐通信信号、综合监控、供电系统等关键产业链,力争3D打印设备制造及应用取得突破。轻量化材料,推动铝镁钛等轻合金精深加工、高性能纤维复合材料、气凝胶新材料等领域向产业链发展空白及下游延伸补短板。生物医药,突出研发平台带动生物制药发展,以品种持牌推动化学药物实现原料药+制剂一体化,重点发展高值耗材、IVD等医疗器械,加快现代中药的大品种二次开发和培育。健康食品,重点提升特色调味品等巴渝特色产品影响力。节能环保,重点推动节能装备(产品)制造、环保装备(产品)制造、节能服务、环保服务、资源综合(循环)利用等关键技术突破。

三是强化产业技术创新,提升产业发展动力。围绕重点产业集群领域,以科学城、两江协同创新区等为载体,集聚一批公共研发平台、创客空间和集团总部,强化联动创新。聚焦半导体、智能装备制造、生物医药、新材料等领域,加快打造具有自主知识产权、国际先进的协同创新研发平台,支持一批国家级和市级新型研发、工程技术研究中心和重点实验室加快建设。加大与国内外知名企业合作,争取一批产业研发创新中心落地重庆。利用种子基金、风险投资基金、股权投资基金,持续加大创新投入,促进技术成果转化和产业孵化。

(三)重点领域

加快发展现代产业体系,巩固壮大实体经济根基,增强制造业竞争优势,推动制造业高质量发展,以具有比较优势的汽车制造、电子信息、装备制造、生物医药等为重点,着力集聚先进制造业人才。

一是汽车制造产业高端人才。汽车产业要以新能源化、智能化、轻量化为发展方向,培育产业新动能。依托两江新区鱼复、龙兴板块,重庆高新区、璧山、永川等产业基地,推进国家智能网联汽车与智慧交通示范区、国家级车联网先导区建设,加快集聚现代汽车制造人才,集中攻克新一代模块化高性能整车平台、纯电动汽车底盘一体化设计、多能源动力系统集成、高效内燃发动机、碰撞安全、NVH(噪声、振动与声振粗糙度)、新型电子电气架构、复杂环境感知等技术研发,努力建设国际一流的新能源汽车和智能网联汽车研发生产制造基地。

二是电子信息产业高端人才。依托两江新区、重庆高新区,加快推进5G芯片/模组/MEC(边缘计算)、智能传感器、工业软件等基础软硬件创新突破,开展功率半导体芯片、模拟与数模混合芯片、MEMS(微机电系统)传感器、高精密光学镜头和硅基光电子工艺、激光显示等关键技术与核心器件攻关,要重点攻克硅光异质异构、先进逻辑／存储工艺等集成电路先进工艺技术,围绕构建"芯屏器核网"全产业链,打造具有国际竞争力的电子信息产业集群。

三是装备制造产业高端人才。充分发挥装备制造业突出优势,深化先进制造与新一代信息技术融合发展,加快建设一批工业互联网平台,推广"5G+工业互联网"应用示范,突破工业软件、工业机器人、增材制造等关键核心技术,推动智能终端、新型显示、通用机械、高端数控机床、轨道装备、通用航空、新型雷达、重大技术装备等技术升级。打造国家重要的城市轨道交通车辆、新能源装备、增材制造装备产业基地。

四是生物医药产业高端人才。依托重庆高新区金凤生物产业基地、重庆国际生物城和一批特色产业园区,加快集聚生物医药人才,大力推进创新药物发现—评价—制备和医疗装备创新设计—技术集成等关键技术研究,研发创新药物筛选、新型药物载体制备、药物高效制备与纯化、新型生物医用材料、生物打印、功能成像及其定量分析、痕量标志物高精度检测、影像组学分析等技术,研发小分子化学药、抗体药物、抗肿瘤靶向制剂、HPV疫苗、多重耐药致病细菌疫苗等创新药物,突破细粒径微丸制备,大力推进创新药研发、精准医疗等领域基础研究和产业化,努力在靶向药物、抗体药物、大型医疗器械等方面取得关键性突破。

(四)区域布局

立足发展定位和发展基础,加大政策供给、资源配置力度,打造结构优化、布局完善、特色突出的"一城一区一湾多园"的空间发展布局,示范、引领全域人才梯队建设。

"一城"。高水平建设西部(重庆)科学城。推动沙坪坝、九龙坡、北碚、江津、璧山错位发展与协调融合,促进科学城与大学城融合发展,推动高校、科研院所参与科学城建设,打造"科学家的家、创业者的城"。到2025年,高技术产业产值占规模以上工业总产值比重超过50%。加快建设北京大学重庆大数据研究院、中国电科联合微电子中心、中国航天科工新一代通信技术研究院、英特尔FPGA中国创新中心等一批新型高端研发机构。分类建设一流大学和一流学科，壮大电子信息、材料科学、能源动力、医工交叉、人工智能等新工科。围绕轻金属、智能制造、先进感知、工业物联网、医疗大数据等领域建设国家技术创新中心、国家产业创新中心、国家制造业创新中心、国家工程研究中心。着力构建以新一代信息技术、先进制造、大健康和高技术服务产业为主导，以新材料、新能源等优势特色产业为补充的现代产业体系，打造高效配套、融合交叉、相互支撑的产业集群。围绕集成电路、生物育种、新材料、智能制造、医疗器械等细分领域，前瞻部署基础研究，以技术突破孕育一批新兴产业。加快推进金凤实验室、光大人工智能产业基地、中国电子信创产业园、青凤高科产业园等重大项目建设。集聚大批科学家、知名专家学者、高水平技术创新人才和高素质产业技能人才，打造在西部具有重要影响力的科技及产业创新人才高地。

"一区"。高标准打造两江协同创新区。加快打造产业创新高地，聚焦重点产业和新兴产业发展方向，加强产业链与创新链联动，推动产业高端化、智能化、绿色化发展。围绕新能源及智新联合体，围绕深空探索、空气动力学、极端声学、精密光学等智能网联汽车、新型显示、工业互联网、制药及医疗器械、钛合金材料、通用航空装备等重点领域，打造产业创新领域，加快推进分布式雷达天体成像测量仪验证试验场等重大科技基础设施及研发平台建设。发挥北京理工大学重庆创新中心、上海交通大学重庆研究院、西北工业大学重庆科创中心等创新优势，加快突破新能源及智能网联汽车、集成电路、航空航天等重点产业关键核心技术，推动引进机构与本地产业的协同发展。进一步打造开放式、国际化高端研发机构，增强科技创新策源、高端产业引领、全球人才资源配置功能，集聚现代制造业研发及创新应用人才，成为西部地区重要的创新创业创造人才高地。

"一湾"。高起点创建广阳湾智创生态城。加快建设广阳岛"绿水青山就是金山银山"实践创新基地、重庆经开区绿色产业示范基地，推动广阳湾智创生态城绿色创新发展。引导传统产业实施智能化、集约化改造，调整淘汰落后产能，加快建设一批绿色工厂、绿色园区。深化国家文物保护装备产业基地建设，积极打造绿色金融改革创新试验区，支持建设"零碳示范园""零碳生态公园"。以工业软件、工业互联网、数字文创、密码应用等为主攻方向，建设国家数字经济应用示范高地。积极打造西部数据资源交易中心和重庆市数字化转型促进中心、智能产业密码应用示范与科技创新基地、软件产业公共服务平台。

"多园"。高质量发展创新园区,推动国家级高新区引领发展。坚持"高"和"新"发展定位,抢占未来科技和产业发展制高点,推动国家高新区建设创新驱动发展示范区和高质量发展先行区,聚焦新一代信息技术、先进制造、大健康、高技术服务等主导产业,推进产业链创新链深度融合,推动国家级高新区建成先进制造业高端人才发展的战略高地。其中,璧山高新区加快构建新能源汽车和汽车零部件、光电显示和电子信息优势产业集群,建设重庆康佳光电技术研究院、比亚迪动力电池研究院、重庆大学璧山先进技术研究院等新型技术研发机构。永川高新区加快建设科技生态城,集聚创新资源,大力发展科技服务业、职业教育,引领智能装备、汽车摩托车及其零部件、电子信息、特色消费品、先导材料、文化创意等产业发展。荣昌高新区要加快壮大消费品、智能装备、电子信息、大数据区块链、新材料、运动健康和农牧高新产业,争取中国科学院布局科研平台,推动设立中国农科院西部兽医研究所、陶瓷科技(科研)成果孵化中心和陶瓷新材料研发中心等科技研发平台,推动畜牧科技城核心示范区协同发展,建设国家级重庆(荣昌)生猪大数据中心、国家生猪技术创新中心、国家区域畜禽种业创新中心等。支持市级高新区聚焦特色主导产业,注重与市内外高校、科研院所等协同创新,实施引领型重大项目和新技术应用场景,发展新技术、新产品、新业态、新模式,形成各具特色的产业生态。推动铜梁、潼南、涪陵、合川、大足、綦江、梁平等市级高新区升级创建国家高新区。

(五)重大平台

一是布局体现国家要求的实验室体系。国家实验室、国家重点实验室是我国未来实现科技自立自强的核心力量,有别于传统的以学科领域划分设置的实验室,更多要体现国家战略、保障国家安全、实现国家使命的战略科技力量。自2020年以来,国家已先后布局建设了9家国家实验室,分别位于北京、上海、粤港澳大湾区和合肥,涉及网络通信、量子科学、能源科技、生命科学等领域。国家实验室分为"核心+基地+节点",核心一般集聚至少500人高层次人才,基地一般集聚200人。截至目前,重庆市尚无国家实验室及基地,国家重点实验室也暂未进入首批重组名单,为此,重庆市应围绕特色优势领域积极争创国家实验室及基地,加快推动市内国家重点实验室纳入重组后的全国重点实验室序列。重庆市应积极争创生命健康、集成电路等领域的国家实验室及基地,抓住重组国家重点实验室契机,优化提升现有10个国家重点实验室,争取新创建大数据智能计算等国家重点实验室,共建川渝重点实验室,建设国家"一带一路"联合实验室,新建、提升一批市级重点实验室,通过实验室体系的建设,集聚高层次人才5000人以上。

二是建设重点突出的高水平大学。高水平大学是高层次人才和重大科技平台的汇集地和培育地,高水平大学的建设要围绕国家重大战略需求,聚焦重点学科、关键技术领域吸引和培养人才,避免均衡用力,注重扬长避短,重点发展自身的重点领域和优势学科。加快推进重庆大学、西南大学"双一流"建设,力争进入国家一流学科建设名单。优化学科布局,重点布局量子科学、脑科学、纳米科学、大数据、人工智能、先进制造等基础前沿新兴交叉学科。围绕重点产业布局,加快建设一批一流学科和一流专业点,以高校为核心探索创建"重庆国家产教融合建设示范区",重点打造电子信息、智能制造工程、智能车辆工程、高档数控机床、机器人、新材料、先进轨道交通装备、生物医药等学科,力争2~3个入选双一流学科。

三是壮大一流科研机构。科研机构是科技创新的重要策源地,国家科研机构更是国家战略科技力量的重要组成部分。根据卡文迪什实验室、史密森研究院、贝尔实验室等研究机构的经验,一流科研机构必须具备一流的科研带头人、一流的研究人员、前沿突破性课题、一流的实验设备、良好的治学环境等。目前重庆市共有科研院所62家,其中中央在渝科研院所体量大、实力强,但市级科研院所体量小、能力弱,亟须调结构、强实力、增活力。因此,重庆市需要强化科研机构统筹布局,加强分类指导,要深化与国内外知名高校、一流科研院所和世界500强企业合作,持续引进建设高端研发机构;新建重庆国际免疫研究院、重庆高端数控机床研究院等一批新型研发机构,进一步壮大并发挥中国科学院重庆绿色智能技术研究院、中冶赛迪工程技术有限公司、中国汽车工程研究院等中央在渝科研院所优势能力。通过一流科研机构的建设引进培养高层次人才2000人以上。

四是提升科技领军企业创新能力。科技领军企业是国家战略科技力量的重要组成部分,在突破关键技术上发挥着重要作用。目前重庆市科技型企业总量近4万家,高新技术企业即将突破5000家,已形成由高新技术企业、"专精特新"企业、独角兽企业、科技型中小企业等组成的科技创新企业体系。重庆市企业的核心研发实力普遍偏弱,缺乏自主研发的战略性产品,特别是缺少创新引领能力强的领军企业以及发展潜力大的独角兽企业。中国企业联合会、中国企业家协会发布的"2022中国大企业创新100强"榜单中,重庆无一家入围。下一步,重庆市需要聚焦国家重大战略实施要求,筛选确定培育科技型领军企业的重点领域,进一步推动龙头企业创新示范,鼓励其加大研发投入、参与重大科研攻关项目、加强协同创新,加速设备更新和新技术应用。通过形成一批具有国际影响力、拥有自主知识产权的创新型企业和新兴产业集聚，集聚高层次人才2500名以上，孵化一大批技术创新人才。

五是完善重大科技基础设施。国家重大科技基础设施是国家统筹规划、统一布局、统一建设的重大科技工程。欧美等国家都高度重视重大科技基础设施的建设与发展，美国建设约60个、英国约40个、德国约60个、法国近60个。我国在建和运行的总量达57个，"十四五"期间，拟新建20个左右。目前，重庆市超瞬态实验装置成功纳入国家"十四五"重大科技基础设施备选项目，长江上游种质创制大科学中心一期建成投用，无线能量传输与环境影响科学工程实验楼主体已完工，中国自然人群生物资源库一期投用并招募样本采集人群近15万人，超大分布孔径雷达高分辨率深空域主动观测设施一期验证试验场即将建成。下一步，建议联合中国科学院和国内重点高校、科研院所，加快建设超瞬态实验装置，加快投入运行及开展研究，同时应重点培育长江上游种质创制科学装置、无线能量传输与环境影响科学工程、中国自然人群生物资源库重庆中心、超大分布孔径雷达高分辨率深空域主动观测设施等后备项目，争取进入国家"十五五"重大科技基础设施规划，并以大科学装置集为依托，集聚吸引国内外高端人才和团队来渝开展前沿科学研究，每年可吸引国内外高层次人才100名以上开展前沿科学研究。

五、重点举措和保障措施

（一）实施四大重点行动

1.实施制造业高端人才集聚行动

实施产业科技领军人才引领计划。聚焦产业基础研究、前沿交叉等领域，遴选支持一批优秀战略性新兴产业科技人才。围绕新一代信息技术、新能源及智能网联汽车、高端装备制造、生物医药等重点产业，定期发布产业引才目录，绘制全球人才地图。发挥集中力量办大事的体制优势，建立特殊调配机制，优化科研院所、高校、企业科研人才配置，以国内为主、面向全球征集组建集体攻关团队。对掌握关键核心技术和自主知识产权的产业顶尖人才团队，实行项目、资金、基地、服务全方位、全链条配置。在战略性新兴产业领域的重点企业建立院士专家工作站、博士后科研工作站等，设立一批研发创新岗位。

实施重点产业青年人才支持计划。优化关键产业人才开发生态系统，打造前瞻技术攻关核心的人才梯队。聚焦引培全球优秀创新青年人才和创新团队，打造一批先进制造业战略科技人才的后备力量，对取得标志性成果或具备较大发展潜力的人才，在研究路线、机构设置、团队组建、经费使用等方面给予放权。推行一系列科技人才发展政策，以系统集成、重点聚焦和多方联动等多种方式，构筑青年科技人才引进、选拔、培养体系。实施博士"直通车"科研项目，对新来(留)渝博士，择优给予科研项目支持。深入实施博士后"倍增计划"，支持重点产业、重点企业引进优秀博士来渝进站，给予专项支持。实施青年科技人才"启明星"专项，引进优秀青年科技人才向重点产业倾向。到2025年，引进培育1000名制造业领军人才和青年英才，每年支持200名左右。

实施未来卓越工程师提质计划。全面推进工程师学院建设，加快建设高水平产教融合人才培养基地、特殊产业工程师协同创新中心，完善急需紧缺工程技术人才培养机制，推动工程技术人才职称制度与工程类专业学位研究生教育有效衔接，通过校企联合、工学交替模式培养工程硕士、博士。依托市级人才计划，实施卓越工程师特殊支持项目。加快建设未来技术学院、现代产业学院、行业特色学院，加大理工科人才培养力度，探索实行高校和企业联合培养高素质复合型工科人才的有效机制。强化卓越工程师的选调，每年从知名高校选调相关专业毕业生到企业生产一线工作。实施海外工程师引进项目，加强国际卓越工程师引进，推动国际工程师资格互认，加快培育引进高水平工程师，组建重庆工程师联合体。

实施大国工匠锻造计划。实施高技能人才振兴计划，依托产业高技能人才培养基地，围绕标准化建设、产业链助推、产学研协同、促进就业等方面，引导产教融合型企业与高校、职业院校开展多层次合作。加快构建与产业需求密切相关的现代职业教育体系，推进职业教育高水平学校和高水平专业建设，支持职业院校与海外高水平院校开展技能人才培养合作。完善中职、高职、应用型本科一体化人才培养体系，引导大型企业参与举办高质量职业教育，推动中职、高职院校与企业结对发展，深化产教融合、校企合作，推广委托式、订单式、合作式培养模式，持续推进现代学徒制、企业新型学徒制。开展首席技师、技能大师、技术能手评选，推动更多技术技能人才成长为能工巧匠。建设国家级"智能+技能"数字技能人才培养试验区，加快培育复合型"数字工匠"。加快技能人才培养、使用、评价、激励制度改革，完善技术工人职业发展机制和政策，提高技术技能人才待遇。

2.实施先进制造业人才合作发展行动

成渝地区先进制造业人才协同。协同打造具有全国影响力的科技创新中心，联合争取国家布局建设重大科技基础设施和高水平科技创新基地,共建川渝重点实验室。在5G、大数据、人工智能、集成电路、智能制造装备、工业互联网、关键材料等领域协同争取布局国家产业创新中心、国家制造业创新中心。支持联合创建国家人工智能产教融合创新平台、国家产教融合研究生联合培养基地。以成都科学城、未来科技城、重庆科学城、绵阳科技城、国家级新区等,共同争取国家在成渝科技大走廊建设综合性国家科学中心。共建国家示范性软件学院,实施先进材料产业实训基地互认项目、石墨烯研发团队建设计划、汽车产业智能制造联合科技创新项目等,共建国家封测人才培养基地、汽车产业研发生产基地、微电子硕博士人才培养基地等。在摩托车、六轴工业机器人、通航飞机、飞机发动机、新制式轨道交通装备等领域协同培育世界级装备制造产业集群。推动一批医药重大创新品种研发和关键共性技术联合攻关,打造服务两地的全产业链创新平台和服务体系。

加强与国内创新资源的合作。推进中国科学院重庆科学中心、汽车软件创新研发平台等重大项目建设,推动中国科学院计算技术研究所、微生物研究所、工业生物技术研究所等在重庆落地。推动重庆企业与中国航天科工集团、中国电子科技集团、中国兵器装备集团、中国船舶集团、中国卫星网络集团等中央企业开展科技创新合作,在技术研发、平台建设、智能制造、智慧城市等方面落地一批科技项目。深化与京津冀、长三角、粤港澳大湾区三大科技创新中心合作。建立合作机制,加强人才互动、平台共建、资源共享和成果共用,探索建立科技创新政策异地共享机制,引导东部地区产业创新集群与重庆市战略性新兴产业集群开展区域合作与联合技术攻关。积极推动在渝本科高校与中国科学院等全国知名高校、科研院所在学科建设、人才培养、科学研究、平台共建等方面深化交流合作。

融入全球创新人才合作体系。聚焦新一代信息技术、新能源及智能网联汽车、新材料、节能环保、大健康等重点领域,加强与"一带一路"合作伙伴共建联合院所、联合实验室、科技园区及技术转移,鼓励重庆市创新主体积极承担、参与国际科技合作计划,推动双(多)边共建联合实验室(研究中心),积极争取国家支持,在重庆布局建设国家"一带一路"联合实验室。聚焦中新合作示范区等核心园区建设,加快引进一批研究机构、科技企业等,与新加坡共建创新中心、通用研发服务平台、创新联合体等,全面构建"资本+研发+产业+人才"合作新体系,形成中新产业人才汇集高地。积极引进国外知名科研院所、头部企业来渝设立新型高端研发机构,培育更多产业创新中心、技术创新中心、工程研究中心。

3.实施先进制造业人才发展平台行动

实施一流科创平台建设行动。积极争取国家战略科技力量布局,推动国家大科学装置建设取得突破,建好超瞬态物质科学实验装置,启动培育长江上游种质创制科学装置、长江模拟器、积声科学装置、无线能量传输及环境影响科学工程、中国自然人群生物资源库重庆中心、超大分布孔径雷达高分辨率深空域主动观测设施、宏微纳跨尺度基标准与溯源科学装置、低重力科学研究基地、极端环境生命实验装置等后备项目,超精密跨尺度基标准与溯源研究设施等大科学装置、大科学工程。围绕生命健康、集成电路、长江生态环境、新物态、物质材料等特色优势领域组建重庆实验室,积极争创国家实验室。积极创建大数据智能计算、长江上游健康土壤与绿色农业、非常规油气开发、绿色航空能源动力等国家重点实验室。高标准新建集成电路、北斗导航、量子科学、6G通信等一批市级重点实验室。

实施一流领军企业建设行动。加快集聚全球高端创新主体,培育一批掌握关键核心技术的创新型领军企业,打造全球先进技术首发地。支持高新技术企业建设企业技术中心、重点企业研究院、工程研究中心和院士工作站等高水平研发机构,加快提升自主创新能力。大力支持规模以上制造业企业建立研发中心,大幅提高有研发活动的大中型工业企业占比。引导和支持重庆长安汽车公司、重庆机电集团、重庆京东方、西南铝业集团、重庆声光电公司、智飞生物等领军企业,联合行业上下游、产学研力量组建创新联合体。推动中国电科联合微电子中心、重庆大学、重庆邮电大学、重庆国家应用数学中心等产学研力量组建微电子联盟,提升微电子共性关键核心技术集成攻关能力。发挥两江数字经济产业园的产业优势,建好用好工业互联网标识解析国家顶级节点,依托中国信息通信研究院、中移物联网公司、吉利工业互联网平台等,打造工业互联网产业创新联合体。布局新一代人工智能重大科研项目,推动建立人工智能产业研究院,引进国内外一流创新团队,加强与国家重大科技专项对接,建设人工智能开源软硬件基础平台、群体智能服务平台、自主无人系统支撑平台、人工智能基础数据技术共享平台。

实施一流科研机构建设行动。加快引进国内外知名高校、一流科研院所、世界500强企业来渝设立新型研发机构。加快布局建设重庆高端数控机床研究院、重庆轻量化材料工程研究院、重庆国际免疫研究院、重庆先进病理研究院、重庆国际体外诊断(IVD)研究院等高端研发机构。建好中国科学院重庆绿色智能技术研究院、中冶赛迪工程技术股份有限公司、中国汽车工程研究院等科研院所。支持市属科研院所与北京理工大学重庆创新中心、西北工业大学重庆科创中心、哈尔滨工业大学重庆研究院、上海交通大学重庆研究院、重庆国际免疫研究院等新型高端研发机构"高位嫁接"。在5G中高频器件、人工智能、动力电池、智能网联汽车、机器人、轨道交通、工业云制造、先进医疗器械、生物医药、氢能等领域再培育3~4家国家级制造业创新中心。推进建设智能生物制造、精密检测技术与智能装备、工业CT等一批国家级工程研究中心。聚焦智能网联汽车、集成电路、轻金属材料、生物医药等领域,建设一批市级技术创新中心。重点围绕生命科学、高端装备、新材料等,做强集成电路、Micro LED(微发光二极管新型显示器)、新能源汽车智能控制与检测、石墨烯、新材料及装备等领域平台建设。

实施一流高等学校建设行动。加快推进重庆大学、西南大学"双一流"建设,围绕重点产业布局加快建设一批一流学科和一流专业点,重点打造电子信息、智能制造工程、智能车辆工程、高档数控机床、机器人、新材料、先进轨道交通装备、生物医药等学科,力争2~3个进入双一流学科。支持发展一批科教融合、产教融合平台和前沿科学中心,增强高校科技创新的供给能力。围绕制造业重点领域紧缺人才需求调整专业设置,适度超前规划一批新专业,科学设置职教本科专业,形成中高本贯通、职教特色鲜明的专业目录体系。提高高职院校专科水平,支持有条件的市属高职院校升创本科职业院校。引进国内知名院校来渝开展科技合作,支持高校引进世界一流大学、特色学院和优势学科专业来渝合作,支持建设中外合作办学项目和非独立法人机构。

(二)推行人才体制机制改革

1.推进人才特区改革建设

支持在渝高校、科研院所建设基础研究特区、科学家特区、人才创新特区,探索高创造力、高潜力人才培养新机制。借鉴麻省理工学院媒体实验室模式,推动头部企业、社会力量和一流高校建立开放式交叉学科实验室、创新联合体。支持企业承担国家重大科技项目,鼓励建立产业技术创新战略联盟协力攻关,大力发展"硬科技",努力抢占发展制高点。围绕优势制造业集群,实施创新链贯通工程,积极构建基础研究、源头创新、原型设计、应用开发等多元"人才矩阵",形成开放性创新生态布局。建强人才联合培养主阵地。积极引进世界一流大学开展合作办学试点,建设"小而精"的国际一流研究型大学、工程师学院,探索产教融合、科教融合、校企融合人才开发新路径。探索建立国际科学家联合实验室,形成跨国跨域科学家联系和科研支撑平台。

2.推行重大项目联合攻关

聚焦战略性新兴产业培育发展和重大技术装备研发等,集中财力实施一批科技创新重大项目,推动重点领域项目、基地、人才、资金一体化配置,建立体系化、多元化项目分类管理机制。构建与国家部委、龙头企业、高校等联合实施项目机制,探索科研项目新型组织方式,支持产业链供应链"链主"企业牵头组织关键核心技术攻关和迭代应用。支持新型研发机构实行"预算+负面清单"管理模式,建立健全符合科研规律的管理机制。

3.实施收益分配关键改革

对掌握制造业关键技术的人才实行协议工资制度,在科研经费、团队建设、项目承担、实验室建设等方面实行特殊政策。支持企业引进高水平创新人才,建立企业参与涉企人才政策制定机制,深入推进企业自主认定高层次人才,指导企业享受人才政策、申报人才项目,发挥领军人才培育团队、壮大企业、发展产业的引领作用。对国有企业重点科研团队实行工资总额单列,对制造业研发人才实行股权激励、分红激励、超额利润分享等中长期激励政策,将研发强度纳入国有企业负责人绩效考核。探索通过成果权益分享、约定收益等方式,推动市属高校、科研院所和国有企业科研人员依法享有职务科技成果所有权、长期使用权和转化收益权。支持市属科技型、投资型国有企业运用股权、跟投机制等加大人才薪酬激励,实行市场化选聘职业经理人薪酬单列管理。

4.实行人才举荐制度改革

深化"一流人才推荐一流人才"举荐制试点,开展授权头部行业权威协(学)会举荐高层次人才、承接职称评审工作试点。坚持市场评价,实行高层次人才前置认定、按薪认定、企业自主认定等模式,试行科学家、企业家举荐高层次人才制度。每年在各类人才工程中给予"举荐制"一定配额,对符合相关工程管理办法的人才,由重点用人单位、行业高层次人才专家举荐。建立人才举荐奖惩机制,对"举荐制"引进和评选的人才在后续工作中做出突出贡献的,给予举荐人一次性奖励。明确举荐人、被举荐人的相关举荐责任,相关情况记入个人信用档案。

(三)强化平台发展支撑保障

1.加强组织领导

在中央人才工作领导小组指导下,成立以市委领导为组长的领导小组,建立健全领导体制和工作机制,统筹推动重大项目、重大任务。由市委组织部、市经济信息委等部门牵头组织协调具体日常工作。充分发挥行业协会、人力资源服务公司、培训机构等社会力量的服务能力,密切与企业的广泛联系,形成工作合力。健全产业人才队伍领导小组,定期召开产业人才工作联席会议,区县、园区和人才集中的单位配强产业人才工作力量,改革产业人才工作体制机制。

2.加强支撑保障

积极对接争取国家重大专项落地。统筹做好市级产业发展、研发创新、人才等专项协同,强化财政资金引导,聚焦重点产业、重点企业、重点环节、重点人才,设立产业人才专项基金,市级财政每年安排经费用于支持制造业人才发展,引导构建政府、企业、社会多元投入机制。注重挖掘典型案例,加强成果经验提炼和推广,努力探索形成更多可复制推广的改革创新成果。探索地方人才工作立法,推进人才工作制度化、规范化、程序化。

3.加强过程管理

形成年度目标和工作计划,按年度向中央报送改革创新举措、关键任务进展。细化人才引培、平台建设、政策落实、服务保障等目标任务项目化、清单化推进。将主要指标纳入人才工作目标责任制考核,强化督促检查,及时总结阶段性工作成果和存在的问题,确保各项任务落地见效。

课题组负责人:黄意武
课题主研人员:彭劲松　王延伟　朱书钲　江优优

此课题为2022年度重庆市技术预见与制度创新专项人才工作课题研究项目,于2023年6月结题。研究报告内容仅代表课题组观点。

重庆市打造青年人才荟萃地研究

——基于政策研究视角

重庆大学、重庆人才发展研究院、重庆现代社会发展战略研究院

摘　要: 党的二十大报告首次将教育、科技、人才三者专章论述,明确了三者在全面建设社会主义现代化国家中的基础性、战略性支撑地位。青年强则国家强,近年来,全市重点推进青年人才荟萃行动,并在《重庆市"十四五"期间人才发展规划》中明确提出实施青年科技人才荟萃行动。本研究通过分析2005—2022年重庆市现存有效的青年人才政策制定情况,采用NVivo12分析工具进行政策文本分析,选取重点政策与成都、上海、南京、武汉等城市对标政策进行对比分析,研究近年来重庆青年人才发展取得的主要成效及存在的主要问题,为重庆打造青年人才荟萃地提供思考借鉴。

关键词: 青年人才　政策分析　青年人才荟萃地　重庆

一、重庆青年人才政策制定概况

近年来,重庆市紧跟国家"人才强国"战略目标,结合发展实际和需求,根据重庆市委人才工作领导小组2022年1月编制的《重庆市人才政策汇编》,2005—2022年共出台了119份人才发展有关政策文件。涵盖了人才引进政策、人才培养政策、人才流动政策、人才评价政策、人才激励政策、人才管理政策、人才平台载体政策、人才服务政策、综合政策、党管人才政策10种类别。对这119份人才政策进行进一步筛选分析,共梳理出15份针对重庆市青年人才发展制定的政策,见表1。

表 1　重庆市青年人才政策概况

序号	政策名称	发文字号	政策文种	政策类型	支持对象
1	《重庆市支持青年人才创新创业的若干措施》	渝府办发〔2021〕49号	措施	人才培养	青年人才
2	《重庆市留学人员回国创业创新支持计划实施办法》	渝人社发〔2021〕17号	办法	人才培养	留学回国人才
3	《重庆市进一步加快博士后事业创新发展若干措施》	渝人社发〔2020〕70号	措施	人才培养	博士后
4	《重庆市中青年医学高端人才项目实施方案》	渝卫发〔2021〕57号	方案	人才培养	中青年医学人才
5	《重庆市博士后资助资金管理办法》	渝人社发〔2017〕85号	办法	人才培养	博士后
6	《中国(重庆)新加坡博士后国际培养交流计划》	渝人社发〔2017〕78号	计划	人才培养	博士后
7	《重庆市博士后国际学术交流计划》	渝人社发〔2017〕66号	计划	人才培养	博士后
8	《重庆市博士后创新人才支持计划》	渝人社发〔2017〕65号	计划	人才激励	博士后
9	《重庆市人民政府办公厅关于改革完善博士后制度的实施意见》	渝府办发〔2017〕20号	意见	人才管理	博士后

续表

序号	政策名称	发文字号	政策文种	政策类型	支持对象
10	《关于激励高校教师和大学生流动促进科学城发展的支持措施》	渝教发〔2020〕21号	措施	人才流动	高校教师和大学生
11	《重庆市博士后研究人员职称评定办法》	渝人社发〔2017〕161号	办法	人才评价	博士后
12	《重庆市留学回国人员专业技术资格评定办法》	渝人社〔2016〕58号	办法	人才评价	留学回国人才
13	《重庆市有突出贡献的中青年专家选拔办法(试行)》	渝人发〔2007〕52号	办法	人才评价	中青年专家
14	《重庆市博士后创新实践基地设置和管理办法(试行)》	渝人社发〔2012〕241号	办法	人才平台载体	博士后
15	《重庆市博士后科研工作站设置和管理办法(试行)》	渝人社发〔2010〕138号	办法	人才平台载体	博士后

(一)政策发布情况

1.政策发文时间

重庆市现行有效的青年人才政策发布时间集中在2017年、2020年和2021年三个时间段,其中又以2017年最为集中,共发布了包括《重庆市博士后创新人才支持计划》在内的6份政策,且6份政策全是针对博士后人才的政策。2016年,《中共重庆市委 重庆市人民政府关于深化改革扩大开放加快实施创新驱动发展战略的意见》正式出台,更好地发挥博士后制度在培养高层次创新型青年人才、推动大众创业万众创新中的重要作用。因此,2017年2月,重庆市人民政府出台了《关于改革完善博士后制度的实施意见》,在该政策的指导下,接连出台了其他5份支持博士后发展的针对性政策。另外,2020年和2021年也是出台青年人才政策的"小高峰",分别出台了针对青年人才流动、青年人才引进、青年人才创新创业等诸多方面的政策。2007年、2010年、2012年分别出台了一份青年人才政策,分别对突出贡献青年专家、博士后科研工作站和博士后创新实践基地建设三个方面进行政策规划,这三个时期的青年人才政策相对来说较为常见,还没有形成对青年人才的支持对象、支持举措、支持方式等各方面完备的政策内容,青年人才政策体系尚未形成。

2. 政策文种

政策文种是指政策颁布采用的形式,主要包括方案、规划、意见、办法等,不同的政策文种具有不同的政策效力,可以根据政策文种的不同来分析政策的规范性、约束性、指导性和操作性。通过对15份重庆市青年人才政策的梳理发现,15份政策中办法类政策有7份,措施和计划类政策各有3份,方案和意见类政策各有1份(表2)。办法类政策具有较强的操作性和指导性、较弱的规范性和约束性,与措施和计划类政策较强的规范性、约束性和指导性互补,能较好地推动相应政策落地实行。总的来说,重庆市青年人才政策文种匹配度较好,政策间协调性较好。但政策文种除以上5种以外,还有规定、条例、细则等,在现行有效的重庆市青年人才政策中还没有涉及,政策文种架构系统性还有所欠缺。

表2　重庆市青年人才政策文种统计

政策文种	数量	规范性	约束性	指导性	操作性
办法	7	较弱	较弱	强	较强
措施	3	较强	较强	强	强
方案	1	较弱	较弱	较强	较强
计划	3	较强	较强	较强	弱
意见	1	较强	较强	较弱	较弱

3. 政策支持对象

政策支持对象是一份政策在制定和执行过程中主要的利好人群或管理人群。由于青年人才涉及范围广,政策制定过程中为使支持对象更加集中,往往会明确一到两类青年人才为主要支持对象予以重点扶持。重庆市15份青年人才政策中,除《重庆市支持青年人才创新创业的若干措施》是针对所有青年人才的普惠性政策以外,其他均为有特定支持对象的针对性政策。其中有9份针对博士后、2份针对留学回国人才、2份针对高端中青年人才、1份针对高校教师和大学生。可见目前重庆市青年人才政策绝大部分集中在对博士后人才的支持上,对本科生、硕博研究生、创新创业型青年人才等的支持力度还很欠缺。

(二)重点举措分析

1. 政策举措文本编码情况

将15份重庆市青年人才政策导入NVivo12进行文本编码分析,将典型政策支持举措代表的词条进行开放式编码、主轴编码和核心编码三级编码处理,整合成一级节点、二级节点和编码条。编码结果见表3。

表3 重庆市青年人才政策文本编码情况

一级节点	二级节点	政策数量	编码次数
安居保障	安家补贴	1	1
	住房保障	2	2
发展支持	科研支持	1	1
	培养支持	2	3
	优先推优	4	4
环境营造	服务支持	2	3
	活动支持	4	6
激励措施	成果转化激励	2	2
	创新创业激励	2	2
	待遇激励	2	3
	评价考核激励	5	7
经费资助	人才专项资助	5	5
	博士后基地资助	1	1
	博士后经费资助	1	1
	青年人才创新创业资助	1	1
平台支持	博士后培养交流平台	4	5
	产学研合作交流平台	1	1
人才流动	强化人才流动保障	1	1
	畅通人才流动渠道	1	1
人才专项	博新计划	3	4
	留创计划	1	1
	"塔基"计划	1	1

续表

一级节点	二级节点	政策数量	编码次数
	突贡专家	1	1
	中青年医学高端人才专项	1	1
制度完善	博士后制度完善	1	1
	用人单位主体责任	2	2

2.政策举措文本分析

文本编码分析结果显示,重庆市青年人才政策主要有以下9个方面的重点举措。一是安居保障。市级和区县统筹为符合条件的青年人才发放购房或安家补贴;为青年人才提供免费人才驿站、贷款支持、首次购房个人所得税补助、免征契税等相关优惠政策。二是发展支持。在科研支持上,对符合条件的青年人才项目给予定向支持;改进博士后工作站设站和培养方式,结合重点科研基地和项目重点培养博士后人才;对符合政策支持条件的青年人才在评优评先中予以政策倾斜。三是环境营造。支持青年人才参加国内外高端学术交流活动,为青年人才发展提供挂职锻炼或兼职锻炼等方面的实习实践活动;为青年人才提供个税减免、子女入学、住房保障等服务。四是激励支持。包括成果转化激励、创新创业激励、待遇激励、评价考核激励等具体举措。五是经费资助。包括人才专项资助、创新创业资助、博士后基地资助,并制定专门的博士后经费资助管理办法。六是平台支持。增设博士后培养平台,并对成功创建国家级流动站和工作站的设站单位给予经费资助;搭建产学研合作交流平台,支持校企联合共建的协同创新中心、产学研合作基地等。七是人才流动支持。畅通人才流动渠道,吸引有创新实践经验的技术技能人才和科研人员到高校兼职任教,推动高校骨干教师与科学城企业技术技能人才双向互聘交流,并对高校科研人员到科学城离岗创办企业、兼职创新或在职创办企业的给予配套政策保障。八是优化人才专项。包括"博新计划"、"留创计划"、"塔基"计划、"突贡专家"计划等,实施针对性政策扶持。九是优化体制机制。完善博士后制度,改进博士后站点设站和培养管理方式,健全评价方式方法,同时强化用人单位主体责任,给予用人单位更多自主权支持用人主体主动吸纳和培养青年人才。

3.现有政策特征总结

一是以培养政策为主,以引进政策为辅。15份青年人才政策中培养型政策有

7份,占比47%。由于大部分青年人才仍处在成长发展阶段,对培养型政策的需求比较大,且从政策执行可操作性和效用发挥最大化角度来说,培养型政策更易实现青年人才大规模集聚效应,也更有利于结合本地经济社会发展需求,培养本土人才。引进类青年人才政策则重点针对博士后,以及在自然和社会科学领域有较高成就和发展潜力的优秀青年人才。

二是聚焦博士后激励政策,对本地高校本硕博在校生激励不足。15份青年人才政策中有9份是针对博士后的激励政策,涵盖引进、培养、管理、流动、评价、平台搭建等方面,博士后激励政策体系已相对完备。但对高校本、硕、博在校生激励政策则几乎没有,相关的政策也仅零星散见于高校自身的激励政策当中,缺乏引导本地高校本、硕、博学生毕业后留渝发展的激励政策,一定程度上可能导致本地高校毕业生流失。

三是以物质形式激励政策较多,以平台和环境留人的政策较少。对于青年人才来说,选择在一个地区发展除安居保障、奖励金激励等物质激励以外,更看重科技创新发展平台建设情况、创新创业氛围、综合发展环境、子女就学和父母养老等综合性问题,但重庆针对这些的政策目前主要集中在高层次人才有关的政策中,一定程度上制约了重庆青年人才荟萃地的建设。

二、重点青年人才政策对比评估

根据近年来重庆市青年人才政策制定和实施情况,报告选取《重庆市支持青年人才创新创业的若干措施》《重庆市进一步加快博士后事业创新发展若干措施》两份有代表性的青年人才政策为主要对比分析对象,同时选取上海市、杭州市、成都市、武汉市、南京市5个对标地区的对标政策,形成对比分析结果。

(一)《重庆市支持青年人才创新创业的若干措施》

该政策主要从安家补贴、住房保障、创新创业支持、成长支持、实习实践支持、用人主体支持、数据动态监测、发展环境支持等方面对青年人才在渝发展提供全方位的支持。以该政策为对比主体,对比其他地区政策支持情况,主要有以下对比结果。

一是在安家补贴上,为来渝发展青年人才提供基本安家保障。按照青年人才学历学位、职称职级、所在区县提供最高5万元安家补贴,区县按照1:1予以补贴。对标地区中,杭州市在市级各类人才计划中增设青年人才专项,对入选相应专项的青年人才给予最高100万元的安家补助。成都市对符合条件的青年人才按学历学位给予本科1万元、硕士3万元、博士5万元安家补贴。重庆市对青年人才的安家补贴范围更大、支持力度也相对更大,且与区县联动实施,增加了政策支持力度,同时有助于区县集聚青年人才。

二是在住房保障上,提供青年人才驿站和购房支持。来渝青年人才最长可免费入住青年人才驿站1个月,对于长期租住的予以租金减免,满5年可以成本价购买,对有特殊贡献的青年人才奖励房屋产权。对标地区中,成都市提供人才公寓,人才来蓉前可在线申请,对符合条件的人才在成都东部新区购买人才公寓享受政策面积8折优惠。南京市对符合申领条件的博士、硕士、学士按每人每月2000元、800元、600元享受最长36个月的住房租赁补贴。重庆市对青年人才住房保障支持方式灵活多样,对青年人才来渝临时居住、租房、购房等全周期予以支持保障,政策优势明显。

三是在创新创业支持上,打造青年人才创新创业小镇,提供创业金融支持。支持青年科研人才开展基础科学研究,提供1万个创业工位和最高200万元创业免抵押贴息贷款,遴选优质项目给予最高50万元支持。对标地区中,上海市利用张江国家自主创新示范区专项资金,对青年英才的创新创业给予支持,提供专项融资支持。建设"青年创业示范基地",开设"青年创业领袖"培训班,筹建"上海市青年创业家协会"。杭州市提供青年人才创业经营场所房租补贴和5万~20万元创业项目资助。对培训数量、质量达到相应标准的创业培训机构给予12万元奖励,给予考核优秀的市级大创园、留创园10万~30万元运行经费。对于海内外青年人才携项目来杭创办企业,经评审给予20万~500万元的创业资助,特别优秀的项目可"一事一议"。南京市从设立青年大学生就业创业服务专区、加大创业扶持、经营补贴、税收支持、场租补贴和评优奖励、拓宽创业融资渠道、遴选优秀创新创业项目等方面予以支持。重庆市对青年人才创新创业支持方式和渠道还有待进一步拓展,尤其要在创新创业培训、创业税收支持、创新创业融资渠道拓宽等方面予以进一步优化。

四是在成长支持上,提供人才专项支持和推优推先支持。对青年人才入选英才计划的,给予10万元人才奖励金和40万元科研经费支持,并对青年人才在职称评审、推优推先上予以政策倾斜。对标地区中,上海市举办上海市青年英才培训班,并在晋升提任、交流任职、各类人才培养锻炼(支持)计划中予以优先支持。支持青年拔尖人才境外访学研修或参加国际学术会议、学术交流活动。推优推先上予以政策倾斜。授予"上海市青年拔尖人才"称号,颁发荣誉证书。优先推荐申报参选国家"青年拔尖人才支持计划"。武汉市提供青年人才推优政策倾斜。建立优秀青年人才储备库,支持优秀青年人才领衔或深度参与国家、省市级重大计划项目,牵头组建各类科研学术机构、产业协会联盟等组织,选派参加学习培训、考察等活动。南京市对青年拔尖人才主持的项目,择优给予最高50万元配套资助。优先推荐申报省级以上人才计划和市级以上人才荣誉。对比来看,重庆市对青年人才成长的支持举措在青年人才晋升提任、交流任职、培养锻炼、项目资助等方面支持举措还有一定的欠缺,需要在后期政策制定中予以完善。

五是在实习实践上,支持开展大学生实践体验活动。对来渝参加见习活动的青年人才每月给予1300元的补贴。对标地区中,上海市建立"上海市青年英才实践基地",安排青年管理英才到基地锻炼。杭州市对符合条件的海内外大学生和在校高技能人才,每月给予2000元的实习补贴,国(境)外来杭实习的,再给予2000元交通补贴,并选择一批具有杭州市急需学科背景的优秀博士生到特色小镇、产业平台挂职任职。成都市为海内外优秀大学生和青年人才来蓉实习见习购买商业保险,对留蓉工作的给予5000元/人的奖励。支持企业建立高校毕业生就业见习基地,给予毕业两年内的见习人员不低于当地最低工资标准80%的生活补贴。南京市大学生见习期内可按规定享受南京市最低工资标准80%的生活费补贴。组织开展专业化培训交流,并推荐参加市级以上高端研修培训。对比来看,重庆市青年人才实习实践政策支持力度和方式略显薄弱,实践基地建设、鼓励留渝实习、专业化交流培训等方面的支持举措还有所欠缺。

六是在用人主体支持上,对用人单位吸纳青年人才就业予以支持。给予中小微企业2000元/人就业补贴,部分企事业单位可使用特设岗位聘请青年人才。对标地区中,杭州市建设市级标准化众创空间并予以最高150万元运营经费资助和最高30万元奖励。对杭州市众创空间联盟和在杭高校众创空间联盟等协会组织给予每年最高50万元活动经费资助。南京市按2000元/人给予小微企业吸纳就业补贴,且可按企业实际缴费金额给予1年的社会保险补贴。对比来看,重庆市在对用人主体吸纳青年人才的政策支持上,与对标地区力度和方式基本一致。

七是在青年人才数据动态监测上,按季度定期发布青年人才发展指数,实时监测青年人才发展情况。对标地区中,成都市搭建校企人才培养信息对接平台,动态发布企业人才培养需求。南京市每年上半年发布南京市"八大产业链"高层次紧缺人才目录,根据目录拟订引才计划。对比来看,重庆市注重对青年人才工作予以动态监测和评估,其他地区重在对青年人才需求目录予以动态更新。

八是在发展环境支持上,建立青年人才服务"云平台",提供各类服务。对符合条件的留学回国青年人才免征车辆购置税。举办"重庆菁英汇"系列人才交流活动。对标地区中,上海市注重青年人才典型宣传,安排入选上海市青年创业英才开发计划者参与"梦想创业团"电视、网络等媒体的整体宣传。成都市要求国有企事业单位在年度招聘计划中安排不低于30%的就业岗位,定向招聘应届高校毕业生。南京市为青年大学生就业创业提供"一站式"线上服务,并将青年拔尖人才纳入全市各级党委(党组)联系服务专家重点对象,建立定期问需、结对服务制度。重庆市除了提供全方位青年人才服务,还在青年人才购车、青年人才交流活动等方面予以支持,措施更加多样和具有吸引力。

(二)《重庆市进一步加快博士后事业创新发展若干措施》

该政策主要从博士后资助、博士后招收、博士后成长平台、博士后成长通道、博士后创新成果转化、博士后管理服务水平等方面对博士后在渝发展提供全方位的支持。以该政策为对比主体,对比其他地区政策支持情况,主要有以下对比结果。

一是在博士后资助上,形成全周期、多样化资助模式。对博士后入站前、在站期间、出站留渝等阶段实施针对性资助,并与博新计划、博士后倍增计划、博士后自然科学基金专项等联动实施,最高资助金额可达104万元。对标地区中,上海市实施"超博计划",政府资助和设站单位联合资助,最高资助可达40万元;杭州注重给予博士后生活补贴,最高资助达57万元,并提出对获得中国博士后科学基金资助和省级博士后科研项目资助的,市财政给予1:1配套资助;成都市博士后资助与科研项目资助、省博新计划联动实施,最高可资助76万元;武汉市设置博士后安家补助、津贴补助、科研补助、专项补助等,最高可达50万元;南京市根据博士后入站级别、入选博站资助项目级别予以资助,最高资助20万元。总的来说,重庆市博士后资助周期全、力度大、方式多,竞争优势明显。

二是在博士后招收上,鼓励招收海外博士,多措并举招收博士后。给予海外博士后10万元科研启动资金,联合市外设站单位引才,对博士后招收做出贡献的单位和组织予以奖励,并授予"引才大使"荣誉。明确博站每招收1名全职博士后补助5万元。对标地区中,杭州市对博士后在站期间给予用人单位每人两年16万元日常经费支持;成都市每年发布全省博士后招收需求目录,鼓励博士导师、引才单位和个人推荐博士后;武汉市鼓励博士后工作站与流动站联合招收、培养博士后人员;南京市主要从对设站单位予以税收支持、每引进1人奖励2万元、与紫金山英才先锋计划联动等方面鼓励招收博士后。重庆市博士后支持政策方式多样且激励性和可操作性更强,支持力度更大,政策优势明显。

三是在博士后培养平台建设上,鼓励企业和博士导师设站。对企事业单位设站予以支持,并对"博士后创新导师工作室"给予5万元资助,特别优秀的给予50万元资助。对标地区中,杭州市对新设的国家级博站、省级博站分别给予100万元、50万元资助;成都市对新设的博站和博士后创新实践基地给予20万元资助;武汉市给予新设的博站最高100万元支持,并分别给予博士后工作站、博士后基地50万元、20万元的启动资助;南京市对国家级和省级博站分别给予60万元、20万元资助,对新入选国家级和省级博站分站的企业给予20万元资助,对入选市级准博站的企业资助5万元,并在每年对评选的优秀博站奖励10万元。可见重庆市在博士后培养平台支持举措上力度有所欠缺,尤其是在优秀博站评选及激励举措上有待优化。

四是在博士后成长通道上,在博士后进编、高级职称评审、人才专项评选上予以支持。鼓励高校、科研院所按"先进站、后进编"的方式培养青年人才,明确全职博士后进站一年可申请副高职称,三年可申请正高职称,鼓励英才计划"青拔""博新"等人才项目向博士后倾斜。对标地区中,成都将"博新计划"与"天府青城计划""天府峨眉计划"等人才专项以及"天府英才A卡"相关支持政策联动实施,明确全职博士后进站一年可申请副高职称,三年可申请正高职称;武汉市鼓励博士后申报中国博士后科学基金资助计划和湖北省博士后科技活动项目,并择优予以资助;南京市与紫金山英才计划联动实施,对企业博士后评优评先予以特殊支持,对博士后在站期间、出站后职称职级评审予以支持。综合来看,重庆市在支持博士后成长发展上,政策支持举措全面得当,且成为其他地区学习借鉴的典型。

五是在博士后创新成果转化上,建设博士后创新创业园,并完善博士后成果转化激励政策。对博士后创新创业园给予100万元资助,加速完善"苗圃—孵化加速器—特色产业园"的博士后全链条成果转化体系。加大博士后创新创业金融支持,加大科技成果转化激励力度。对标地区中,成都市同样采取建设博士后创新创业园并完善博士后成果转化激励政策方式支持创新成果转化;武汉市注重完善博士后研究成果权益归属和利益分配方式;南京市对博士后创新创业场地予以一定政策支持。重庆市政策支持举措全面得当,且成为其他地区学习借鉴的典型。

六是在提升博士后管理服务水平上,完善住房保障,提升服务水平并完善考核评估和先进典型宣传。提供人才公寓租金减免,租住10年以上可奖励不低于120平方米房屋产权,公积金买房贷款额度可放宽到限额的4倍,并且提供按揭贷款支持政策、免征契税等。在人才服务上,与新重庆人才服务卡联动实施。其他对标地区中,成都市将博士后纳入人才安居工程实施范围,允许博士后配偶和未成年子女随迁入户并与成都市高层次人才子女就学管理支持政策联动实施,同时加大博士后工作宣传力度。武汉市明确对博士后工作站实行定期评估和动态管理。南京市对博士后落户、子女入学提供支持,在安家保障上提供租赁补贴、人才公寓、购房资助等支持,考核管理上,奖励博站单位的考核评估机制。重庆市政策支持举措较为全面,且支持力度较大,成为其他地区学习借鉴的对象,但在博士后子女入学、租房补助上的支持举措可再予以进一步明确。

(三)综合对比分析

综合对比来看,《重庆市进一步加快博士后事业创新发展若干措施》在各项支持举措上,支持方式多样、支持力度较大、政策优势更为明显,且部分支持举措也成为其他对标地区学习借鉴的典型,有利于更好地发挥政策效力,促进全市博士后青年人才发展。相对而言,《重庆市支持青年人才创新创业的若干措施》的各项支持举措的支持力度和方式与对标地区相比则优势凸显不够,尤其在促进青年人才创新创业、青年人才成长支持、青年人才实习实践等方面的政策举措还可以做进一步的优化和完善。另外,据"区县青年人才发展指数"显示,2022年第四季度"塔基"人才针对兑现度平均值为3.6(满分10分),可见在政策执行上还有较大的上升空间。

三、取得的主要成效

近年来,全市大力建设青年人才队伍,实施青年人才荟萃行动,推出博士后倍增、博士直通车科研项目、百万大学生筑梦等专项,发布青年人才发展指数,取得了较为显著的工作成效。

(一)青年人才资源总量显著提升

2022年第四季度,全市青年人才共增长0.8万人,同比下滑90.1%,在调整青年人才统计口径后,全市增量及增速有所放缓,各区县均实现净流入。同时,全市有8人获国家级奖项、人才计划支持,671人获市级奖项、人才计划支持。全市青年人才集聚步伐加快,包括博士后年招收人数年均增长147.4%,2021年新招收1017人,在渝高校本地就业率逐年上升,2021年达到67%。通过第三方中国联通大数据统计,重庆高校毕业生本地留率达到了70%以上,在全国重点城市位居首位。在博士后招收和培养上,2022年全市新招收博士后896人,同比增长9%,其中,市外来渝769人,占86%;国(境)外取得博士学位59人;双一流高校毕业博士628人,占70%;外籍博士后20人。出站217人,出站留渝191人,出站留渝率88%。

(二)青年人才发展环境逐步优化

《重庆市中长期青年发展规划(2018—2025年)》明确2022年8月—2024年8月期间,以10件青年民生实事为抓手,在各区县全域开展青年发展型城市(县域)建设试点工作,如沙坪坝区提出打造万千青年学子向往的"青春之城",武隆区则加快打造文旅青创城及青年创新创业基地建设。另外,针对青年人才实施人才安居工程,筹集人才公寓4万套,定向配租住房6.02万套,建设青年人才驿站37个,应届大学生求职可以免费入住最长三个月。人才安居方面,从大学生到重庆找工作,到后面成长,提供青年人才驿站、人才定向配租住房、人才公寓和市场化的补助等全链条的支持体系,为青年人才发展提供不断优化和完善的环境支撑。

(三)青年人才发展平台不断完善

重庆市目前有市级以上的重点实验室平台182个,工程中心97个,技术创新中心25个,建有临床医学研究中心36个,2020年整体新增研发机构46家。科技创新合作平台引进成效明显,目前已经引进国内双一流高校17所,国家级知名科研院所8所,世界500强的企业研究院11所。2020年全市累计建成市级以上孵化器99家,其中国家级22家;专业型孵化器25家;市级以上众创空间307家,其中国家备案55家;环大学创新生态圈6个;规模以上工业企业数2510家,高新技术企业4222家,科技型企业26371家,高新技术企业主营业务收入3004.9亿元,高新技术产品销售收入2409.9亿元。全市各类人才发展平台的不断完善,提升了全市集聚高端创新资源的数量与质量,为青年人才引育提供了较好的载体和平台。

四、存在的主要问题

(一)青年人才服务品质有待进一步提升

"区县青年人才发展指数"显示,2022年第四季度全市青年人才服务满意度为8.5分(满分15),尚没有达到平均分。虽然在全市范围内推出的"渝快办",在人才服务方面满意率达到了99.7%,但聚焦到青年人才上,其服务满意度还有较大的提升空间。目前全市针对青年人才服务供给和人才日益增长对优质服务的需求还不匹配,子女教育、住房等方面的矛盾还比较突出,尤其是在优质服务方面供需矛盾还比较突出,高水平生产性服务业相对不足,对青年人才服务的国际化、一体化水平还有待提升。

(二)青年人才工作系统性有待进一步完善

对青年人才发展数据的实时跟踪和发展监测有利于对全市青年人才发展进行整体把控和管理,2021年出台《区县青年人才发展指数工作方案(试行)》,按季度联系监控全市青年人才发展情况,连续发布"区县青年人才发展指数",为组织管理部门引领全市青年人才工作提供了较好的数据和政策支撑,但对青年人才考核评估、培养体系、青年人才工作数字化的改革等方面的完善程度还有待进一步提升。青年人才发展数据采集、考核评价等基础工作还不够高效,由政策不健全带来的青年人才工作条块分割、交叉重叠、资源内耗等现象不同程度地存在,市场和社会力量的内生动力还有待进一步激活。

(三)人才平台的能级有待进一步增强

当前全市的一流高校、大院强所、头部企业、大国重器仍比较少,应用基础研究平台、共性技术供给平台还比较缺乏,比如还没有国家实验室,尚没有建成大科学装置,科创板上市企业刚实现0的突破,但也仅仅只有一家,只有两所高校纳入了世界双一流高校和学科建设,中央在渝科研院所只有4家,全国重点实验室只有10家。全市"985"高校仅1所、"211"高校2所,2022年全球软科排名前200名仅6所,针对青年人才发展的创新创业基地、重点产业发展领域科创平台建设布局还有待进一步优化。

五、重庆打造青年人才荟萃地政策优化建议

(一)明确政策支持对象范围

明确政策支持对象范围能够更加精准地引进培养符合重庆发展所需的人才，也有助于畅通人才后续发展通道。根据对比评估重庆市现有青年人才政策支持对象范围以及对标地区青年人才支持对象类型划分，建议明确以下四支青年人才队伍。

一是创新性青年人才，在自然科学、哲学社会科学和文化艺术等重点学科领域，每年计划重点扶持一定计划数量的创新性青年人才，打造重点领域的学科带头人，争取部分人选入选国家和重庆市的"青年拔尖人才支持计划"，打造一流领军人才和战略科技人才预备队。

二是创业型青年人才，以在科技创新方面有突出表现，拥有自主知识产权并具有较强成长性的青年创业者为重点开发对象，计划每年重点扶持一定计划数量的创业型青年人才，打造优秀的企业经营管理人才预备队。

三是管理型青年人才，通过学习培训、实践锻炼、推荐输送等措施，每年重点培养一定计划数量的来自党政机关、企事业单位等的管理型青年人才，打造中高级党政人才预备队。

四是技能型青年人才，聚焦新能源及智能网联汽车、新一代信息技术、智能装备、航空航天、生命健康、新材料、未来产业等重庆市制造业发展重点，每年重点培养一定计划数量的技能型青年人才，打造高级技能人才和大国工匠预备队。

(二)多措并举重点发力

政策支持举措的方式和力度直接关乎政策的执行效力和政策影响力，高标准打造重庆青年人才荟萃地需要根据青年人才发展诉求及当前政策薄弱点，重点发力。通过重庆与对标地区政策对比评估，建议可在以下四个方面优化政策支持举措。

一是优化安家保障政策。目前政策对于青年人才的安家补助重点集中在高学历青年人才和获得高级职称职级的青年人才，与对标地区相比，覆盖面太窄且不易

辐射到青年人才荟萃地的主要群体。建议根据青年人才荟萃的几支重点青年人才队伍,对入选相应队伍的青年人才提供安家补助。补助方式灵活设置,可综合规划货币补偿形式、人才公寓租住或购买优惠、租赁补贴、人才驿站入住激励、公积金租房额度放宽激励、首套房购买优惠政策、特别贡献奖励房屋产权激励等,针对青年阶段人才对住房安家的需求制定针对性支持举措。

二是促进青年人才创新创业。青年人才荟萃地的主要建设目标是促进全市创新创业创造活力迸发,因此制定灵活多元的创新创业支持举措必不可少。根据目前重庆市与对标地区政策在青年人才创新创业支持上的评估结果来看,重庆市青年人才创新创业政策的支持方式、支持力度与其他地区相比政策优势均不明显。从政策对比评估结果来看,建议主要在以下三个方面支持青年人才创新创业。第一,加强青年人才创新创业能力的培养。在"青年发展型城市"试点区县开设"重庆市创新创业领袖"培训班,对入选创新型青年人才和创业型青年人才的予以重点培养和扶持。第二,增强青年人才创新创业成果转化激励力度。对创业型青年人才提供开业补贴、创业带动就业奖励、创业孵化成功奖励、创新创业优质项目奖励等激励举措。第三,拓宽青年人才创新创业融资渠道。对创新创业优质项目提供风险投资及配套支持,对已资助项目中发展前景好的可给予接力投资,并提供一定额度的贷款贴息支持。

三是畅通青年人才成长通道。青年时期是人才最渴求成长的关键时期,相比于对标地区,重庆市青年人才政策提供了较为全面的成长支持举措,但其支持的人才范围主要是博士后群体,范围有限,对绝大部分青年人才而言,政策吸引力不足。鉴于此,建议重庆在青年人才荟萃地打造过程中,在青年人才成长政策制定上,支持对象按照人才类型,适当向创新型、创业型、管理型、技能型等青年人才倾斜,对符合条件的青年人才在各类项目申报、推优推先、职称评审、编制保障、职业晋升等方面予以政策支持。

四是强化青年人才发展环境保障。当前区域的整体发展环境和氛围是青年人才选择一个地区发展的重要因素,重庆要打造创新创业创造活力迸发的青年人才荟萃地,需要在全市营造真心爱才、悉心育才、倾心引才、精心用才的发展氛围和环境。结合与对标地区青年人才政策对比评估结果发现,重庆市在青年人才发展环境营造上还需要在以下两个方面重点发力。第一,建立健全青年人才发展平台,加强科技创新平台、创新创业平台对青年人才的吸纳和培养能力,每年评选一批优质青年人才发展平台予以支持和奖励,依托重庆创新创业特色小镇孵化青年人才创新创业平台和基地。第二,完善青年人才服务,建立健全"青年发展友好型城市",利用好青年人才服务"云平台",为青年人才在渝发展提供各类优质服务。目前重庆市在青年人才服务上已具备较为全面优势的政策支持体系,未来建议更加精准定位青年人才服务需求和痛点,重点为青年人才子女入学提供政策倾斜和服务保障。

课题组负责人:李　华
课题主研人员:陈　秀　贾皓天　黄国辉　吴　婷

此课题为2022年度重庆市技术预见与制度创新专项人才工作课题研究项目,于2023年6月结题。研究报告内容仅代表课题组观点。

深化川渝地区人才协同发展研究

重庆师范大学课题组

摘　要:通过对川渝地区人才资源和发展状况的分析,发现两地在人才培养、引进和流动等方面存在差异和互补性。因此,深化川渝地区人才协同发展需要加强跨区域合作,促进人才资源的有机流动。建立川渝地区人才合作机制和平台是推进协同发展的关键。这包括建立人才信息共享平台、打通人才流动通道、制定协同发展政策等。川渝地区应加强人才培养和科技创新能力的提升,建立高水平的创新创业人才培养体系,培养更多具有国际竞争力的高层次人才;加强川渝地区人才交流与合作,促进人才项目的联动和合作,实现人才的共享与共赢。

关键词:川渝地区　人才协同发展　人才资源　人才培养　人才引进　人才流动　人才合作机制　科技创新　人才交流与合作

一、推动川渝地区人才协同发展的战略意义

川渝地区是我国经济最具活力、人才资源集聚力最强的地区之一,是全国创新资源最为密集、最具发展潜力的地区之一。川渝两地历史同脉、文化同源、地理同域、经济同体,推动人才协同发展,不仅具有良好的经济、社会、文化和工作基础,更是落实双城经济圈建设战略部署、优化区域人才发展布局的迫切需要。

(一)推进川渝地区人才协同发展,是实现区域发展战略目标的重要保障

人才资源是第一资源。成渝地区双城经济圈建设上升为国家战略,意味着将作为我国西部高质量发展的重要增长极,参与新一轮全球合作与竞争。2021年,

川渝两地经济总量为8.17万亿元,与国内长三角、京津冀、粤港澳大湾区相比,经济规模还有较大差距。川渝地区要成为国内领先城市群、世界级城市群,必须发挥人才引领发展的决定性作用,以一流人才资源特别是高层次创新型科技人才的高度聚集,加快提升供给体系质量,推动区域经济发展迈入高端。

(二)推进川渝地区人才协同发展,是赢得区域人才竞争战略主动的必由之路

2019年,川渝电子信息、装备制造(含汽摩)产业规模分别达到1.5万亿元、1.4万亿元,食品饮料、能源化工、先进材料产业规模接近1万亿元,数字经济、军民融合等产业发展迅速、潜力巨大,基本形成了以电子信息和装备制造为主导、又各有擅长领域的产业体系。两地拥有唯一的国家科技城,现有普通高校197所、政府部门所属科研院所185家,国家重点实验室、国家企业技术中心等具备一定数量规模,科教资源丰富、互补性强。加强川渝合作形成整体优势,有利于共同争取国家投入支持,推动更多国家重大项目、平台、政策落地川渝,促进人才、项目、资金等要素加快融入,成为科技创新策源地、新兴产业聚集地。

(三)推进川渝地区人才协同发展,是提升区域人才发展治理水平的现实需要

1997年川渝分治之后,两地深度合作不够甚至竞争大于合作的现象比较明显。如成都、重庆均以电子信息和汽车制造为支柱产业,能够形成上下游较为完备的产业链,但在产业协同上还缺乏有效布局,人才需求存在竞争关系,人才政策相互博弈甚至恶性竞争。受市场驱动的川渝地区区域间人才流动已趋常态化,但由于体制障碍、服务分割等问题,区域内人才流动的制度性成本较高,影响了人才资源的配置效率和发展绩效。在成渝地区双城经济圈建设上升为国家战略的背景下,需要借鉴世界级城市群协同发展机制,完善区域人才发展治理体系,促进人才资源在区域内高效配置,以人才合作促进区域协调发展。

二、推动成渝地区双城经济圈人才协同发展的主要挑战

近年来,川渝地区各级党委政府高度重视人才工作,抢抓共建"一带一路"、长江经济带发展、新时代西部大开发等战略机遇,发展势头强劲,对各方人才形成较强吸引力。但对标国家战略和高质量发展要求,对标"两中心两地"建设目标,仍

有较大提升空间。

（一）人才发展基础有待夯实

"两中心"理应是人才集聚中心，"两地"理应是人才高地。当前川渝地区在人才总量、高层次人才数量、人才国际化水平等方面还存在差距。一是人才总量偏少。按照可比数据，截至2019年底，川渝人才总量1267.6万人，仅为京津冀的56.6%、长三角的32.6%，科技创新人才数量不足京津冀的60%。对照双城经济圈建设战略任务，交通、金融、生态环保等领域人才尤为短缺。据四川人社厅发布的《2019年急需紧缺专业人才目录》，云计算工程技术人员等93个职业重度紧缺。二是高端人才不多。川渝两地现有两院院士等高层次人才仅为京津冀的16.9%、长三角的17.3%，高层次创新型科技人才缺口较大。三是国际化水平不高。川渝两地具有海外留学工作背景的人才不多，熟悉国际惯例、市场交易规则和市场规律的人才较少。川渝两地2019年应届海归人才数量仅为北京、上海的1/4，川渝两地持A类长期工作证的外国高端人才数量（1293名）仅为京津冀的25.5%、长三角的4.5%。

（二）人才集聚能力有待增强

"经济圈"集聚融合各种发展要素，其核心是"聚"，第一要素是"人才"。对标国内主要城市群水平，川渝地区聚才能力还需加强。一是聚才政策竞争力不够。新一轮"抢人大战"日趋激烈，各地纷纷出台更具含金量的人才政策，仅针对"双一流"建设，广东省3年投入200亿元，湖北省5年投入150亿元，川渝2019年分别仅为5亿元、14.76亿元，吸引力相对较弱。川大、电子科大近3年流失省级以上称号人才44名，西南财大1名年薪17.5万元的青年骨干教师被广州大学以100万元年薪挖走。二是创新载体能级不高。高端科研平台稀缺，"双一流"高校不及京津冀、长三角的1/3，中国500强企业、独角兽企业数量均远低于京津冀、长三角。三是引才活动影响力不强。川渝两地近年积极举办海科会、知名高校四川人才活动周等活动，但与深圳中国国际人才交流大会、北京"一带一路"全球青年领袖荟萃活动、上海全球人才高峰会等国际性人才盛会相比，人才活动的影响力、引才成效还存在较大差距。

（三）人才协同机制有待完善

对标中央提出的双城经济圈建设要"统一谋划、一体部署、相互协作、共同实施"要求，当前两地人才合作机制还不够健全。

一是统筹协调机制不够健全。受行政壁垒和区划调整影响，两地在制定人才政策上倾向于"抢跑""加码"，缺乏统一的区域人才发展规划和政策衔接。成都、重庆主城都市区集聚了各自区域70%以上的人才资源，在区域协同上存在"先做大自己再说"的思想；部分市（州）、区县存在"协同等于人才流失"的担忧，协同积极性不高。人才计划、职称资格、技能等级等相互独立。

二是双向流动机制不够健全。川渝两地人才评价标准存在差异，缺乏统一共享的人才信息数据库，尚未建立人才柔性流动合作机制，导致两地人才流动不畅，人才共享程度较低。2019年重庆人才流入成都占比不足14%，成都人才流入重庆占比不足18%。

三是项目合作机制不够健全。高校、医院、科研院所、企业等领域内部和跨领域交叉合作不够，联合申报重大课题、科技攻关不多，2019年四川25个项目获国家科学技术奖励，其中与重庆单位合作的仅1个。跨区域合作不足导致大量科技成果"外溢"，2019年两地输出技术活动成交额为1268.6亿元。

（四）人才服务保障有待提升

对标人才对创新创业便利度、高品质生活的现实期盼，两地人才服务保障还存在较大差距。一是创新创业服务供给不足。两地缺乏多元的投融资平台，对创新创业金融支持不够，各类基金数量不足、规模不大，近三年成都高新区企业获得的首笔投资90%来自省外。2018年川渝两地R&D经费支出占GDP的1.8%，远低于京津冀（3.3%）、长三角（2.8%），国家技术转移示范机构数量不到京津冀的2/5。二是市场化服务渗透不足。两地仅有国家级人力资源服务产业园2家、省级3家，高端猎头机构较少，人才市场、信息和网络建设滞后，在引进国际化人才方面作用甚微。调查表明，两地人才寻访、测评、培训等高端业态占比不到10%。三是公共服务发展不平衡。两地公共服务水平与东部发达地区差距较大，教育、医疗等优质资源高度集中在成都、重庆主城都市区，国际化社区、学校、医院等尚处于起步阶段，人才公寓建设与京津冀全覆盖推行"人才安居工程"存在较大差距。

三、加快川渝地区人才协同发展的总体思路

(一)指导思想

坚持以习近平新时代中国特色社会主义思想为指导,深入贯彻党的二十大精神,全面落实习近平总书记关于人才工作的重要论述和关于川渝地区双城经济圈建设的重大战略部署,紧紧围绕"一极一源,两中心两地"战略目标,牢固树立"一盘棋"思维,强化一体化发展理念,以科学合理布局区域人才资源为基础,以建立健全人才协同发展机制为主动力,以实施区域人才协同发展重点任务为主抓手,加快培育集聚各方面优秀人才,最大限度激发人才创新创造创业活力,为川渝地区打造高质量发展重要增长极提供坚实的人才和智力支撑。

(二)基本原则

坚持尊重规律,市场导向。充分发挥市场配置人才资源的决定性作用,更好发挥政府作用。遵循人才成长的客观规律,激发各类人才能动性,让人才各尽其能、各展所长、各得其所。

坚持以聚为主,做大总量。立足川渝地区,拓宽国际视野,深化人才开放与合作,充分利用国际国内人才资源,持续提升区域人才竞争力、辐射力和影响力。

坚持以用为本,共建共享。把用好用活人才作为根本出发点和落脚点,共建人才队伍,共享智力资源,为人才干事创业创造机遇、搭建平台,让人才活力充分涌流,让人才价值更加彰显。

坚持政策创新,项目牵引。聚焦重点难点,深化人才发展体制机制改革,精准、系统、协调推进政策创新,加快形成具有竞争力的人才制度优势。加大人才项目实施力度,拓展政策创新载体。

(三)路径目标

按照"统一谋划、一体部署、相互协作、共同实施"的基本思路,着力构建全方位、多层次、宽领域的区域人才协同发展格局,加快建设高端人才集聚区、产才融合发展示范区、青年人才荟萃区、体制机制改革先行区,支持重庆、成都加快建设国家级创新人才高地,带动川渝地区建成具有全国影响力的人才高地。

一是建设高端人才集聚区。聚焦建设科技创新中心,以创建西部科学城为引

擎,共建一批高能级创新创造平台,面向全球协同延揽一批基础科学、前沿技术领军人才。

二是建设产才融合发展示范区。聚焦建设经济中心,围绕重点产业人才需求,开放共享优质平台资源,实现人才链与创新链、产业链、资金链有机衔接。

三是建设青年人才荟萃区。聚焦建设高品质生活宜居地,贯通共享公共服务,打造多元化青年人才事业发展和交流合作平台,为川渝城市群建设培养储备一批具有明显创新潜力的青年人才。

四是建设体制机制改革先行区。聚焦建设改革开放新高地,共同争取国家人才政策改革试点,协同推进人才制度和政策创新先行先试,为新时代西部地区人才发展探索新路径。

到2025年,区域人才协同发展管理体制和运行机制基本确立,人才结构布局与川渝地区功能定位基本适应,人才协同发展的关键环节和重点任务取得积极进展,区域人才影响力和竞争力明显增强,人才合作交流成效明显,人才协同发展良性格局初步成型。到2035年,形成高效顺畅的区域人才协同发展体制机制,人才结构布局更为科学合理,人才协同协作效果突出,人才共建共享成果显著,人才创新创造创业活力竞相迸发,高层次创新型人才和各类优秀人才不断集聚,建成具有全国影响力的人才高地。

(四)区域布局

立足成渝地区双城经济圈建设总体战略,聚焦四川"一干多支"、重庆"一区两群"发展战略需要,以"双城""双圈""两翼"为重点,引导区域人才合理流动,促进区域人才高效配置,健全完善区域人才发展治理体系,加快打造人才协同发展共同体,有序有力推动川渝地区全地域、各领域人才协同发展。

"双城"。以推动高质量发展、创造高品质生活的示范标杆为目标,充分发挥成都、重庆中心城区核心引领和辐射带动作用,布局落地一批科研机构、创新平台,推进重大技术攻关,打造科技创新策源地,着力建设国际高端人才枢纽城市,形成具有全球竞争力的人才"强磁场"。

"双圈"。结合要素流动规律和产业分工布局,以培育现代化都市圈为方向,推动重庆中心城区、成都市与周边城市的人才同城化融合发展。提升重庆城市新区、德眉资等成都毗邻城市按照各区定位、功能、产业分工,吸引一批产业人才,推进重大成果转化和重点产业布局。

"两翼"。依托成渝科创走廊,促进成渝主轴沿线及周边城市积极融入,以廊道形式共育共享高端人才、产业人才,着力强化产业链、创新链和人才链协同,带动各类创新要素汇集叠加,共建川渝创新人才走廊,打造具有比较优势的人才创新策源共同体。聚焦川渝毗邻地区人才一体化发展,推动渝东北、川东北地区人才协同发展,共建特色人才统筹发展示范区。推动川南、渝西地区人才协同发展,共建各有特色的人才融合发展示范区。

加强"双城""双圈""两翼"联动互通、梯次推进,促进人才资源在川渝地区各级各类城市间合理配置、顺畅流动,统筹推进全域人才协同发展。

四、加快川渝地区人才协同发展的机制构建

(一)构建人才政策协同机制

开展政策改革试点,借鉴各地全面创新改革试验区、自贸试验区等创新举措,在人才引进、培养、使用、激励、保障等方面积极探索、先行先试,制定实施更加有吸引力的人才政策。开展川渝区域合作人才示范区建设,探索人才政策建立异地同享机制。破除体制机制障碍,鼓励人才在区域内自主流动、择业创业。建立区域一体化的人才评价制度,分级分类推动双城经济圈人才评价、职称、技能、外籍人才居留准入等互认。推动"新重庆人才服务卡"与四川"天府英才卡"对等互认,在户籍迁徙、安居置业、创业扶持、市场开放服务等方面对等共享,推进社会保险服务协同,教育医疗资源合理共享。争取从全国范围选派优秀年轻干部到川渝地区挂职任职,选送干部人才到中央国家部委、高校、医疗机构、科研院所、大型企业和东部发达地区锻炼。探索博士服务团"项目制"管理、"订单化"实施。

(二)构建人才资源互享机制

共建共享人才招引联络、信息网络、人才数据库等资源资料,开发开放科技、教育、产业等优质资源。编制发布双城经济圈急需紧缺人才目录,共建川渝籍在外高端人才数据库。打通人才政务信息网络,共享共用高端人才智库,开放高端人才重要信息跨地区查询,推动川渝人才诚信体系建设。推行院士专家产业园、工作站和周末工程师等柔性引才用才模式,按规定兼职兼薪、按劳取酬,促进区域优秀人才资源高效利用。实施"万名专家进千企"行动,省市联合组建专家服务团,开展技术

攻关、人才培养、咨询服务,促进专家与企业的有效对接。组织"川渝人才进基层"行动,互派专家到艰苦边远地区开展技术指导、示范培育等,助力乡村振兴、服务基层治理。鼓励区市州县结对促进人才发展。鼓励川渝地区高校面向全球招生,引进更多优秀博士后和青年学者。

(三)构建人才平台共建机制

合力建设区域性重点实验室、工程技术中心、科研基地等重大平台,共建一批新型科研机构,搭建一批成果转移转化平台。打造省(市)校、地区、校校、企企、校企等立体化人才合作网络,鼓励组建高校、科研院所、行业产业等各类人才发展联盟或联合体。发挥科协、侨联、智库等组织作用,鼓励开展多领域、多层次、项目化人才合作。支持两地高校、科研院所、园区、企业等共享共用产学研平台。共享专家服务基地、国情研修基地和干部人才培训平台,联合组织专家人才研学研修,促进跨区域合作和跨界交流。

(四)构建人才市场联通机制

建设规范、统一、灵活的人力资源市场体系,大力发展专业性、行业性人才市场,建立协调一致的区域人才市场准入制度,促进人才合理流动。探索推进技术交易和要素流动市场一体化改革。建立人才培养的市场调节机制,结合产业发展和企业需要,灵活调整人才培养方向。积极培育各类人才服务机构,鼓励发展人才测评、猎头等高端服务机构。支持用人主体通过招聘中介、高端猎头等市场化渠道,延揽高层次人才和急需紧缺人才。大力发展人力资源服务产业园联盟,支持组建跨区域人才发展集团,共建市场化引才载体。支持两地人才中介机构竞标承接人才相关政府采购项目。建立区域人才交流合作的利益分配机制和激励机制。

(五)构建人才活动联办机制

常态开展"院士专家川渝行"等活动。协同举办重庆国际人才交流大会、中国西部海外高新科技人才洽谈会、蓉漂人才日等重大引才活动,定期组团赴外招才引智,共同策划引才引智活动及宣传推介。加大海外特别是"一带一路"共建国家和地区人才招引力度,协同开展全球高端人才招揽。通过联合主办方式,推动重庆国际人才交流大会、中国西部海外高新科技人才洽谈会等活动规格升级。联合打造具有影响力的引才活动品牌。参照"西部之光""博士服务团"做法,开展百名优秀年轻干部互派挂职计划,实施教育、医疗等领域专技人才、高技能人才互派交流。引导人才向艰苦边远地区和基层一线流动。

五、加快川渝地区人才协同发展的主要任务

(一)加快集聚科技创新型人才

着力强化川渝综合性科学中心对顶尖科学家和高端研究人才的集聚功能。以形成具有世界领先水平的综合性科学研究基地为方向,联合打造一批重大科技创新平台和新型研发机构,推动重大原始创新和颠覆性创新,加快汇集国内外战略科学家、一流科技领军人才和创新团队。针对生命、材料、电子信息、航空航天、智能制造等重点科学领域,瞄准突破共性关键技术,强化战略科技力量,打造原始创新集群,夯实基础研究人才支撑,加大卓越工程师培养力度。围绕重大科研项目、前沿学科研究计划等重点任务的组织实施,在全球范围联合延揽基础科学研究、应用基础研究、关键技术研发等人才资源。吸引高水平大学、科研机构和创新型企业入驻,推动人才开放共享。

优化重点区域科技创新人才布局。高水平推进西部(重庆)科学城建设,打造"科学家的家、创业者的城"。推广实施"金凤凰"人才政策,着力引进诺贝尔奖获得者、图灵奖获得者、"两院"院士等国内外顶尖科研人才,鼓励青年科学家开展科学研究,对高校科研人员兼职创新的工作量和相应绩效给予同等认可,对在职离岗创业的科研人员连续计算工龄、正常晋升职称。建立首席科学家办公室、科学家小镇,支持高校建设创新创业学院。壮大科技企业,建设一批产业技术联盟,发展科技产业和科技服务人才队伍。推动两江新区加快建设科技创新中心核心承载区,彰显"科创+产业"内涵,瞄准新兴产业设立开放式、国际化高端研发机构,重点培育聚集一批研发型、创新型科技人才,强化人才与产业、生活、生态协同融合发展,构建全要素全链条创新生态系统,建设具有重要影响力的全球创新要素集聚高地、科技创新及产业创新重要策源地。

提升科技人才协同创新能力。着眼共性基础技术、前沿引领技术开发,充分汇聚科技创新人才合力,促进产学研用深度融合。支持两地高校、科研院所、企业联合建设研发机构、组建创新联合体,共引共用行业专家、高端研究人才和技术研发人才。加强产业创新中心、技术创新中心、制造业创新中心、工程研发中心等平台

技术合作与人才交流。围绕共同争取重大创新平台、共担国家重大科技任务、联合开展技术攻关、共同申报科技创新重大项目、共用大科学仪器设备、参与国际大科学计划和大科学工程等,深化川渝地区高端科技人才协同协作。探索推动技术经纪人队伍建设。完善知识产权快速协同保护机制。

加大科技创新人才政策扶持。支持引进国内外顶尖高校和科研机构在川渝地区合作建设研究院、研发中心,设立长期、灵活、有吸引力的科研岗位。深化"放管服"改革,创新科研资金管理,探索实施项目"包干制"等改革举措。积极推进职务科技成果所有权或长期使用权改革试点。建立健全科技人才信用管理机制,实施科技人员澄清保护制度。推动科研资金跨区域使用、科技创新券通用通兑。加大对科技创新人才先进成果的支持,为创办企业提供财政、金融、融资上市等综合"政策包"。加大青年科技人才支持。

(二)推动交通能源水利人才队伍建设

推动交通人才队伍建设。加大航空、轨道、公路、航运、客货运输等专业人才培养力度。围绕机场、港口、客货运站等运行建设,加强交通枢纽运营管理、设施建设、综合服务等方面人才的交流合作。开展川渝两地交通干部人才互派挂职任职、研修研学,共同组织赴东部地区访学。推动船舶专技人才职称制度落地。组建由多方参与的船舶专家智库。支持两地有条件的高校、职业院校开设邮政快递业类专业,系统化培养专业人才。共同组织或参与邮政职业技能竞赛,推动快递行业工程技术职称互认政策制定实施。开展川渝交通执法人才培训和业务交流,探索建立交通执法专业人才库。

推动能源人才队伍建设。围绕川渝优势能源资源,培育石油、天然气、水电等传统能源和太阳能、氢能、风能等新能源领域专业人才。大力培养引进能源新技术、新工艺等方面的高端研发人才和团队,加强汽车新能源等应用研发人才培养。共推川渝天然气千亿立方米产能基地建设,培引一批油气专技人才和能源科研机构。加强川渝地区在电力、天然气、石油等重点领域的人才交流。轮流举办川渝电力交易行业技能竞赛。依托高校和行业职业院校,开展新能源和能源新技术、新工艺等培训,建设川渝能源行业高素质人才培养培训基地。

推动水利人才队伍建设。围绕规划计划、勘察设计、施工建设、运行管理、水生态建设、水文检测等细分领域,科学搭建领军人才、青年拔尖人才、基层人才等构成的水利人才梯队。支持长征渠、长江沿岸廊道等重大工程建设,重点培养水利工程建设管理、水资源与水生态环境保护、流域综合管理等方面人才。根据川渝防洪减灾、水文测报需要,加强防洪减灾联合调度和综合管理人才培养,建立水文首席预报员制度。促进水利人才互派交流、培训研修、专家互享,探索建立水利人才共育共享常态机制。深化两地水利高职院校等人才培养基地建设与合作,共同培养水利事业发展所需专业人才。

(三)协力推进现代产业人才培养

壮大制造业人才队伍。以推动川渝地区制造业高质量协同发展为方向,聚焦汽车、电子信息、高端装备、特色消费品、先进材料、大健康等具有国际竞争力的先进制造业集群,培养造就一支规模宏大、素质精良的战略性新兴产业人才队伍。建设高素质创新型经营管理人才队伍,培养和汇聚一批技术精湛、技能熟练的产业人才,助力承接产业转移示范区重点园区建设。以制约重点产业链和未来产业发展的关键技术瓶颈为靶向,联合推进产业创新平台建设,支持设立智能网联汽车、人工智能、传感器、智能制造装备、轻量化材料、生物医药等领域研发机构,加大研发人才引育。鼓励川渝地区制造业企业与职业院校的合作,共建技能人才培训基地,开展定制化、订单式等多形式人才培养。对以"一区多园""飞地经济"方式建设的开发区、产业集聚区,支持实施柔性引才,共享共用人才。

加快集聚数字产业人才。适应"云联数算用"要素集群和"芯屏器核网"全产业链建设需要,着力打造数字产业人才队伍。共同推进国家数字经济创新发展试验区建设,探索数字产业人才育用新机制。深化成都天府软件园、重庆两江数字经济产业园等园区合作,大力培养集成电路、新型显示、智能终端、大数据、人工智能等专业人才。共建数字经济交流平台,促进研发创新、产业培育、标准研制等人才合作。编制川渝数字产业人才需求目录,精准引进急需紧缺人才。支持高校开设人工智能、智能网联汽车、网络安全等数字经济专业,结对共建数字经济专业"双一流"学科。鼓励高校与企业联合办学。加快建设工业互联网一体化示范区,吸引工业互联网领域人才创新创业。

大力发展现代服务业人才队伍。积极培育研发设计、科技服务、商务咨询、人力资源服务等领域专业性和生产性服务人才,推动先进制造业与服务业融合发展。支持川渝毗邻地区建立人力资源服务产业园,加大引才育才市场化专业支持力度。举办"川渝十大工业设计师"评选,培养发掘工业设计人才。支持重庆高新区大力发展研发孵化、软件信息、检验检测、数字文创、科技金融等高技术服务人才。联合举办中国(西部)物流产业博览会,加强物流人才交流合作。围绕跨境电子商务综合试验区建设,培养高水平、国际化电子商务人才。协作共建西部金融中心,加大银行、证券、保险、基金、债券、金融科技、普惠金融等金融人才培养力度。加强新型金融人才引育,培养国际化高端金融人才。支持高校开设互联网金融、国际金融、农业金融等学科专业,鼓励金融机构设立博士后科研工作站。共建金融研究机构,集聚一批金融研究和产品研发人才。开展专家讲座、专题培训、实地研学、论坛会议、公务互访等活动,促进金融人才交流研修。推动两地金融人才任职经历、专业职称互认,鼓励双向柔性引进金融人才,互享互通金融专家人才信息。

强化军民融合产业体系人才支撑。推动军地通用专业人才一体化培养。围绕航空航天、集成电路、软件开发、新材料、智能装备等方向,优化军地院校学科结构,提升军民融合人才培养质量。开展文职人员专业改训培训、退役士兵职业技能培训和鉴定,培养退役士兵硕士研究生。发挥川渝部队教育资源特色优势,为培养地方急需紧缺人才服务。支持军队院校、科研机构加强军民装备科研生产人才培养基地建设。依托陆军军医大学等军队院校,开展医疗人才军民融合培养。发挥物流、通信、医疗等高端军地通用人才作用,促进地方经济建设。鼓励和推荐川渝高校优秀毕业生报考军队文职人员。

培养川渝现代高效特色农业带建设人才。依托涉农科研院所、乡村建设学院、农广校等机构,分层分类构建现代高效特色农业人才培训体系。针对不同业态,联合举办专题培训班,开展种养、加工、销售全产业链培训。大力培育高素质农民和农村致富带头人,实施家庭农场农民合作社经营管理人才提升行动。建立农业农村科技人才联合培养机制。加大农业农村高科技领军人才、科技创新人才、科技推广人才培养力度。深入实施科技特派员制度,支持科技特派员开办农民合作社、专业技术协会和农业企业。依托农业园区、龙头农业企业,推进专家服务基地、专家大院、博士工作站等乡村人才平台建设。开展川渝涉农院校和科研院所人才互派挂职、互访交流。

(四)培育消费经济领域人才队伍

培育文旅产业人才队伍。共办或轮流举办中国西部旅游产业博览会、温泉产业博览会、文化旅游产业精品项目交流对接会等重大文旅活动,搭建川渝文旅人才交流协作优质平台。联合开展优质企业考察、文旅产业大讲坛等人才交流活动,推动文化产业示范园区和基地、夜间文旅消费集聚区、国家文旅消费试点和示范城市建设。加强高层次文旅人才、文化创意经营管理人才引育,合作培养创意设计、传媒影视、动漫游戏等方面文化人才。联手建设中国西部演艺产业示范园区,集聚一批高水平演艺人才。举办文旅产业创新人才工作训练营。组织开展川渝两地导游服务技能比赛,举办导游业务教学培训。聚焦巴蜀文化旅游走廊建设,共建共享文旅人才信息库。联合组织文旅专家资源,开展景区和旅游区评定,制定区域文旅标准,提升川渝文旅品牌质量。

培育商业贸易人才队伍。围绕打造休闲度假、自然遗迹、美酒美食、传统工艺产品、民俗节庆、商业街区等城市消费品牌需要,培育一批高水平技术技能人才和高端经营管理人才。支持建立餐饮人才培训基地,大力培养高水平美食产业链技能人才。加大直播电商师、互联网营销师等培训培育力度,加强培养夜间经济、场景消费等领域商贸人才。

培育家政、康养等消费服务人才队伍。大力培育家政、康养、托育、看护等家庭消费领域服务人才,开展职业资历、资质互认,共建职业培训和技能实训基地。加强水上运动、山地户外运动、汽车摩托车运动、航空运动等体育消费产业人才培养。

(五)推进生态环保人才队伍建设

加强对长江上游生态屏障建设的人才支撑。共同组织生态环保学术讲座、创新比赛等活动,互派人员考察访问、学术兼职、研修研学等,合作开展生态环保人才交流培养。共建生态环境损害鉴定实验基地等生态环保研发平台,建设川渝地区生态环境保护科研服务平台,共同培养环境保护科技人才。探索建立川渝生态环境标准专家库,整合两地科研力量,推进生态环境标准的制修订研究。共同申报国家生态环境标准研究课题,开展生态环境标准研究。建立专家和技术支持团队,合力推进水污染防治、"无废城市"生态环境科研攻关。突出夏秋季臭氧和冬春季PM2.5协同防治,联动开展重要区域大气污染防治督导帮扶,加强对口技术交流与人才合作。建立长江文明干部学院和长江生态环境学院,加强生态环保干部交流和人才培养。

大力发展绿色产业人才队伍。培育节能环保、清洁生产、清洁能源等生态环保产业人才,构建绿色产业体系。建设国家绿色产业示范基地,加大绿色发展技术研发人才引育,联合打造绿色技术创新中心和绿色工程研究中心。合作培养排污权、水权、用能权、碳排放权等跨省份绿色产品与技术贸易人才。加大绿色建筑、可再生能源、再生资源等领域研究人才和应用技术人才引育。加大"产业绿色转型"企业和项目招引力度,注重人才配备、科研创新扶持。围绕"项目+技术",推动"产业绿色转型"紧缺高端人才培育,建立绿色发展紧缺人才评价体系。建立川渝地区"产业绿色转型"人才库。汇集生态环保领域全球顶尖人才和团队、关键企业信息,绘制绿色产业人才分布地图。

(六)扩大人才对外交流与区域合作

拓展人才对外交流渠道。深化西部陆海新通道、欧亚通道、东向开放通道等国际大通道沿线人才交流合作,共推"一带一路"建设。加大对外贸易、物流运输、仓储代理、翻译等急需紧缺人才培养。依托中新互联互通项目,常态开展人才交流、培训等工作,搭建与东盟各国的人才链接。办好陆海新通道国际合作论坛,建好与共建国家的高层次人才交流平台。发挥重庆通道物流和运营组织中心、成都国家重要商贸物流中心的平台作用,加强口岸物流人才交流。加快"四中心一枢纽"展示厅建设,吸引会计、税务、金融、咨询、司法鉴定等高端服务人才聚集。联合中国欧洲中心(成都)定期举办论坛、展会等,加强优势项目人才交流。

筑强人才对外开放平台。加快川渝自由贸易试验区协同开放示范区建设,加大金融、科技、医疗、贸易和数字经济等领域政策创新,加强人才引育。以两江新区、天府新区为重点,探索川渝地区科技创新、高端商务、医疗健康等领域国际化人才发展机制。加强与中新金融科技联盟合作交流,推动设立中新金融科技人才培养基地。支持两江新区与天府新区互设"人才飞地",设立孵化器、研发机构和博士后工作站,互认人才政策,共引共享高端人才。重点围绕生物医药、人工智能、智能制造、金融科技、生态环保等领域,推进与新加坡优质教培机构在人才培养、访学研修、青年人才等方面合作互动,打造国际化产教融合实训基地。探索建设"陆海新通道职业教育国际合作联盟"。发挥行业协会、产业联盟等经济组织作用,高标准办好中国国际智能产业博览会、中国西部国际投资贸易洽谈会、中国西部国际博览会等重大活动,组织行业精品展会、技术研讨会、企业家座谈会等活动,拓展人才对外交流载体。推进"一带一路"科技创新合作区和国际技术转移中心建设,以东盟、中东欧、欧盟、上合组织为重点对象,发挥中新、中匈、中德等合作示范作用,扩大新一代信息技术、新能源及智能网联汽车、新材料、节能环保、大健康等科技领域人才开放交流。共同办好"一带一路"科技交流大会。持续推进文化、教育、医疗、体育等专业人才的国际交流合作,支持建立境外专业人才执业制度,放宽境外人员参加职业资格(不包括医疗卫生人员)考试限制,为外籍高层次人才来华投资就业提供入出境和停居留便利。

深化国内区域人才合作。全方位推动川渝地区与西部地区、长江经济带、东部沿海地区的人才交流合作。加强与关中平原、兰州—西宁城市群在能源、物流等领域的人才交流合作。加强与北部湾、滇中城市群在口岸物流、商业贸易等领域的人才交流合作。加强与长江中游、下游区域在绿色发展、生态环保、水利、铁路航运等领域的人才交流合作,开展重点领域关键核心技术协同攻关和推广应用,推动长江经济带绿色发展。对接京津冀协同发展、长三角一体化、粤港澳大湾区建设等重大战略,建立以科技创新中心建设为重点的紧密合作机制,加强人才互动、平台共建、资源共享和成果共用。探索建立科技创新政策异地共享机制,引导东部地区产业创新集群与川渝地区战略性新兴产业集群开展区域合作与联合技术攻关。深化与重点省份的科技人才交流,建立产业人才结对合作关系,共建跨区域产业园区,促进项目、技术、人才的高效配置。鼓励东部知名高校到川渝城市群联合办学或设立分支机构。加强三峡库区人才对口支援工作。

发挥市场主体引才育才主导作用。加强国有企业经理层成员任期制和契约化管理,共同探索推进国有企业职业经理人制度建设。联合开展国有企业经营管理人才和骨干人才培养交流。推进川渝商会组织联盟建设,加强两地民营企业和行业商会的人才交流与项目合作。推动四川民营企业家学院与重庆卢作孚民营经济学院合作,培养川渝地区高素质民营企业家队伍。联合举办"民营企业引才服务月"等活动。加强与海外工商联社团(川渝商会)联络合作,共设海外联络处,为川渝民营企业引进高层次人才提供服务。

为人才创新创业营造良好环境。统一两地商务行政审批服务标准,简化办事流程,扩大互认事项覆盖范围。探索建立川渝地区"市场准入异地同标"便利化准入机制。构建跨区域"同一标准办一件事"市场准入服务系统。协同推进"证照分离"改革。建立两地知识产权执法协作机制。探索市场监管等经济管理权限与行政范围适度分离,支持川渝高竹新区等合作园区内企业自由选择注册地,跨行政区域落户。围绕川渝地区产业园区合作共建,成立产业园区发展联盟,共建园区人才交流培养服务平台。

(七)携手推进城乡人才融合发展

推进城乡人才资源高效配置。加快健全完善人力资源市场体系,建立衔接协调的城乡人才流动配置机制。发挥市场化人力资源服务机构的积极作用,搭建人力资源服务城乡合作交流平台。促进城乡人才顺畅流动和高效配置。推动川渝都市圈实现户籍准入年限同城化累计互认、居住证互认,完善居民户籍迁移便利化政策,助力城乡人才自由择业创业。完善集体经济组织人力资源开发利用机制,探索建立农业职业经理人引育机制。加强城乡人才统计工作,为高效配置人才提供基础数据支撑。

促进城乡人才资源均衡配置。共同推进义务教育阶段教师"县管校聘"管理改革,推动中小学校长职级制、中等职业学校教师职称制度等改革。建立城乡教育联合体,开展结对互派教师挂职,共享优秀教师资源。鼓励招募优秀退休教师到乡村和基层学校支教讲学,动态调整乡村教师岗位生活补助标准,适当向农村薄弱学校倾斜职称评审和特级教师分配名额。建设区县域医共体,建立跨区域基本公共卫生人才和医务人员交流培训机制,深化川渝基层卫生人才协作。引导卫生人才向基层一线流动,加大对口帮扶。对在农村和基层工作的卫生技术人员给予职称晋升等政策倾斜。推动符合条件的全科医生实行"乡管村用"。开展基层卫生人才能力提升轮训。共同推动文化旅游体育人才下乡服务。鼓励首席规划师、乡村规划师等积极参与乡村规划设计。加强农村法律人才培养,推动公共法律服务力量下沉。协调推进县以下事业单位管理岗位职员等级晋升制度。加强社会工作专业人才交流,支持和引导社会工作专业人才向农村流动,力争在川渝地区实现乡镇(街道)都有社会工作站、村(社区)都有社会工作专业人才提供服务。

加强农村产业人才培育。加大高素质农民、家庭农场经营者、农民合作社带头人等农业生产经营人才培养力度。加快农村创业创新带头人、电商人才、乡村工匠等二、三产业人才培育。联合举办农村创新创业大赛。加大优秀农村双创项目资金支持和政策扶持。合力建设农村创新创业服务平台载体,创建全国农村创业创新示范园区(基地)。围绕各类农业园区发展优势主导特色产业的需要,进行针对性农业产业化经营人才培训,提升农业产业经营管理人才综合素养和业务素质。加大乡村休闲旅游经营管理和服务人才培训。

(八)提升公共事业人才发展水平

强化人才基本公共服务供给。推进人才服务标准化、便利化,加强在资格互认、市场准入、统计标准、服务保障等方面贯通。建立事业单位专业技术二级岗位聘用绿色通道,川渝两地二级岗位专家在对方属地事业单位经申报和确认为二级岗位的,不再进行资格审核和批准,不受流入地事业单位高级岗位数量限制。推行职称电子证书,实现职称网上互查互认和证书通用。逐步取消跨区域流动专业技术人才职称确认手续办理。落实川渝人才通办事项,共享人才公共服务窗口,统一服务项目、流程、标准,推进人才跨区域流动就业、档案查询、人事代理等异地办理,加快实现社保关系无障碍转移接续、跨省份异地就医门诊医疗直接结算,推进工伤认定和保险待遇政策统一。强化川渝人才服务平台和品牌建设,打造"智慧巴蜀""才兴川渝"等特色品牌活动,经常联合举办人才招聘会,搭建人才、创新创业项目的供需对接平台。逐步实现住房公积金转移接续和异地贷款信息共享、政策协同,推进无纸化证明和贷款申请"一地办"。

提升教育事业人才发展水平。强化川渝职教合作,探索建立一批"巴蜀工匠"川渝合作示范区。鼓励职业院校开设好大数据、智能化、健康养老等紧缺专业,强化职业院校师资交流。联合举办火锅、小面等全国性技能竞赛,举办"巴蜀工匠"杯新职业技能大赛,组织川菜、汽车、物联网等行业竞赛,开展技能大师"互访互学互促"活动。成立成渝地区双城经济圈高校联盟,开展科研教学、人才培养等全方位合作。建立川渝地区双城经济圈产教融合发展联盟、职业教育(培训)联盟,深化校地、校企合作。建立区域性教师协同发展共同体,在川渝毗邻区县建设国培示范区县、示范基地学校。定向互派高校访问学者,推动中小学、幼儿园教师、校(园)长互派挂职交流。实施博士后联合培养计划。加大两地中职"双师型"教师培养培训。鼓励两地高校联报联建国家级科研平台,组建川渝地区大学科技园联盟。聚焦世界一流大学和一流学科建设,加大高校在川渝区域性中心城市布局,引进境外高水平大学开展中外合作办学。联合组建高水平教学专家团队,共建教育系统专家智库。

提升文化事业人才发展水平。共办川剧节、川渝杂技魔术展演等文化艺术活动,挖掘和培育传统剧种后备人才,加强人才队伍建设。共建共享文博人才队伍,大力推进广播电视人才共同培养。依托川渝两地融媒体中心、高等院校、科研机构等,搭建媒体融合智库。注重培育保护非物质文化遗产传承人、传统文化艺人,组织参加中国非遗传承人研培计划。共建一批巴蜀优秀传统文化专门研究机构。加强出版、影视、舞台艺术领域人才交流合作。

提升体育事业人才发展水平。用好两地体育师资和训练场地优势,联合举办教练员、裁判员培训班,互邀优秀教练员、裁判员执教讲学,加强体育专技人员培养。互派运动员代培代训,选派体育项目教练员开展交流学习。相互开放体育培养训练平台资源,促进运动员能力、素质提升。共办单项后备人才夏令营,加强双方体育后备人才之间交流互动。

提升卫生医疗事业人才发展水平。联合举办西部医药卫生人才交流会。实施川渝地区卫生专业技术人才"双百"项目,互派卫生医疗骨干人才、青年医学人才挂职交流。共享卫生专家资源,建立重大人才项目、高级职称评审等互派专家支持机制。合力推进医学研究中心和创新基地建设,联合加强多中心临床研究,协同开展医疗卫生前沿核心技术攻关。推进中医药科技平台建设。共建一批公共卫生规范化培训及检验检测教学培训基地,开展公共卫生医师规范化培训。加大首席公共卫生专家、公共卫生骨干人才培养,联合建设一批公共卫生重点专科。推进国家医学中心建设,加强医疗资源规划布局、服务能力提升、人才培养、科研平台建设及国际交流合作。赋能"互联网+医疗健康"服务发展,加强医学信息和标准化人才队伍建设。

提升养老服务事业人才发展水平。推动川渝地区大中专院校与养老服务机构建立合作关系,鼓励养老服务相关专业学生跨区域交流实习、就业。探索建立川渝地区养老护理员职业技能等级评定制度,推进等级互评互认。共同建设西部养老服务人才培养基地,建立川渝地区养老人才培训师资信息库。联合开展养老服务机构负责人、老年人能力评估师、社会工作师、标准化工程师、养老护理员等养老服务人才职业能力提升培训,鼓励养老服务机构互派业务骨干顶岗锻炼。

加强应急救援人才队伍建设。联合搭建应急人才协作培养平台,加强安全工程、消防工程、救援技术等应急管理学科建设与交流,互派专业师资访学研修。研究制定注册安全工程师、特种作业人员等应急人才互认办法。加强应急救援专业人才队伍交流,实施应急救援联合演练,提升应急救援能力。联合开展川渝卫生应急人才队伍训练,加强鼠疫等重大公共卫生事业联防联控。

六、促进川渝地区人才协同发展的工作保障

(一)加强组织领导

坚持党管人才原则,依托两地组织部门积极对接,争取中央和国家部委支持。优化完善人才协同发展领导体系,定期召开成渝地区双城经济圈人才协同发展联席会议,研究决定重大事项,协调解决重大问题,调度落实重点工作。明确川渝各地各相关部门的主体责任,搭建专班,建立决策和协调机制,为推动人才协同发展

提供坚实的组织保障。

(二)加大政策支持

建立健全促进区域人才协同发展的政策体系,切实落实国家和川渝各地各部门推动人才发展的政策措施,用好用活政策资源,强化政策系统集成,形成政策支持合力。鼓励川渝各地各部门围绕人才协同发展制定专项政策,探索创新人才管理、联系服务、队伍建设的新制度、新机制、新模式。

(三)强化任务落实

将人才协同发展规划和相关计划纳入经济社会发展总体安排,统筹部署、同步落实。川渝各地各部门要结合实际制订本地区、本系统、本行业人才协同发展规划、计划和实施方案。坚持清单化、项目化落实人才协同发展的各项任务,分年度制订实施要点,加强督促检查,将任务完成情况作为工作部门和领导干部年度考核的重要依据,确保工作落到实处。建立第三方跟踪评估机制,定期开展评估,及时调整、优化工作。

课题组负责人:吴潇航
课题主研人员:刘　静　石　铭　余金鑫　赵子涵

此课题为2022年度人力资源服务行业重点课题项目,于2022年10月结题。研究报告内容仅代表课题组观点。

重庆人才资源统计指标体系和统计制度构建研究

重庆市统计学会

摘　要：在深入学习贯彻习近平新时代中国特色社会主义人才观的基础上，系统梳理各部门人才统计现状，找出现有各部门人才统计体系的不足，借鉴先进省市经验做法，从人才指标设置、部门工作分工、统计调查方案、数据采集流程、数据质量评估等方面建立重庆人才资源统计指标体系和统计制度，对重庆人才现状、发展变化、人才与产业互动关系等进行详细分析，进而为相关促进人才发展政策提供数据支撑，为2035年基本实现社会主义现代化提供人才支撑，为2050年全面建成社会主义现代化强国打好人才基础。

关键词：人才资源　统计指标　统计制度

发展是第一要务，创新是第一动力，人才是第一资源。随着重庆市产业结构的不断调整，对创新人才、高技术人才、数字经济人才等的需求将日益增加，现有部门统计无法掌握详细人才分布情况，需要我们建立重庆人才资源统计指标体系和统计制度，对人才资源现状和结构进行全方位分析和掌握，为重庆全面建设社会主义现代化提供人才支撑。

一、现有部门人才统计现状及存在的问题

(一)现有部门人才统计现状

从各部门的行政记录看，都有丰富的数据资料，归纳起来主要有以下方面的数据：就业人数、专业技术人才、技能人才、分学历就业、职称情况等。目前，通过对各

部门数据的清理,各部门的人才数据虽然看上去种类繁多、数据丰富,但由于指标口径、统计时间、登记范围等因素的影响,数据并不能通用,且数据存在交叉和重复,形成了有数不能出、多数打架的问题。

(二)现有人才大数据库现状及存在的问题

从重庆市目前人才大数据库的宏观口径来看,人社部门有就业人员社保缴费信息库以及部分专业技术人才数据库,教委有专任教师信息库以及重庆高校毕业生学历信息库,税务部门有个人所得税缴税信息库等,公安局有户籍人口全员信息库。从部门人才相关大数据库情况汇总来看,从大数据库提取人才主要存在以下问题。

1.人员基础库信息不全

从六大类人才分类来看,管理人才方面,各部门没有相关汇总数据,更没有管理人才基础信息库。社保参保库也没有相关职业和岗位等字段。

从专业技术人才和技能人才来看,人社局专业技术人才和技能人才基础信息库不齐全,因此暂时不能通过大数据库进行数据抓取。

从农村实用人才来看,全市没有农村实用人才基础信息库,该项数据不能通过大数据库进行抓取。

从社会工作人才来看,全市没有社会工作人才基础信息库,因此该项数据不能通过大数据库进行抓取。

2.人才统计信息缺乏共享性

目前,由于组织、人社、教育、公安、民政等部门分工不同,造成了各部门在人才统计信息采集、数据库建设方面各自为部门所需、各有侧重,统计信息重复采集与遗漏采集的现象普遍存在。同时,有些地方、部门对数据信息特别敏感,各自保密、部门所有,使各部门之间数据库无法对接,目前税务个人所得税信息库暂时不能共享。

3.数据核实工作量大

数据库来源不同,且在库人员信息的时间不同,导致同一指标差异较大,对每个人进行核实,工作量太大。比如学历指标,社保数据库、就业数据库、人社局专业技术数据库、技能人才数据库和统计局人口普查数据库均有,但均为自主填报,哪个是最后学历,需要核实。同时,教委信息库也只有重庆高校的毕业生信息,外地高校毕业生信息缺乏。

职业分类作为制定职业标准的依据,是开展职业教育培训和人才评价的重要基础性工作。从目前来看,完善职业信息是一项较为长期和艰巨的工作,主要表现为以下方面:一方面,社保库和就业库中对每位人员的职业信息登记不是必填项,职业数据缺乏,完善1600万人的职业信息工作量巨大;另一方面,就业人员职业变化较快,做到及时更新较为困难,较难做到就业人员每变更一次就自主填报一次。

4.部门大数据不能反映市场对人才的需求

部门大数据可以反映部分人才的现状、结构、分布等,但不能反映市场对人才的需求,不能引导人才培养方向。各类招聘网可以提供现在市场需要的岗位信息,但招聘网提供的岗位较多地出现重复,依托网络招聘大数据进行岗位需求分析非常困难。重视对人才需求的统计以及人才各专业需求预测,才能引导人才培养方向,特别是为高校和职业院校专业设置调整提供参考,指导高校改革,避免高校专业设置的盲目性,同时也为毕业生引导就业方向,提供公共平台和基本服务,以提升就业能力。

(三)现有部门行政记录大数据整合设想

官方人才数据库的建立与维护是项庞大的工程,需要由市政府出面,确定牵头单位,整合各相关部门共同开展。建议由市委人才工作领导小组牵头,承担起对就业人才数据库进行系统、规范、大规模的数据整合的责任,目前按照节约成本、共建共享、各取所需的基本原则要求。

1.做好指标融合

利用社保卡信息与公安、税务的数据进行校核与评估,社保卡内包含了姓名、性别、受教育情况、婚姻情况、就业情况等基本人口信息。但是,它也存在先天缺陷,即信息更新不够快,如果没有单位申请变更,参保人员卡内信息就维持在首次社保登记时。税务个人所得税信息为自主填报职业、岗位,一般一年申报一次,信息更新相对及时。建议将社保卡信息与税务个人所得税信息整合,辅以公安部门的人口信息进行补充,参保单位与市场监管局单位行业类别匹配,基本可以实时掌握各类行业现状、职业现状和人才流动等基本结构状况。

2.搭建数据平台

搭建数据处理平台,可以从以下两方面入手。

一是本部门已有的工作平台,通过互联互通,进行重新融合分工,需求的每位人员信息统一由基层单元就是村居(社区)工作人员来填报,然后通过系统上报,不同的部门根据需求自行取数。

二是重新建立一个综合数据平台,供大家就主要社会经济数据进行查询使用和汇总。此平台也是基于村居(社区)数据为最小单元,将各部门需求数据(综合数据),诸如常住人口总数、户籍人口总数、出生死亡人口、就业人数、人才分类、学生人数,还包括一些企业和个体户的经济数据进行收集并上报平台,村(社区)结合前面的个案人员数据业务平台收集情况进行汇总,就可以很方便准确地了解各级社会经济、就业失业、人口流动、职业(八大类)信息等情况,为政府决策提供精准的人才和社会经济统计。

3.整合工作人员力量

根据上面的平台进行数据整合,最根本的是要有必要的工作人员和调查力量,目前重庆在搞网格化管理,有专门的网格员,而公安系统的暂住人口管理员、卫生健康委的计划生育专干、人力社保局的社保专员等,都可以充分利用。如果将平台进行整合,人员进行整合,不仅可以节约成本,提高工作效率,还能使数据被充分利用,大家在利用数据的过程中,也能充分发现其中的问题,并提出改进措施,能不断提高数据的质量。

综合以上分析可以看到,现有部门人才统计不能掌握详细的人才分布情况,利用部分大数据进行人才分析是一个长期的系统工程。为了解重庆市人才详细信息,需要借鉴先进省市经验做法,从人才指标设置、部门工作分工、统计调查方案、数据采集流程、数据质量评估等方面建立重庆人才资源统计制度。

二、重庆人才资源统计指标体系探索

在梳理现有部门人才资源统计和相关人才监测体系基础上,探索结合部门数据和利用抽样调查补充详细人才分类数据,开展人才统计指标体系探索,力争在研究视角、研究方法、指标选取等方面实现创新,有助于市政府制定相应的人才政策,引导人才合理有序流动,促进建设社会主义现代化,为实现经济高质量发展和高品质生活服务,并为其他地区人才研究提供可能的参考。

(一)一级指标体系

拟从四个方面全面监测人才资源,建立人才资源统计指标体系,设计四个一级指标即人才资源、人才投入、人才产出、人才环境。在一级指标基础上,每个指标设立若干二级指标,对一级指标进行综合反映。在二级指标基础上,每个指标设立若干三级指标,对二级指标进行综合反映,全面反映重庆人才资源现状。

(二)二级指标体系

人才资源:主要设立人才总量和人才素质两个二级指标体系。

人才投入:主要设立资金投入和其他投入两个二级指标体系。

人才产出:主要设立人才收入和创新产出两个二级指标体系。

人才环境:主要设立人才载体和人才环境两个二级指标体系。

(三)三级指标体系及数据来源

人才总量:六大类人才分类、人才密度、人才行业结构、年龄结构、区域结构、数字经济人才。(暂无数据来源)

人才素质:分行业学历结构、职称结构、技能水平、专业技术水平。(暂无数据来源)

资金投入:财政人才发展资金、研究与试验发展经费支出、教育支出等。(数据来源:财政局、教委)

其他投入:规模以上研发企业占比、科学技术支出、高等学校个数等。(数据来源:统计局、科技局、教委)

人才收入:中层以上管理人员工资、专业技术人员工资、劳动生产率等。(数据来源:统计局)

创新产出:高技术产业占比、万人拥有发明专利数、国家和重庆科学技术奖项数等。(数据来源:统计局、科技局)

人才载体:博士后科研站个数、国家级重点实验室个数、科技孵化器个数、高等学校个数、高等教育毕业生人数及占比等。(数据来源:统计局、科技局、教委)

人才环境:经济增长率、人力资源服务机构数、安全生产情况、技术市场成交额等。(数据来源:统计局、人社局、应急局、科技局)

从以上指标体系可以看出,人才总量和人才素质暂时不能提供人才的详细信息,特别是对六大类人才的分类,如学历结构、职称结构、行业结构、年龄结构、区域结构、技能水平、专业技术水平以及人才密度无数据来源,因此需要建立重庆人才资源统计报表制度,收集相关人才数据,对人才资源现状进行全方位分析和掌握,查找短板,为重庆全面建设社会主义现代化,实现经济高质量发展和高品质生活服务。

所有数据全部收齐后,对每个人才指标进行标准化处理,通过层次分析法设置各个指标权重,测算人才发展综合指数,反映重庆人才发展进程,如图1所示。

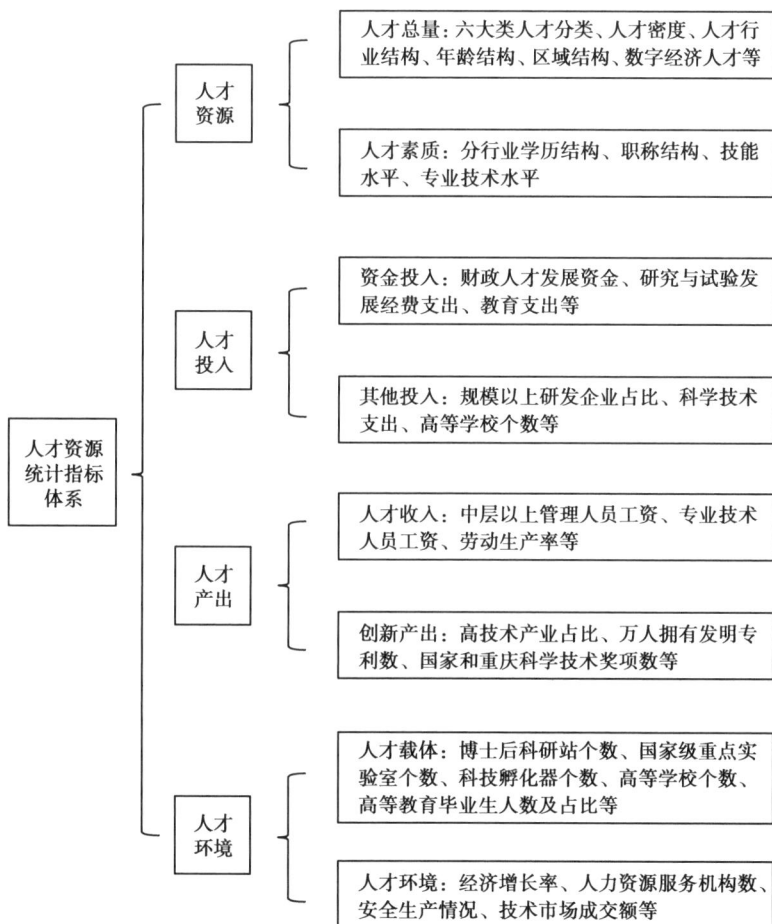

图1 重庆人才资源统计指标体系

三、重庆人才资源统计制度设计

(一)重庆人才资源统计制度两种调查方案比较

1.采用全面调查方式开展调查单位调查,个体户采用抽样调查方式

全市规模以上企业2.6万户,规模以下法人企业约45万户。全市调查单位户数共为47.6万户左右。

个体经营户调查:采用重点调查的方法,每区(县)每个行业不少于5户。

优点:数据相对比较准确,基层表可以对人才进行分类汇总,可得到比较详细的分地区、分行业、分单位性质、分人才类别的详细数据。

缺点:调查经费较多,人力、物力、财政需要保障。采用全面调查方式开展调查,共48万户单位,经费预算约100元/户,约4800万元;网络直报平台和数据库开发费及维护费约30万元/年,因此第一年共计需要4830万元。报表制度建立后,每年培训费用和人工费用适当降低,共计也需要3000万元左右。

2.采用重点调查和抽样调查方式开展调查

全市规模以上企业2.6万户,规模以下法人单位约45万户。对所有规模以上企业进行全面调查,规模以下单位进行抽样调查。抽样方法采用行业分层随机抽样。经梳理现有部门统计,教育,卫生和社会工作,公共管理、社会保障和社会组织三个行业,由相对应的主管部门市教委、市卫生健康委、市民政局、市委组织部、市人力社保局负责人才资源相关统计,其他16个行业开展抽样调查。

个体经营户调查:采用重点调查的方法,每区(县)每个行业不少于5户。

优点:相比全面调查,抽样调查工作量减轻,花费的人力、物力、财力相对较少。采用重点调查和抽样调查相结合的方式开展调查,共7.1万户单位,经费预算约100元/户,约710万元;网络直报平台和数据库开发费及维护费约30万元/年,因此第一年共计需740万元。报表制度建立后,每年培训费用和人工费用适当降低,共计也需要500万元左右。

缺点:为保证抽样调查精度,需要科学抽样调查方法,详细测算抽样样本个数、样本单位核实或无效样本替换、科学的数据推算方法,才能保证最终人才数据的准确性和真实性。

综合以上分析,从工作量、数据准确性、数据可获取、经费保障来看,选择第二

种调查方法,即重点调查和抽样调查相结合的方式开展调查最为科学。

(二)部门分工

市委人才工作领导小组要统筹协调各成员单位,进一步理顺人才工作体制机制,督导重点任务落实。各成员单位要各司其职,密切配合,形成工作合力,抓好人才管理机制落实,进一步完善人才引育、激励、管理、监测等举措,做好部门人才统计。按梳理的行业主管部门所掌握的人才相关统计数据,设计各部门人才资源统计填报表,并与抽样调查推算后的人才资源汇总数据进行数据质量审核和评估。各部门人才资源统计填报表和抽样调查获取的人才资源表可以相互验证,相互补充,见表1。

表1 报表目录

表号	报表名称		期别	填报单位	审核验收部门
表1	法人单位基本情况表		年报	所有抽中样本单位	各区县行业主管部门
表2	法人单位人才资源状况调查表		年报	所有抽中样本单位	各区县行业主管部门
表3	个体户人才资源状况调查表		年报	所有抽中个体户	各区县人力社保局
表4-1	各区县行业主管部门人才资源统计表	农林牧渔业人才资源统计表	年报	各区县农业农村委	市农业农村委
表4-2		采矿业人才资源统计表	年报	各区县经济信息委	市经济信息委
表4-3		制造业人才资源统计表	年报	各区县经济信息委	市经济信息委
表4-4		电力、热力、燃气及水生产和供应业人才资源统计表	年报	各区县经济信息委	市经济信息委
表4-5		建筑业人才资源统计表	年报	各区县住房城乡建委	市住房城乡建委

续表

表号	报表名称		期别	填报单位	审核验收部门
表4-6	各区县行业主管部门人才资源统计表	批发和零售业人才资源统计表	年报	各区县商务委	市商务委
表4-7		交通运输、仓储和邮政业人才资源统计表	年报	各区县交通局/邮政局	市交通局/市邮政局
表4-8		住宿和餐饮业人才资源统计表	年报	各区县商务委	市商务委
表4-9		信息传输、软件和信息技术服务业人才资源统计表	年报	各区县经济信息委	市经济信息委
表4-10		金融业人才资源统计表	年报	各区县银保监局	市银保监局
表4-11		房地产业人才资源统计表	年报	各区县住房城乡建委	市住房城乡建委
表4-12		租赁和商务服务业人才资源统计表	年报	各区县商务委	市商务委
表4-13		科学研究和技术服务业人才资源统计表	年报	各区县科技局	市科技局
表4-14		水利、环境和公共设施管理业人才资源统计表	年报	各区县水利局	市水利局
表4-15		居民服务、修理和其他服务业人才资源统计表	年报	各区县发展改革委	市发展改革委
表4-16		教育人才资源统计表	年报	各区县教委	市教委
表4-17		卫生和社会工作人才资源统计表	年报	各区县卫生健康委	市卫生健康委
表4-18		文化、体育和娱乐业人才资源统计表	年报	各区县文化旅游委	市文化旅游委

表号	报表名称	期别	填报单位	审核验收部门
表5	党政机关和参公管理事业单位人才统计监测表	年报	各区县组织部	市委组织部
表6	农村实用人才统计监测表	年报	各区县农业农村委	市农业农村委
表7	社会工作专业人才统计监测表	年报	各区县民政局	市民政局

经梳理现有部门统计,教育,卫生和社会工作、公共管理、社会保障和社会组织三个行业,由相对应的主管部门教委填报表4-16"教育人才资源统计表",卫生健康委填报4-17"卫生和社会工作人才资源统计表",组织部填报表5"党政机关和参公管理事业单位人才统计监测表",农业农村委填报表6"农村实用人才统计监测表",民政局填报表7"社会工作专业人才统计监测表"。金融业第四次全国经济普查实行部门统计,统计局未掌握所有金融机构的基层报表,因此该行业直接采用部门报表数据,不开展抽样。上述四行业以外的其他15个行业采用重点调查和抽样调查方式开展人才调查。

(三)抽样设计的基本思路和方法

对四上2.3万家企业全面调查,四下30万家单位采取行业分层简单随机抽样方法抽取样本。根据相关测算,四上单位占全部单位的4.7%,但就业人数占全部单位的55.8%。

规模以下单位各行业按10%抽样时,从制造业,建筑业,信息传输、软件和信息技术服务业,租赁和商务服务业,居民服务、修理和其他服务业等五个行业,推算大专以上人数均值与实际人数差异在5%~10%。估计的精度不够高,为提高准确度可以适当扩大规模以下单位抽样比例,从10%扩大到12%。经过测算,每个行业差异控制在5%以内,样本单位个数汇总见表2。

表2　最终抽样样本测算

项目	总体单位数	抽样单位数	抽样比（%）
15行业合计	430779	70810	16.4
01农、林、牧、渔业	3057	341	11.2
02采矿业	1230	435	35.4
03制造业	51978	13659	26.3
04电力、热力、燃气及水生产和供应业	2182	417	19.1
05建筑业	18131	5102	28.1
06批发和零售业	166764	22250	13.3
07交通运输、仓储和邮政业	11054	1760	15.9
08住宿和餐饮业	24693	4177	16.9
09信息传输、软件和信息技术服务业	21022	3125	14.9
11房地产业	15718	4219	26.8
12租赁和商务服务业	60298	8120	13.5
13科学研究和技术服务业	19446	2381	12.2
14水利、环境和公共设施管理业	2888	497	17.2
15居民服务、修理和其他服务业	16640	2356	14.2
18文化、体育和娱乐业	15678	1971	12.6

(四)数据质量评估

综合运用人口普查历史数据、部门现有数据、人才大数据对比等方法对调查数据和推算数据进行评估,认真评估数据之间的相关性、匹配性和逻辑性。

1.结合人口普查数据对抽样调查推算人才相关数据开展评估

人口普查数据有就业人员的职业分类和行业分类,以及就业人员的职业和行业占比,可以参考"职业"作为人才测算的历史数据。

第一大类,党的机关、国家机关、群众团体和社会组织、企事业单位负责人及管理人员。这类人员职业系列主要包括5方面:国家公务员;社会组织及其他成员组织负责人;基层群众自治组织负责人;企事业单位负责人及事业单位管理人员;企业经营管理人员。

第二大类,专业技术人员。这类人员职业系列分为12个职业:科学研究人员;

工程技术人员；农业技术人员；飞机和船舶技术人员；卫生专业技术人员；经济和金融专业人员；法律、社会和宗教专业人员；教学人员；文学艺术、体育专业人员；新闻出版、文化专业人员；第三、四、五、六大类中的专业、技术和辅助人员；其他专业技术人员。

第三大类，各个领域的高技能人员。这类人员的职业系列主要包括在生产制造、社会生产服务和生活服务、农林牧渔水利业等领域岗位一线，熟练掌握专门知识和技术，具备精湛的操作技能，并在工作实践中能够解决关键技术和工艺的操作性难题的高技能人员。

2.结合部门调查人才数据对抽样调查推算人才相关数据开展评估

按梳理的行业主管部门所掌握的人才相关统计数据，设计各部门人才资源统计填报表，并与抽样调查推算后的人才资源汇总数据进行数据质量审核和评估。各部门人才资源统计填报表和抽样调查获取的人才资源表可以相互验证，相互补充。同时如果各部门人才资源统计填报表数据与抽样调查推算后的各行业人才数据差距较大，则需要进一步核实样本单位数据和各部门的准确性，并对抽样调查推算方法进行再次评估。

3.结合人才大数据对抽样调查推算人才相关数据开展评估

与现有部门人才相关大数据库进行对比，充分利用大数据技术，打通人社与公安、税务、教委、市场监管等部门数据库，对所有人才信息进行详细汇总，并可以进行简单分析，与抽样推算人才相关数据进行对比评估。

四、加强与改进人才统计工作的建议

(一)加强组织领导,狠抓统筹协调

1.加强部门配合

各区县人才工作领导小组办公室定期召开部门联系工作会议,加强组织部、人社局、市场监管及经信等部门间沟通协调,积极主动与部门建立良性互动关系,形成协作互补、齐抓共管工作合力。

2.建立人才资源统计工作责任制

重庆市委人才工作领导小组对所监控的主要人才统计数据质量负主要责任,

各部门和各区县负具体责任。各部门各区县要认真做好培训、布置、收表、审核、数据处理、评估、上报等各环节工作,增强在各阶段工作中的责任意识,并采取具体的质量控制措施,以保证主要统计数据能够客观真实反映全市人才和经济社会发展状况。

(二)加强业务培训,提升业务能力

1.多形式开展业务培训

各区县各行业主管部门定期开展业务培训工作,通过集中短训、以会代训等方式,加强被调查单位的业务培训,确保源头数据质量。同时对被调查单位上报数据做好审核把关,确保调查结果科学合理、真实准确。

2.加强走访调研,提升统计服务水平

选取重点行业、重点单位开展经常性、针对性走访调研,密切与企业之间的联系,加强与企业的沟通,了解企业人员流动、人才需求等情况,并针对企业在统计工作中存在的问题进行业务指导。

(三)加强数据审核,提升数据质量

1.加强审核辅导

特别做好重点行业重点关注人才的审核。做好规模以上重点行业的职业分类审核工作,加强对行业的创业领军人才、卓越工程师、青年科技人才的统计监测工作。

2.完善人才统计台账

注重调查样本单位人才统计基层基础工作,要求填报单位每月按时完成人才资源统计台账,做到月度台账数据与年度人才报表数据完全一致,可追溯每个人才数据来源。

3.制订人才资源统计数据质量评估方案

加强对各环节工作质量和数据审核的管理工作。主要评估人才与经济发展或产业发展相关统计指标之间的逻辑关系,从产业规模和人才规模总量、产业与人才增长速度、产业与人才比例结构、人均水平、历史资料、内在逻辑关系、区域间差距及相关部门资料等方面着手,运用纵向、横向对比以及综合分析判断等方法,对各区域各产业人才资源数据进行质量评估。

4.制定人才资源统计数据质量抽查管理办法

由市委人才工作领导小组不定期组织开展市级质量抽查,以全市范围为检查对象的,以随机抽取的方式确定2~3个区县作为检查地区,根据工作需要,从抽中的区县抽取一定数量的核查对象。对存在统计数据异常、数据质量管理问题较多,或有统计违纪违法嫌疑的地区和统计调查对象,结合数据核查和执法检查加强统计法治宣传。

课题组负责人:米清奎
课题主研人员:王 伟 陈 阳 叶 霜 娄 瑶

此课题为2022年度重庆市技术预见与制度创新专项人才工作课题研究项目,于2023年6月结题。研究报告内容仅代表课题组观点。

重庆市国家级开放平台人才工作对策建议研究

四川外国语大学课题组

摘　要:国家级开放平台是实现国内国际双循环的重要战略支点,也是实现高水平对外开放的重要抓手。人才是支撑平台发展的第一资源,是建设好国家级开放平台的重要支撑。如何引进、培育、使用并创建高质量人才发展生态环境是建设好国家级开放平台的关键,也是实施好人才强国战略的基础。当前,重庆市内国家级开放平台体系建设不断完善,但开放平台的人才管理工作仍存在优化完善空间,重庆市国家级开放平台人才工作面临平台人才政策实效性不高、平台人才培养机制不健全、平台人才激励机制不完善、平台人才服务机制不灵活的问题,建议从制定更加细致优化的平台人才政策、不断优化平台人才培养机制、完善人才激励制度、营造良好的平台人才发展生态四个方面,持续不断提升重庆市国家级开放平台人才工作质量和水平,从而更好地提升开放平台能级,发挥国家级开放平台国内国际双循环的战略支点的重要作用。

关键词:重庆　内陆开放高地　国家级开放平台　人才工作

一、研究背景与意义

(一)国家级开放平台建设的重要意义

国家级开放平台不仅是实现国内国际双循环的重要战略支点,也是实现高水平对外开放的重要途径。当前,重庆市内国家级开放平台体系不断完善,两路果园港、西永、江津、涪陵、万州、永川6个综合保税区成为重庆市对外贸易的主阵地。中新互联互通项目、重庆自贸试验区、两江新区、西部(重庆)科学城、重庆高新区等国家级开放平台能级不断提升,聚集了全市80%的外贸进出口和70%的实际使用外资。

(二)重庆市国家级开放平台发展概况

1.重庆市国家级开放平台分布情况

在党中央、国务院的大力支持下,重庆已初步形成"2+2+7+9"国家级开放平台体系。第一个"2"指两江新区、西部(重庆)科学城;第二个"2"指中国(重庆)自由贸易试验区(简称"重庆自贸试验区")、中新(重庆)战略性互联互通示范项目(简称"中新互联互通项目");"7"指重庆高新技术产业开发区、重庆经济技术开发区、万州经济技术开发区、长寿经济技术开发区、璧山高新技术产业开发区、荣昌高新技术产业开发区、永川高新技术产业开发区;"9"指两路寸滩保税港区、西永综合保税区、江津综合保税区、涪陵综合保税区、团结村铁路保税物流中心(B型)、南彭公路保税物流中心(B型)、果园保税物流中心(B型)、万州保税物流中心(A型)以及重庆检验检疫综合改革试验区,平台发展概况见表1。

表1 重庆市部分国家级开放平台建设概要

开放平台名称	设立时间	主要功能定位
重庆高新技术产业开发区	1991年	创新驱动引领区、军民融合示范区、科技体制改革试验区、内陆开放先导区,打造西部创新中心
重庆经济技术开发区	1993年	国家一流经济技术开发区、重庆产业协同创新的示范窗口、重庆开放引领高地、信息产业和智能制造高地
长寿经济技术开发区	2001年	全国一流经济技术开发区、国家新材料产业基地、重庆工业高地
两路寸滩保税港区	2008年	建设以智能终端产业集群为基础的加工贸易创新发展基地,以"保税+产业集群"为重点的服务贸易集聚示范基地,以"水、空、铁、公"多式联运为核心的内陆国际物流基地,打造内陆地区对外开放示范窗口
万州经济技术开发区	2010年	长江上游重要临港产业基地、渝东开放门户

续表

开放平台名称	设立时间	主要功能定位
西永综合保税区	2010年	辐射中西部的综合型(制造、研发、维修、物流、贸易、结算)保税区
中新(重庆)战略性互联互通示范项目	2015年	西部地区领先的互联互通和服务经济中心,"高起点、高水平、创新型"的示范性重点项目和中新合作的新亮点
璧山高新技术产业开发区	2015年	国家先进装备制造业生产基地、军民融合产业示范基地、西部地区创新示范基地
南彭公路保税物流中心(B型)	2015年	满足保税商品展示、跨境电子商务等新兴贸易仓储物流需求,为东南亚的水果、食物、木材等产品提供保税仓储服务,有效辐射"21世纪海上丝绸之路"沿线国家,形成覆盖中国—中南半岛经济走廊建设所需的保税物流功能
中国(重庆)自由贸易试验区	2017年	"一带一路"和长江经济带互联互通重要枢纽、西部大开发战略重要支点
江津综合保税区	2017年	重庆西北向和南向大通道的重要开放引擎和加工贸易基地
荣昌高新技术产业开发区	2018年	国家农牧科技产业化基地、国家轻工陶瓷产业基地
永川高新技术产业开发区	2018年	国家新型工业化示范基地、国家工业机器人高新技术产业化基地、国家双创示范基地、国家科技服务业区域示范区
西部(重庆)科学城	2020年	国家自主创新示范区、自贸试验区、国家级高新区,中欧班列(重庆)和西部陆海新通道起点
万州综合保税区	2021年	服务于万达开、渝东北的开放型经济重要平台,带动周边地区,促进三峡库区的对外经济发展,使万州成为内陆对外开放的新高地

2.重庆市国家级开放平台发展规划

近年来,重庆市高度重视平台建设工作,统筹开放平台发展,着眼推动区域协调发展,促进开放平台布局与"一区两群"发展定位和经济发展水平相衔接,推动各类平台协同发展,形成聚合效应。2021年,重庆市政府印发了《重庆市全面融入共建"一带一路"加快建设内陆开放高地"十四五"规划(2021—2025年)》(以下简称《规划》)。《规划》要求如下。

一是优化开放平台布局,积极争取新设国家级开放平台。主要任务是加快完善果园港国家物流枢纽、重庆国际物流枢纽园区等重要节点开放功能;加强开放平台建设储备,建立开放平台梯度升级机制。

二是促进开放平台错位协同发展。主要任务是建立健全全市各类开放平台规划衔接长效机制;推动平台之间基础设施互通、数据信息共享、产业招商联动、创新政策和成果共用;完善开放平台运行机制,探索多元化的开放平台运营模式。

三是提升战略平台开放能级。充分发挥中新(重庆)战略性互联互通示范项目、中国(重庆)自由贸易试验区、两江新区、西部(重庆)科学城等战略平台的先行先试优势,用好国家赋予的更大改革自主权,加大改革创新力度,推动高端产业集聚,打造全市对外开放的制高点。

四是推动园区平台、功能平台、活动平台提档升级。聚焦优化资源配置,提升运行质量,形成聚合效应,推进园区平台做高做新、功能平台做特做活、活动平台做精做实,不断提升发展水平。

人才工作是国家级开放平台建设与发展的重要支撑和保障。站在新的历史起点上,重庆市国家级开放平台面临着新的发展机遇,同样也面临着高端人才短缺等发展挑战。

(三)重庆市国家级开放平台人才工作现状

1.重庆市级人才政策梳理

好的人才工作机制是做好人才工作的源头活水。在人才政策环境方面,为加强海内外优秀人才聚集,重庆市相继出台了一系列人才政策,形成了较为完备的人才政策体系(表2)。

表2 重庆市级人才政策梳理

序号	政策名称	发布时间
1	《重庆市引进人才优惠政策规定》	1998年
2	《重庆市引进人才优惠政策实施细则》	1999年
3	《重庆市人民政府关于进一步优化人才环境的决定》	2000年
4	《重庆市引进高层次人才若干优惠政策规定》	2009年
5	《重庆市百名海外高层次人才聚集计划实施办法》	2009年
6	《百千万工程领军人才培养计划实施办法》	2013年
7	《重庆市高层次人才特殊支持计划》	2013年
8	《重庆市引进海内外英才"鸿雁计划"实施办法》	2017年
9	《重庆英才计划实施办法(试行)》	2019年
10	《重庆市进一步加快博士后事业创新发展若干措施》	2020年
11	《重庆英才服务管理办法(试行)》	2020年
12	《重庆市加快集聚优秀科学家及其团队的若干措施》(简称"塔尖"政策)、《重庆市支持青年人才创新创业的若干措施》(简称"塔基"政策)	2021年
13	《重庆市外籍"高精尖缺"人才地方认定标准(试行)》	2022年

2.重庆市国家级开放平台人才政策梳理

重庆市国家级开放平台,结合平台功能定位,根据重庆市相关人才政策,延伸制定了符合平台自身发展实际的人才制度,为平台人才工作高质量发展提供了强有力的制度保障(表3)。

表3 部分国家级开放平台出台的人才政策

国家级开放平台	人才政策名称	发布时间
重庆两江新区	《两江新区关于加快人才集聚推进创新创业的意见》	2016年
	《"两江人才"十条激励政策》	2020年
	《两江新区关于支持女性科技人才在科技创新中发挥更大作用的十项措施》	2022年
	《重庆两江新区英才服务管理办法》	2022年
西部(重庆)科学城	《"金凤凰"人才10条政策》	2022年
	《西部(重庆)科学城高技能人才国际合作先导区实施方案(试行)》	2022年

续表

国家级开放平台	人才政策名称	发布时间
重庆璧山高新区	《璧山区鼓励科技创新二十五条政策》	2022年
万州经济技术开发区	《万州经济技术开发区高层次人才引进优惠政策暂行办法》	2016年

二、重庆市国家级开放平台人才工作存在的问题及原因分析

虽然重庆市国家级开放平台人才工作取得了一定成效,但是对照建设全国有影响力的开放平台目标与要求,还存在着一定差距。一方面,平台产业生态环境不佳,对人才的吸引能力偏弱;另一方面,从软实力角度来审视,平台的引才政策、培养机制、激励机制、服务保障机制、责任落实机制、考核反馈机制等方面还存在着较大提升空间。

(一)人才政策实效性有待提升

1.人才政策体系设计不够合理

一是人才对象及政策匹配精准度不高。重庆市近年相继出台一系列人才引进相关政策文件来提升对人才的吸引力,在政策执行过程中,对人才细分不够精细及其导致人才政策匹配精准度不高的矛盾日益突出。

二是平台人才政策系统性不足。研究团队对重庆两江人力资源管理有限公司调研反馈结果显示,人才政策系统性不足问题已经严重影响对不同类别人才吸引力的提升。例如,区域内"塔尖""塔中""塔基"人才政策针对性不强,未能抓住人才关注焦点,同时区域内缺乏立体性的人才政策。当前出台的主要政策,针对的主要是高层次人才、成熟型人才,对在科技创新领域能够发挥中坚作用的青年人才覆盖力度不足。

三是人才政策支持力度缺乏竞争力。近年来,为提升对不同层次人才吸引力,各地方政府相继出台新规新政,但政策实际吸引力却存在异质性特征。研究团队对重庆市两江新区、璧山区、高新区开放平台入驻公司的调研显示,68%的受访者反映重庆市现有的引才政策缺乏竞争力。

四是人才政策体系"碎片化"特征明显。重庆市相继出台了多项人才引进政

策,但当前市人才政策碎片化问题比较突出,体现在各人才政策涵盖环节的"碎片化"。人才工作包括人才的引进、培养、任用以及激励保障等不同的环节,人才政策也是一个完整的政策链条。但当前重庆市人才政策侧重"引才",对引进后人才的培养、管理和服务保障政策关注度较低,同时对人才的项目激励、生态环境、股权激励、职称评审、科研设施配套、团队建设等方面没有针对性的政策安排,出现引进人才的流出问题。

五是市场化引才机制不健全。市场在人力资源流动配置中起着决定性的作用,是促进人才顺畅有序流动,解放和增强人才活力,推动实现高质量发展,为全面建设社会主义现代化国家提供有力的人才支撑和智力支持。通过高级管理人员代理招募机构引才(如猎头公司)是市场化方式引才的重要方法和途径,能有效协助当地政府缓解引才的压力和困难。近年来,重庆市高度关注市场化人力资源服务产业的发展,并于2018年在中国·重庆人力资源服务产业园建立了专业猎头基地,吸引了一批国内外知名猎头公司来渝投资设置分公司,形成猎头行业的规模化效应。虽然发展迅速,但是猎头公司市场化运作仍然受地方政策制约,导致其上升空间狭窄。

2.人才政策宣传途径不通畅

一是缺乏统一宣传口径。人才政策信息是人才引进的基础,也是人才市场上需求方与供给方初次交流的前提。人才政策缺乏统一宣传口径,导致不同部门人才信息重复发布,造成原始信息增多、改变以及缺失等现象,同时影响人才政策权威性。比如,重庆市人民政府网与重庆市人力资源和社会保障局网,作为两个综合性的政府信息宣传平台,却没有单独的关于人才政策的信息分类,相关信息分散到不同信息公开区块内,增加了意向人才对相关信息检索的难度;同时人才政策宣传部门缺少对微信等大型社交平台的布局,相关人才信息分布在不同公众号内,缺少权威、全面地专注人才政策、人才服务的宣传平台。

二是宣传渠道狭窄且形式单一。政策宣传在人才管理工作中发挥着重要作用,要使政策得到有效执行,政策的主体和客体都应该对政策有充分的认识和了解。当前,人才政策大多是复杂的长篇文字,内容细分比较多,缺乏对新政策的解读,部分人才对自己所属类别难以判断,对政策缺乏深入理解,出现人才认定与项目申报的错乱,增加了人才部门的工作负担,特别是塔基人才、一线技能人才补贴等方面。前期调研中不同类型人才针对政策宣传不到位的反响强烈,普遍反映其对于人才补贴政策等吃不透。

3.政策实施效果仍有提升空间

一是综合性联络载体缺失,人才政策未形成合力。当前出台的各种人才政策都分散在不同部门内,地方政府对相关的信息没有系统的资源整合。另外,虽然各个平台制定了相关的人才政策,但是调研中普遍反映,受平台所在管委会等财力状况的影响,政策实施的效果并不能达到响应预期。同时各个政策落地需要多个部门,诸如人社、税务、旅游、医疗等部门协调协同,由于未能建立高效人才工作协调平台,各部门之间缺乏沟通,人才信息在不同部门之间的交流存在障碍,政策之间的协调配合度不够,削弱了政策的实施效果。

二是人才政策落地实施较难,缺乏具体实施细则支撑。当前重庆市政府及相关部门相继出台了一系列人才培养的政策,但进入实施阶段后缺乏配套细则和操作规范,导致实际工作开展困难。具体而言,虽然人才政策明确了具体的适用对象、标准条件、落实流程、办理时限、责任单位等方面的内容,但这些方案基本是原则性的规定,细化的具体操作规范还比较缺乏,现实操作过程中很多细节规范问题还有待解决,如项目的支持方面、企业的引才激励方面、平台载体的建设方面、人才服务保障方面、工作机制创新方面的具体操作细则,导致企业在协助单位人才申报诸如政策补助等过程中无所适从,影响了工作效率,降低了人才对各项政策的满意度。

三是人才管理部门协同困难,缺乏有效的沟通机制。人才管理工作是一项系统工程,需要相关部门之间相互配合,才能保障人才政策有效实施。目前,重庆市人才政策实行分级分地区管理,而在实施的过程中需要多个部门之间相互衔接,但不同地区、不同部门人才管理状况差异明显,且缺少有效的沟通机制,实际管理部门从本身管理现状出发,彼此之间缺乏有效的交流与沟通,使人才政策在推进过程中统筹协调困难,导致政策执行效果不佳,人才政策落地不到位,进一步加剧了人才外流。

四是人才政策监督管理机制不健全,评估体系不完善。人才政策出台后,可能会滞后于现实发展,因此,对政策的监督反馈就显得尤其重要。该机制能够发现政策本身及执行过程中出现的问题与症结,从而对相关政策及实施细则进行相应的调整。当前,重庆市对人才政策的监督与评价机制尚不成熟,未设置专门机构进行监督,也未开辟公众监督渠道,对人才政策的评价也没有形成一套完整的方案,仅仅是以政府为主体,依靠工作报告、工作会议等进行简单的评价分析,用人单位和被引进人才真正关心的问题未能及时解决,导致政策出现针对性差、不贴近实际等问题。

(二)开放平台人才培养机制不健全

1.开放平台内部人才培养支持力度不足

内部人才培养是提升开放平台人才质量的重要途径。但目前入驻开放平台的机构,内部人才培养支持力度十分薄弱,缺乏完善、合适的内部培养体系,无论在培养方案制订、培养计划实施,还是在成果培育转化等环节都存在短板。其中的原因分为两个方面:一方面,开放平台内部企业由于入驻时间短,缺少教学资源以及人才培养经验;另一方面,平台企业缺乏人才培养意识,缺少培养人才的耐心,寄希望于直接引进来解决一切问题。

2.平台与重庆市内高校互动不足

前期调研发现,平台企业内部人才特别是"塔中"人才,约70%的受访者都有进一步去重庆本地高校深造的计划,但由于缺少与本地高校之间的沟通机制及资源信息,平台企业人才只能搁置进修计划。同时由于沟通渠道有限,有企业愿意为高校师生提供实习机会和工作机会,并有建立长期合作的意向,但缺乏长效化合作沟通渠道,有意向来平台工作实习的高校人员、高校学生无法获得实习和工作机会,这样就导致平台企业人员、本地高校教师和学生供给需求无法匹配,双方需求都无法得到满足,平台企业人才质量提升计划就无法实施。

其中也有重庆市内乃至川渝高校资源不是非常丰富的因素。当前,成渝地区双城经济圈高等教育相比其他地区面临众多问题。

一是高等教育基础相对薄弱,在高校数量、招生数量、招生比例等方面与京津冀、长三角存在差距(表4),成渝地区高校平均生师比约为19∶1,远高于其他地区(表5),"双一流"建设方面也相对滞后(表6)。

二是高等教育影响力不足,成渝地区高校总体排名不高,缺乏在国内外的影响力。在2021年武书连中国大学排名中,成渝地区排名最高的高校分别为四川大学排第9名、重庆大学排第27名。在排名前100的高校中,成渝地区仅有6所高校入围,而京津冀有20所高校、长三角有31所高校入围。

三是高等教育协同投入力度不够,在投入经费方面,成渝地区高等教育经费投入力度与京津冀、长三角差距明显。2018年,成渝地区高等学校教育经费投入为813亿元,而京津冀高校达到1916亿元、长三角高校达到2555亿元,且国家财政性教育经费占比也更高（表7）。

表4　成渝及其他经济圈高校数量及招生数量（2019）

地区	成渝地区双城经济圈	京津冀经济圈	长三角经济圈
高校数量(所)	122	271	459
研究生招生数量(人)	57104	154297	186396
本科生招生数量(人)	292906	433981	687664
专科生招生数量(人)	332619	328014	676409

（资料来源：根据国家及各省市统计年鉴信息整理）

表5　成渝及其他经济圈高校生师比（2019）

地区	成渝地区双城经济圈	京津冀经济圈	长三角经济圈
专任教师数量(人)	95779	183795	295985
在校生数量(人)	1816556	2614882	4716508
生师比	18.97	14.23	15.93

（资料来源：根据国家及各省市统计年鉴信息整理）

表6　成渝及其他经济圈"双一流"高校及学科数量

地区	成渝地区双城经济圈	京津冀经济圈	长三角经济圈
"双一流"高校数量(所)	3	10	8
"双一流"学科数量(个)	13	58	125

〔资料来源：《教育部 财政部 国家发展改革委关于公布世界一流大学和一流学科建设高校及建设学科名单的通知》(教研函〔2017〕2号)〕

表7　成渝及其他经济圈高等教育经费收入情况

地区	成渝地区双城经济圈	京津冀经济圈	长三角经济圈
高等教育经费收入(亿元)	813	1916	2555
国家财政性教育经费占比(%)	56.29	67.44	62.73

（资料来源：根据《中国教育经费统计年鉴（2018）》信息整理）

通过上述数据可以看出,成渝地区高校数量及有影响力的高校数量偏少,也成为平台与高校互动的客观障碍。

3.平台之间人才培养互动机制没有建立

一是缺乏长效激励机制,导致后续政策落地较差,政策实施效果不如预期。

二是政策影响范围小,覆盖企业范围十分有限。在走访调研中,部分企业并未提到存在相关引才交流活动,甚至反馈希望政府牵头,带动企业到省外引才。

三是平台之间人才交流互动性较差。前期调研发现,开放平台建设特色明显,其中企业异质性特征亦十分明显,部分企业人才擅长理论研究,但制造实践能力有限,有的擅长技术开发但缺乏理论研究支撑。由于缺乏沟通交流机制,平台企业无法发挥比较效应优势进行常规化人才沟通交流来实现双赢。

(三)平台人才激励机制不完善

1.针对科研人才项目激励力度不够

前期调研发现,重庆市人才激励强度远远不如其他一线城市,甚至低于周边省份部分城市。据璧山某研究院从深圳来渝的高层次人才介绍,深圳市对科研人员的政策支持力度明显大于重庆。例如,购房和租房补贴部分。深圳市场上租房价格为每月8000~10000元,而深圳市政府为相关人才提供每月只要2000元的套房租赁,与市场的差价由当地政府补齐。

2.科技成果转化支持机制缺乏

具体体现在以下三个方面。一是缺乏统一的成果转化平台,导致平台内高科技企业难以通过成果转化获取利润,进而无法激励企业员工持续进行科学研究投入。二是缺乏科研成果推广人才和机构支持。目前,科技成果转化专业人才及机构更多集中在北京、上海及深圳这种大城市,重庆市科技成果转化专业人才及机构仍处于"初级阶段",无法高效率地提升整体科技成果转化率。三是缺乏可持续性的转化政策扶持。现有政策更多地集中在科技成果创造,忽视了科技成果转化环节的政策制定,导致成果越来越多,但实际转化工作停滞不前。以专利为参考,重庆市整体专利申报、授权以及专利有效量均不占优势。具体如图1所示。

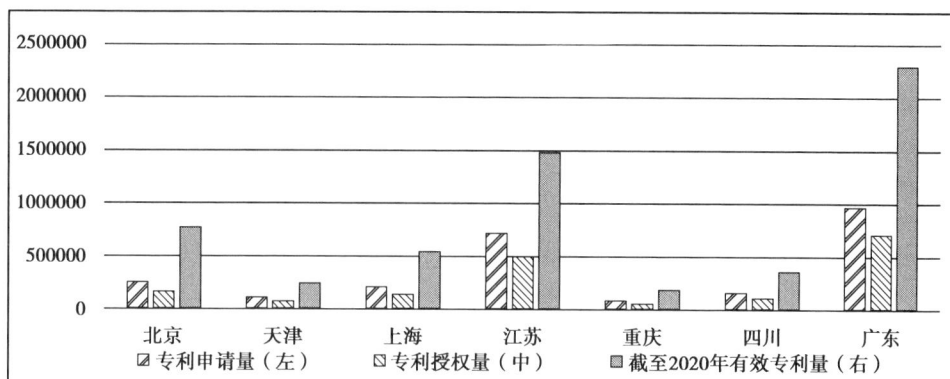

图1　2020年部分城市专利情况说明

（资料来源：国家知识产权局2020年度报告）

（四）平台人才服务保障机制不完善

1.人才服务项目种类有短板

一是服务品类不丰富,金融、社会保障、住房、交通等方面的问题没有专门平台或者专人做指引,需要人才自己探寻;二是服务过程烦琐、手续过于复杂;三是服务质量仍有提升空间,常规性服务质量难以满足相关人才期望,导致对其评价较低;四是服务部门间推脱责任、服务时间长问题十分突出,导致服务效率比较低;五是服务机构内部管理存在问题,如管理不正规,不重视工作质量提升,服务者能力与岗位要求不匹配等。

2.人才生活服务供给有短板

优质的生活服务是吸引人才的一个关键因素。近年来各国家和地方都高度重视人才工作,爱才惜才氛围日益浓厚,不断为人才提供优质的服务,充分实现"近悦远来"的感召效果。但是当前重庆市的生活服务供给还存在短板,在基础设施、住房、医疗、教育等方面还有提升空间。

一是重庆的基础设施规模及质量有待提高。以轨道交通这项重要基础设施为例,根据《中国城市轨道交通2021年数据统计与发展分析》制成表8。

表8　城市间轨道交通基本数据对比

城市	轨道交通里程（千米）	占地面积（平方千米）	人口数（万人）	轨道:占地
深圳	431.5	1997.47	1768	0.2160

续表

城市	轨道交通里程 （千米）	占地面积 （平方千米）	人口数（万人）	轨道∶占地
上海	881	6340	2489.43	0.1390
广州	649.7	7434.4	1881.06	0.0873
北京	782	16410	2188.6	0.0477
成都	557.7	14335	2119.2	0.0389
苏州	254	8657.32	1274.83	0.0293
重庆	369.4	28700	1038.99	0.0129

数据显示，七个城市中，无论是轨道交通里程还是人均轨道交通里程，重庆都位于后半段。

二是配套服务及设施供给不优。为了吸引人才入渝，重庆相继出台了多项人才配套服务政策，从医疗、落户、租房、保险、税收、财政补贴、子女入学等多个方面都给予相应优惠，吸引国内以及境外人才来渝就业创业，注重引进人才的短期效应。但其留才政策的激励机制缺乏持续性与创新性，尤其是人才配套服务及设施供给不优，对留才的保障性供给关注度不高且投入不足。这就导致相关人才虽然能获得丰厚的人才补贴，但是由于配套服务供给不优，人才满意度较低，其无法长期生活在重庆，无法很好地实现留才的目标。

3.人才服务平台服务能力有待提升

人才服务平台是做好人才工作、服务人才的有效载体和重要抓手，加强人才服务平台建设，对于全方位培养、引进、用好人才具有重要意义。当前，重庆市开放平台人才服务能力提升却面临以下问题。首先，重庆市人才服务体系横向联动不够且体系不健全。市、区县、企业三级人才服务体系没有完全建立。部分区县人才工作力量薄弱，尚未建立集人才发展政策和生活、工作、信息咨询于一体的权威式服务平台，人才计划目标导向不明确、体系不够清晰，部门实施各项人才计划、科技计划过程中各自为政、互不连通的问题依然突出，资源不联动、审批不集中，增加了基层工作负担。其次，人才服务部门设置不够完全。目前，重庆市个别区县开放平台没有专门的人才工作经办部门，人才服务政策落地兑现难度大。最后，人才服务平台间联动协调服务意识差。市级部门间、平台与所属区划主管部门间仍未完全实现信息互通，少数部门、单位执行政策打折扣、搞变通，没有真正落实兑现。

三、其他省市国家级开放平台人才工作经验借鉴

人才是创新的根基和核心要素,硬实力、软实力,归根结底要靠人才实力。中央人才工作会议做出"在一些高层次人才集中的中心城市建设吸引和集聚人才的平台"的战略布局。

(一)成都天府新区人才工作概况

成都市近年来不断优化人才工作环境,人才工作取得了较大成效。截至2022年1月,累计引进国家川藏铁路技术创新中心等35个国家级人才创新平台和54个校院地协同创新项目,引育院士等高层次人才418名、团队74支,其中国家级高层次人才38名,孵化培育上市企业2家、准独角兽企业6家、高新技术企业438家。主要人才工作特色如下。

1. 人才政策体系完备

成都科学规划市级和区级人才政策,按照重点产业分布情况设计政策条款,政策之间相互兼容补充,比如蓉漂计划、青羊人才计划、成华英才计划等。创业资金扶持、提供创业场地、授予人才荣誉等方式直击人才引进政策痛点,为高层次人才解决创新创业中的实际困难。

2. 引才与资助对象精准

一是围绕企业需求引才,根据新区重点高技术产业企业需求,依据年度《成都市人才白皮书》,赴发达国家和发达地区举办双招双引推介活动。

二是利用三方平台引才,充分调动猎头等三方机构积极作用,通过"政府+专业人力资源机构+企业"的方式,为企业精准引才超两千人。

3. 拓宽人才信息渠道

一是拓宽政务服务渠道,开通微博、微信公众新媒体平台积极回应人才关切的问题。

二是用好科技创新服务,推出"智能问答客服机器人"服务,收集、整理人才落户、天府英才计划、创业启动资金、高新技术企业申报等政策咨询问答共13个,拆分形成2650条问答语料及14个多轮问答,实现"24小时"在线答疑。

三是建立专家联系制度。新区主要领导带头常态化联系高层次、高技术人才,

通过人才座谈会、人才研修、人才慰问等活动,深入走访,听取人才的意见建议,并及时向相关部门传达,研究解决办法,尽快落地实现。

4.搭建引才平台

一是搭建海外人才平台。在多个国家设立海外人才工作站,通过定点联系、服务帮助、资源共享等形式促进海外高技术产业人才对成都市天府新区的了解,提升对海外高技术产业人才的吸引力。

二是积极推进平台协同创新。充分利用成都市范围内的科研院所和高校,帮助企业和科研机构牵线搭桥,让科研成果转化成产品。

(二)苏州工业园区人才工作概况

苏州市作为目前国内经济发展水平和国内生产总值最高的地级市,人才总量超过300万人。苏州着力建设"人到苏州才无忧"的品牌化人才生态,为建设具有全球影响力的产业科创高地提供人才支持。苏州工业园区为人才工作典型示范区,推出了园区特色的"金鸡湖人才计划"。苏州工业园区人才工作主要借鉴经验如下。

1.人才引进科学规划

一是在高端人才分类方面,园区出台人才分类目录,将人才细分为国内高端人才和国外高端人才,区内高层次人才队伍发生了质的提升,国家级重大人才工程专家扩充至219人,形成了一支引领园区高质量发展的头雁队伍。

二是在引进形式上不拘泥于传统的刚性引进,引入了柔性引进的概念,突破国籍、户籍、地域和人事关系等刚性的约束,坚持以用人为本,对人才的使用、管理、服务更弹性、软性和个性,充分体现人才的个人意愿和用人单位的自主权。

三是在引进海外人才方面,园区充分利用苏州市出台的专门针对海归人才和外籍人才的引进政策。

2.人才培养覆盖全面

在人才的培养方面,园区坚持人才的引进和培养一手抓,出台了"领军登峰"人才支持计划。鼓励海内外科技领军人才带技术、带团队、带资金到园区创新创业,力争三年内新增立项支持1300名区级及以上科技领军人才,带动引进3000个高质量科创项目落户园区。在高端人才的培养资助上,采用"政府引导、突出重点、公平择优"的原则,向重点领域、重点产业、紧缺高端人才、有发展潜力的年轻优秀人才倾斜。针对青年人才,出台了"青春园区"人才支持计划。建立健全了青年人才普惠性支持措施,优化青年人才工作生活环境,将园区打造成青年乐聚的家园,力争三年实现新增参保大学生25万人,其中本科及以上学历不少于60%。

3.人才评价科学规范

园区推出全国首个以产业分类的国际职业资格比照认定职称资格目录,构建科学精准的人才评价机制。

一是对于人才的评价方面,苏州市不断完善和优化高端人才的评价体系,打破了以往看学历、专家评审的方式评价人才,形成了个人素质、紧缺指数和薪酬水平"三位一体"的积分制评价体系,让人才按照苏州需求和自身实力自主参评,获得薪酬资助。

二是针对特定产业探索专技人员职称评定。2021年,苏州通过细分高端医疗器械、生物制药、生物技术服务等人才评价标准,编制全国首个独立的生物医药工程专业职称评价标准,组建专家评委库,突破生物医药专技人才评定的瓶颈。除了针对特定产业探索专技人员职称评定,苏州也在积极向民营企业放权,试点龙头企业承接职称自主评审。

(三)杭州市余杭区人才工作概况

杭州的人才净流入率保持着全国领先,不仅是国内人才,国外人才也更愿意将发展的目光投向杭州,更愿意选择到杭州工作生活。以杭州余杭区为例,其未来科技城是中组部、国务院国资委重点联系的四大人才基地,是省市区三级合力打造的人才特区和科创产业集聚区。余杭区人才工作主要借鉴经验如下。

1.注重人才政策宣传

扩大政策宣传面,在利用报纸、网站、微信等载体开展政策宣传的基础上,通过"三服务""亲清直通车""一月一园区"等走访活动,向辖区企业宣传高校毕业生生活安家补贴等政策,进一步提高政策知晓度,全年参与走访5000余人(次),走访企业600余家。

2.充分发挥政策红利作用

一是未来科技城发布推进"人才特区"十项举措,加大高层次人才创新创业支持力度。从人才引进机制、人才发展平台、人才激励制度、人才保障体系四大方面出发,出台了包括实施顶尖人才招引计划、创新人才评价方式、完善人才创新创业风险补偿机制、建立人才创新创业成果评审机制等创新创业政策。

二是未来科技城全力做好全年人才政策兑现保障工作。

3.注重引进国际化人才

未来科技城致力于将梦想小镇法国村建成为法国科技人才、高端商业集聚的双创特色园区;定时举办的国际性学术会议,让其从辐射长三角到放眼全国、影响世界;举办了2020全球人工智能技术大会、杭州—伦敦创新论坛、中国计算机大会杭州分会场活动、第三届国际青年人才论坛等活动;积极运行"国际人才创客港",为国际人才提供生活、创业"保姆式"服务,帮助国际人才创新创业,谋划国内Top100高校外籍人才高校联盟。

(四)北京中关村人才工作概况

中关村科技园,起源于20世纪80年代初的"中关村电子一条街",是中国第一个国家级高新技术产业开发区、第一个国家自主创新示范区、第一个国家级人才特区,也是京津石高新技术产业带的核心园区。中关村科技园是我国体制机制创新的试验田,被誉为"中国硅谷"。

1.人才培育资源丰富

中关村科技园区是我国科教智力和人才资源最为密集的区域,拥有以北京大学、中国人民大学、清华大学为代表的高等院校近41所,以中国科学院、中国工程院所属院所为代表的国家(市)科研院所206家;拥有国家重点实验室67个,国家工程研究中心27个,国家工程技术研究中心28个,大学科技园26家,留学人员创业园34家。

2.大力支持研发机构创新

对创新平台建设的支持。对生产力促进中心、加速器建设经专家评审并通过市级立项后给予100万~400万元资金支持。鼓励企业与大学、科研机构合作建立工程技术研究中心和企业实验室。

提高企业持续创新发展能力。对通过认定的市级和国家级工程技术研究中心,分别给予50万元、100万元的资金支持。对通过认定的市级和国家级企业实验室给予50万元的资金支持。

3.注重引进和服务国际人才

在申请永久居留方面,在之前中关村外籍高层次人才及其配偶子女享受永久居留"直通车"政策的基础上,新政允许中国籍高层次人才的外籍配偶及子女,也可以通过"直通车"程序申请永久居留;在便捷出入境方面,考虑到来京的外籍知名专家学者及中关村企业海外分支机构外籍员工,主要以短期签证入境,每年多次入境需频繁办理各种手续,程序较为烦琐,政策创新将允许来中关村的外籍知名专家学者以及中关村企业的境外员工,换发多次入境有效的访问签证,同时,对来京探亲等处理私人事务的外籍华人也将签发5年以内多次出入境有效签证。允许取得永久居留资格的外籍人才在中关村示范区内担任新型科研机构法定代表人的相关政策,增强了对新型科研机构直接引进外籍顶尖人才的便利性。允许取得永久居留资格的外籍科学家领衔承担中关村示范区内国家科技计划项目,同时支持外籍高层次人才领衔承担北京市科技计划项目。

(五)上海张江科技园区人才工作概况

上海张江科技园区,被誉为中国硅谷。张江汇聚企业1.8万余家,跨国公司地区总部53家,高新技术企业828家,初步形成了以信息技术、生物医药为重点的主导产业,聚集了中芯国际、华虹宏力、上海兆芯、罗氏制药、微创医疗、和记黄埔、华领医药等一批国际知名科技企业,旨在聚焦重大战略项目,打造世界级的高科技产业集群,引领产业发展。

1.创新产业集聚人才

张江示范区是上海创新发展的重要引擎,是上海建设具有全球影响力科技创新中心的核心载体。大力支持新兴产业的发展,重点发展新一代信息技术、高端装备制造业、生物医药、新能源、新材料、节能环保、新能源汽车等产业。对引进科技前沿研发机构、重点实验室、功能总部、龙头企业予以最高1000万元补贴,企业与跨国公司、知名大学、国内外前沿研发机构在园区共建研发中心、转化中心、重点实验室的,给予1000万元支持。

2.健全支持人才发展的政策体系

大力支持企业引进高端人才,成功引进1名经省部级以上有关部门认定的领军人才和产业发展急需的外国专家等高层次人才,给予引进单位200万元补贴。企业引进战略科学家给予最高1000万元的资助,在海外建立人才预孵化基地并引进人才项目的,每个项目给予300万元,对建立高端人才流动储备库和流动使用合作机制、急需人才信息查询系统和对接机制等项目给予资助。支持企业培养人才,对产学研部门建立新型人才培育机构给予最高1000万元资助。

3.强化人才服务保障

一是加强政策服务,对设立专业机构提供政策服务的给予资助,包含梳理整合人才政策,搭建政策信息数据库、绘制各类办事指南、建立政策信息服务网、政策"一站式"线上查询系统、线下分流对接或人才政策事项代办等。

二是支持人才一站式服务平台为人才提供政策咨询、人才培训、就业创业、入户、工商注册、企业办税、职称评审、资格认证、人才公寓申报等服务。企业向人才服务平台或人力资源服务机构购买服务可享受政府补贴。

三是营造人才宜居宜业环境。支持企业建设人才公寓并给予贷款贴息,破解人才阶段性住房难题,加大保障房配建、集中新建、代理经租等公租房筹措力度。

综上,上述地区内的开放平台人才工作,具有共同的显著特点,具体如下。

一是引才注重精准化。通过掌握平台人才需求,科学绘制人才需求图谱,划分人才类别,有计划精准引进人才。

二是注重人才发展平台打造。人才随着平台走,平台依靠产业兴,良好的产业生态链条是留住人才的根本,也是壮大平台的关键。

三是注重人才培养。开放平台结合上一级地市制定的人才政策,在此基础上结合平台功能定位,制定了符合平台自身的延伸人才政策,并且形成政策体系,全方位培养人才、激励人才。

四是注重提升人才服务质量。各平台出台了多元化的人才服务方案,吃、住、行、医疗、教育、旅游等方面实现了全覆盖。

五是注重青年人才引进与培养。

四、重庆市国家级开放平台人才工作对策建议

(一)制定更加科学合理的平台人才政策

1.提升人才政策适用对象的精准性

当前开放平台发展规模以及功能定位存在差异。各个平台要根据平台实际,出台具有本平台特色的精准政策。例如,人才政策制定以及人才分类要遵循各自

平台功能定位以及平台优先发展的主导产业,科学精准地制定和完善人才认定标准等。

一是各个平台进一步明确人才认定标准,准精施策。将现行人才认定政策重新梳理和整合,对各类型的人才进行细分,具体到某个行业、某个领域,重新界定人才认定标准,并以此为标准出台相关的各平台人才配套政策和措施,特别是针对平台急需的"塔中""塔基"人才认定范围更加明确。

二是明确人才称号相应政策支持内容。明确的人才认定标准,有助于人才对于政策的理解以及自我认定,可以节约时间成本,也有利于人才认定标准的宣传与解释,保证各类人才的顺利申请和引进,减轻基层工作的压力,提高办事效率。

2.充分发挥市场化人才服务机制功效

一是发挥行业协会组织引导作用,减少猎头行业领域内无序竞争行为。通过行业协会组织,对猎头公司员工进行定期培训考核,以提升其专业素养。搭建统一的人才交流沟通平台。政府等主管部门联合企业等用人单位与猎头公司,共同建立起统一、权威的人才交流沟通平台,有效传达各方的信息与需求,降低信息沟通成本。

二是增加扶持力度,吸引更多的优质猎头企业入驻开放平台。应借助成渝地区双城经济圈的建设,结合重庆本地区位与产业发展特色,积极发展高科技与创新产业,利用平台产业聚集所产生的人才需求吸引知名猎头入驻重庆。同时,平台应借助猎头行业发展峰会,以论坛、讲座、宣讲会等多种形式,向人才以及用人单位宣传猎头服务对人才发展和企业人力资源管理带来的积极影响,促进用人单位与猎头机构的合作与交流,提升猎头机构的社会影响力。

3.提高人才政策宣传路径有效性

重庆市政府及各平台人才管理服务机构应加大宣传力度,拓宽宣传路径,提升宣传效率,使人才政策深入人心。

首先,修正政府综合信息平台内容,增加人才服务板块信息。在原有基础上增加"人才服务"或"人才政策"栏目以整合发布专门的信息,在官方网站开设建议窗口,对常见问题进行解答并公布,并设置一个专栏定期将问题以及解答进行整理归类然后公布,确保答疑解惑的及时性和针对性。

其次,平台建立专业化人才服务网站,专项发布人才政策信息。建议成立专业化人才服务机构负责收集、整合、二次发布相关人才政策,以确保人才支持政策信息真实、完整且全面,并方便相关人才查阅。同时可搭建人才市场供需双方线上交流平台,类似于购物软件的在线客服系统,能及时回复、处理问题。另外,优化改进现有的"愉快办"等应用及小程序内容,建议增设人才服务板块,提升人才政策宣传的即时性,及时关注用户评论等反馈,不断完善数字化政府服务。

再次,拓宽人才政策宣传宽度,提升宣传效率。借鉴陕西、四川经验,针对各大高校、产业园区、科研院所、工作站等人才聚集地做政策宣传会、论坛等,使人才深入了解现行人才政策。陕西省成立"引进高层次人才工作小组"到世界发达国家和地区进行政策宣传和讲解;四川省大规模开展北上广知名高校四川活动周等。各个平台要关注市级层面类似活动,及时跟进。

最后,加大对新媒体利用强度,提升内容理解力和吸引力。利用抖音、快手、B站、小红书、微信、微博、知乎等平台,以微电影、小短片、游戏、漫画等形式言简意赅地拆分解读政策,降低人才对政策理解的门槛和成本,提升对人才政策内容的接受程度。

(二)不断优化平台人才培养机制

1.加强对平台内企业人才培养支持力度

首先,平台需要加大政策扶持力度。从资金、场地、租金、服务、配套服务等方面促进人才培养基地的发展,完善高端人才服务,支持科研院所科技创新合作,在大力引才聚才的同时,着力培育一批高端科技创新人才,联合创建国家人工智能产教融合创新平台、国家产教融合研究生联合培养基地。突出培养行业产业紧缺人才、战略性新兴人才队伍。

其次,加大对青年科技人员培育力度。把培育战略力量的政策重心放在青年科技人才身上,有意识地提高市级科技项目青年人才担任负责人的比例和各系列(专业)高级职称中青年人才的比例,支持青年人才挑大梁、当主角。大力实施"智能+技能"高技能人才培育工程,努力建设一支爱党报国、敬业奉献、具有突出技术创新能力、善于解决复杂工程问题的青年工程师队伍。

最后,不断优化平台内部人才培养机制。持续扎实推进市级人才计划、博士后倍增计划、科技成果转化人才培养工程、科技管理干部能力提升工程,大力推动"双一流"学科和博士点建设,形成基础研究人才和创新型、应用型、技能型人才梯次培养格局,为相关产业发展提供充足的人才资源。

2.加强与市内外高校人才培养互动

首先,建立完善长效高校企业沟通平台。由平台牵头,建立高水平研究型大学与平台企业间的沟通机制,鼓励跨地域、跨高校、跨学科建设研究平台和研究团队协同合作,共建重庆市人才发展平台。平台通过开展高校招聘,建立与高校的沟通桥梁,获得高校及当地政府的认可与支持,建立长期合作关系,为其拓展招聘资源和渠道奠定基础。

其次,搭建高校与企业之间实习、实践、学历技能提升的绿色通道。引导更多在校学生到平台内部参与实习、实践,为他们提供先进的实验设备和科研经费,帮助学生先一步走进社会、认识行业、提升业务能力的同时,也为他们提供精准、对口的实习与就业机会,提升学生、教师的实践能力,提高对其吸引力。与此同时,平台与高校之间可以联合开展课题与项目合作,为平台内企业、科研院所的青年人才赴高校深造、取得学位学历等提供便利通道,真正实现平台企业单位与市内外高校资源共享、人才互动。

3.加强平台之间人才培养资源共享

首先,协同人才培养政策。共同构建"塔尖""塔中"和"塔基"的人才政策体系,联合创新海外高端人才汇聚机制,协同探索柔性引才机制,联合引进与培育一批具有国际竞争力的前沿科技创新人才、高技能水平人才以及各类骨干人才的人才梯队队伍。

其次,联合开展人才招聘,共同实施柔性引才。平台之间共同开展引才引智与宣传推介活动,在国内外知名高校、科研院所、产业园区、博士后流动站等举行联合招聘活动,同时在"一带一路"共建国家以及发达国家和地区联合进行招才引智专项活动。通过短期聘用、咨询服务、企业顾问、技术攻关、委托服务等形式柔性引进、高效聚集优秀人才资源。

再次,平台之间人才合作与共享。由政府主管部门牵头,共建重庆市人才数据库,搭建"一地引进、多地使用"的智力资源引进协调机制,实现人才资源共引共享,鼓励平台之间开展立体式、宽领域、项目化的人才合作,实现人才的优化配置。

最后,加强不同平台之间人才互派交流,建立与完善人才交流合作机制,实现跨地区、跨平台的人才互派和交流。比如,成渝地区双城经济圈"双百双千计划",每年互派100名优秀年轻干部挂职、100名医生访谈、互派1000名教师、1000名工程师交流学习等,实现平台之间人才培养资源共享。

(三)完善人才激励机制

1.加大人才项目奖励力度

一是以市场化方式确定奖励标准。对标周边省份人才项目奖励水平,对引进的优秀创新团队,可按照"一事一议"的方式确定研究团队激励方案,所需绩效工资总量实行单列追加,并相应增核用人单位绩效工资总量,为高水平人才提供有竞争力的奖励计划。

二是提升平台企业科研转化奖励标准。平台企业人才若完成相应的科技成果转化,根据成果转化规模、级别,除企业内部奖励外,还可以获得来自平台职务科技成果转化现金奖励,全方位提升科技成果转化规模和转化积极性。

三是探索对平台企业内境外高层次人才实施税收政策的激励方案,采用多种方式、利用不同渠道不断提升人才奖励力度,提升对高层次人才的吸引力。

2.积极引导科技成果转化

首先,不断完善科技成果转化配套政策。加大对科研成果的财物支持,同时提供对成果转化的后续配套政策,将成果转化率纳入人才考核指标当中;加大科研成果转化的保护力度,严格执行知识产权相关法律制度,加大对侵犯他人知识产权违法行为的打击力度,为成果转化的各个环节提供法律支持和制度保障,同时允许以知识产权质押融资,降低研发风险,激励人才将科研工作从理论向实践延伸,不断提升科研成果的综合效益。

其次,多方共同参与成果转化。以市场为主导,允许平台企业人才对科研成果进行自由处置,除涉及国家利益层面外,其他相关部门不得直接干预,保障人才对科研成果的收益权,合理分配股权、分红权,以市场价值回报人才价值,用财富效应激发平台人才的聪明才智。

最后,组建专门科技成果转移转化机构,配齐配强转移转化人才队伍,结合重庆市相关标准,制定平台内部技术转移转化评价标准,研究科技成果转移转化政策,为相关政策出台提供理论支持和数据支撑。机构最高设正高级职称,吸引专业人才持续为专业技术服务水平提升提供服务,提高科技成果转化服务专业性。

3.不断完善人才评价体系

首先,破除人才评定的身份壁垒,扩大企业在人才认定中的话语权。转变人才激励的平均主义、人才评价的"四唯"(唯论文、唯职称、唯学历、唯奖项)倾向,让人才评价不再一刀切,增强企业在专业人才职称认定上的话语权,形成个人素质、紧缺指数和薪酬水平"三位一体"的积分制评价体系,让人才按照重庆市需求和自身实力自主参评,进而获得相应薪酬资助。同时,针对特定产业探索专技人员职称评定积极向民营企业放权,试点龙头企业承接职称自主评审。

其次,探索国内外人才标准双向互认机制,开通绿色通道。积极开展职业资格比照认定工作,实现人才资格国内外双向互认目标。通过改革,使各类人才在重庆安居落户、子女入学等方面享受相应同等待遇,使人才价值与职称等级、岗位晋升、收入待遇等相匹配,激活企业内动力和人才发展活力,吸引更多人才到重庆创新创业。

4.加大对塔基人才的支持力度

一是加大财政投入,提升对"塔基"人才的待遇条件,多引进青年人才。以平台企业为主导,协助建立"塔基"人才待遇提升计划,不断提升对"塔基"人才支持力度,满足其对薪资的期望,降低人才流失风险,特别注重引进高等院校毕业生落户平台。

二是出台专门针对"塔基"人才相关的优惠政策,吸引本地和外地高校毕业生留渝、来渝工作创业。政府及平台管理部门出台针对性强的优惠政策,如博士签字费、硕士博士安家费、就业补贴、住房/租房补贴、生活补贴等,与此同时,协调银行资源,为高校毕业生尤其是应届毕业生,提供一定额度的免利率、低利率的住房贷款、车贷等服务,加强来渝人才的稳定性和吸引力。同时建议推广"渝北青年人才成长驿站"项目经验,切实减轻青年人才的创新创业、实习实训成本,加大对优秀高校毕业生来渝工作的吸引力。

三是多方合作全方位引才,全链条服务育才留才。引才方面,首先可以采用"校企结合"的方式,企事业单位根据自己的人才岗位清单在重庆重点高校开展线下校园招聘以及网络云招聘,充分发挥各大院校的作用。其次可以依靠政府的作用搭建优质人才平台吸纳青年人才。育才方面,可以建立青年人才成长基地,青年人才可以在基地参与学习培训和创业孵化实战,为基地青年人才开设学习培训并邀请专家进行教学指导,同时邀请优秀创业者对基地青年人才创新项目进行分析和指导,为青年人才免费提供创业空间与平台资源。留才方面,要从科研项目、创业融资、待遇、职业发展环境等方面予以支持,同时,要满足"塔基"人才对于住房、子女教育、配偶就业、医疗保障等方面的需求,提供全过程、全链条优质服务,为推动高质量发展提供源源不断的动力。

(四)营造良好的平台人才发展生态

1.优化平台人才服务机制

一是建立统一权威的人才工作推进机制。由政府及相关管理部门牵头,平台管理方、平台代表企业共同参与,建立人才工作小组,联合重庆市各机构以及人才部门,建立统一的人才执行标准,明确各部门和机构的详细职责,持续推进平台人才政策落地,避免执行过程出现政策重复与前后矛盾的现象,形成部门联动的完整闭合链条,协同推进人才引进、人才培养工作。

二是完善人才工作监督与反馈机制。首先,创新人才政策实施监督及反馈形式。利用网络媒体等新形式,拓宽监督渠道,创新监督形式,降低人才政策监督门槛,提高监督反馈效率。其次,建立专业化评价团队,吸纳政府主管部门实务人员、领域内专家、平台企业代表进入该评价团队,对人才引进的认定与标准,人才引进后的工作产出、创新成果进行评估,及时发现实施过程中的问题并提交完善人才政策修正案,形成一套完整的具有当地特色的评估体系。最后,构建完善的人才政策实施反馈机制。以6个月为周期,评价团队在全市范围内对开放平台人才政策实施效果进行问卷调查,以实际调研结果为基础,为下一阶段完善人才政策提供数据支撑。利用评估后的反馈信息修改与完善人才政策,实现评估与反馈的良性循环。

2.改善人才工作生活硬件和软件环境

一是加快构建现代化基础设施建设,统筹推进传统基础设施和新型基础设施建设。在成渝双城经济圈建设的基础上,积极参与京津冀、粤港澳协同发展,围绕互联互通,打造快捷的交通网,同时依靠中欧班列(成渝)、西部陆海新通道、长江黄金水道三大战略提高其通道衔接水平,加快建设交通强市,打造国际性综合交通枢纽城市、国际内陆物流枢纽和口岸高地等,推进传统基础设施建设。与此同时,重庆市应该加大对新型基础设施建设的项目资金支持,同时信息通信业要加强与公安、市政、交通和电力等领域的开放共享、集约共建,有效降低新型基础设施建设成本;并充分发挥龙头企业的牵头作用,借助其技术优势,打造重庆新型基础设施的制高点。

二是完善人才保障体系,营造良好的人才环境。在人才工作、生活领域下功夫,尤其是针对人才住房保障方面,不仅要考虑基本的住房需求问题,还要积极打造餐饮、娱乐、运动、会议、医疗、教育等综合性一体式服务场所；与此同时，还可以考虑在产业园区、科研院所等人才聚集地建造人才公寓并以优惠价格租赁给所需人才，优化不同层次人才生活居住环境。

三是健全专业化人才服务工作机构。首先，探索成立人才发展服务公司，实行市场化运作，专业化运营，向用人单位提供人才对接引进、人才项目运营、人才创业投资等服务，强化人才安居、子女入学、看病就医、人才寻访等服务保障。其次，建立"重庆开放平台人才服务平台"，打造符合科技创新人才需求的"一站式"服务专窗。最后，在不同行业主管部门建立专门研究机构，配备精干力量，推进科技人才战略研究、政策制定和统计检测等工作。

3.提高平台人才荣誉感和满足感

为人才发挥聪明才智创造良好条件，营造宽松环境，提供广阔发展平台，积极构造"近悦远来"的人才生态，将人才工作放在极其重要的位置。鼓励平台人才自由探索，赋予科研人员更多学术研究自主权。建立容错机制，营造宽容失败的科研环境。积极塑造爱才惜才的社会环境和社会氛围，设立"人才月"，加大表彰激励宣传力度，畅通人才建言献策渠道，提高人才政治待遇。通过表彰重庆市各行各业的榜样，加大宣传力度，积极引导社会大众学习榜样，营造全社会尊重人才及其劳动成果、尊重知识与创新的良好社会氛围，增加人才的职业荣誉感和获得感。

课题组负责人：徐新鹏
课题主研人员：倪颖军　林　川　付小鹏　高福霞　董竞飞　翟浩森
　　　　　　　张亚琴　王胜贤　吴沁泽　张瀚艺　王淋靖

此课题为2022年度人力资源服务行业重点课题项目，于2022年12月结题。研究报告内容仅代表课题组观点。

完善人才创新创业全周期服务机制研究

西部科学城重庆高新区课题组

开展人才创新创业全周期服务,是持续优化人才发展生态,充分激发人才创新创业活力,支撑西部科学城重庆高新区建设的内在要求。人才创新创业全周期,是指将人才创新创业设想从最初的研究开发,推进到产品的产业化、市场化,发展壮大为成熟企业的全过程。一般包括人才引进、研发设计、概念验证、中试熟化、成果转化、企业孵化、企业成长成熟等多个阶段。人才创新创业全周期服务,则是紧紧围绕上述人才创新创业全周期的不同阶段需求,由政府为主导、市场为牵引、多方资源共同参与推进的系统性供给侧服务改革。

课题组紧扣"完善人才创新创业全周期服务机制"课题,深入学习领会习近平总书记关于做好新时代人才工作的重要思想,系统梳理人才创新创业服务理念、创新资源配置、创业支持体系、服务平台建设等方面的现状和问题,对完善人才创新创业全周期服务机制进行深入研究,形成了完善人才创新创业全周期服务机制的工作思路和对策建议。

一、深刻领会习近平总书记重要讲话精神,切实把准调查研究政治方向

党的十八大以来,习近平总书记高度重视人才工作,就如何识才、爱才、敬才、用才作出一系列重要论述和指示批示,为新时代人才工作指明了前进航向、注入了强劲动力。党的二十大报告首次将教育、科技、人才单列专章统筹部署,对实施人才强国战略、创新驱动发展战略作出顶层谋划和系统安排,为在更高起点、更高目标上推进人才创新创业锚定了新坐标、描绘了新愿景。

（一）深刻领会"科技是第一生产力，人才是第一资源，创新是第一动力"的战略定位

习近平总书记强调，人才是创新的根基，是创新的核心要素；创新是社会进步的灵魂，创业是推动经济社会发展、改善民生的重要途径；创新创业创造能够为经济社会发展催生新供给、释放新需求、激发新活力。体现了我们党对发展规律、创新规律、人才规律的深刻认识，阐明了人才创新创业是高质量发展的战略之举，做好服务工作至关重要。

（二）深刻领会"加快建设世界重要人才中心和创新高地"的目标任务

习近平总书记强调，要坚持"四个面向"，加快实现高水平科技自立自强；不断提高科技成果转化和产业化水平，着力打造具有全球影响力的产业科技创新中心；推动人才高地建设，形成高端科创人才聚集效应。锚定了人才创新创业的目标，指明了服务工作的方向。

（三）深刻领会"推进创新链产业链资金链人才链深度融合"的方法路径

习近平总书记强调，要坚持科技创新和制度创新"双轮驱动"，在创新主体、创新基础、创新资源、创新环境等方面持续用力；要疏通基础研究、应用研究和产业化双向链接的快车道；科技成果只有完成从科学研究、实验开发、推广应用三级跳，才能真正实现创新价值、实现创新驱动发展；要改善金融服务，疏通金融进入实体经济特别是中小企业、小微企业的管道。明确了人才创新创业全周期服务的关键抓手和着力重点。

（四）深刻领会"强化为人才服务的理念"的鲜明导向

习近平总书记强调，要做好联系服务人才工作，多为他们办实事做好事解难事；要加强对科研活动的科学管理和服务保障，开展产业共性关键技术研发、科技成果转化及产业化、科技资源共享服务，推动重点领域项目、基地、人才、资金一体化配置；要搭建创新服务平台，推动科技和经济紧密结合；要推进协同创新，健全创新服务支撑体系，加强知识产权运用和保护。阐明了人才创新创业服务工作的理念思路。

（五）深刻领会"优化人才政策，营造有利于创新创业的政策环境"的组织保障

习近平总书记强调，要坚持党管人才原则，实施更加积极、更加开放、更加有效的人才政策；要以开放、服务、创新、高效的发展环境吸引海内外人才和企业安家落户；要通过全面深化改革开放，给创新创业创造以更好的环境，着力解决突出体制机制问题，营造鼓励创新创业创造的社会氛围。阐明了做好人才创新创业服务工作的保障举措，为厚植创新创业优良生态提供了重要指引。

为全面贯彻落实习近平总书记关于人才创业创业服务的指示要求，中共中央、国务院出台了《关于加强和改进新时代人才工作的意见》《关于推动创新创业高质量发展打造"双创"升级版的意见》等重要文件，召开中央人才工作会议、全国科技创新大会等重要会议作出部署安排。市委、市政府坚持人才引领驱动，出台"一行动一计划"、支持青年人才创新创业若干措施、促进科技成果转化"24条"等政策文件30余件，打造"渝快办""渝才荟"等线上服务平台和重庆创新创业创投服务平台、"易智网"成果转化服务平台、重庆科技资源共享平台等线下服务平台，采取一系列有力措施抓细抓实人才创新创业服务工作。科学城高新区坚持创新致胜、人才引领，按照袁家军书记"完善人才成长全周期服务"指示要求，大胆先行先试，将人才创业创业服务向"全周期"延伸，以成就"人才"为根本遵循，以促进"创新创业"为目标导向，以完善"全周期服务"为工作抓手，在全市率先启动实施人才创新创业全周期服务体系改革工作。

二、科学城高新区的探索与实践

自2020年以来，科学城高新区党工委管委会20余个部门、直属事业单位先后出台了40余个支持人才创新创业或企业成长壮大的政策文件，具体涵盖政策支持和服务事项288项（表1）。其中，高频服务事项76项，明确能线上办理的有79项，有规范办理流程的133项，涉及财政资金兑现的237项（图1）。从服务类别看，人才引进类42项、人才培养类23项、高频生活服务26项、创新支持类56项、创业支持类90项、产业支持类61项（图2）。从服务对象看，直接服务于人才或项目的事项113项，直接服务于企业的事项175项。从服务主体看，党群工作部、改革发展局、科技创新局、财政局、市场监督管理局、创新服务中心、政务服务和社会事务中心、高新区税务局、西永微电园公司是创新创业服务的主要提供部门（图3）。目前，科学城高新区人才资源总量已达 11.6 万名,国家级人才 330 余名、市级人才超 900 名,累计吸引大学生 3.6 万余人,向各类海内外人才提供服务或咨询 14000 余人次。创新要素的集聚和人才基数的激增,客观上催生了更多的创新创业服务需求和个性化生活服务需求。

表1 科学城高新区人才创新创业全周期服务清单

服务类别	服务内容	事项数量
1. 人才引进类 （42 项）	1.1 人才落户	10
	1.2 人才认定	7
	1.3 职称评审	7
	1.4 人才引进奖补	3
	1.5 企业引才奖补	5
	1.6 第三方引才奖补	2
	1.7 人才团队及项目引进奖补	8
2. 人才培养类 （23 项）	2.1 金凤凰人才培养	3
	2.2 博士博士后培养	6
	2.3 软 9 条人才培养	3
	2.4 离岸人才培养	1
	2.5 其他人才培养	6
	2.6 联合培养支持	4
3. 高频人才服务类 （16 项）	3.1 安居服务	5
	3.2 子女入学服务	3
	3.3 交通出行	1
	3.4 医疗保健服务	3
	3.5 其他高频服务	4
4. 创新支持类 （56 项）	4.1 研发支持	8
	4.2 研发平台支持	12
	4.3 协同创新支持	6
	4.4 概念验证和中试熟化支持	0

续表

服务类别	服务内容	事项数量
	4.5 技术转移支持	6
	4.6 成果转化支持	6
	4.7 知识产权保护	18
5. 创业支持类 （90项）	5.1 孵化支持	18
	5.2 创业支持	9
	5.3 金融支持	13
	5.4 税收支持	15
	5.5 用地支持	6
	5.6 上市支持	10
	5.7 外资外贸支持	10
	5.8 高能级企业奖励	9
6. 产业支持类 （61项）	6.1 制造业专项支持	9
	6.2 软件产业专项支持	9
	6.3 大健康产业专项支持	6
	6.4 高技术服务业专项支持	9
	6.5 金融产业专项支持	11
	6.6 集成电路产业专项支持	17

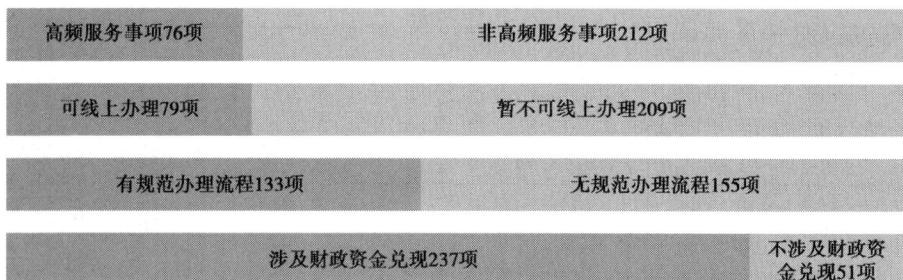

高频服务事项76项	非高频服务事项212项
可线上办理79项	暂不可线上办理209项
有规范办理流程133项	无规范办理流程155项
涉及财政资金兑现237项	不涉及财政资金兑现51项

图1 科学城高新区创新创业服务基本情况

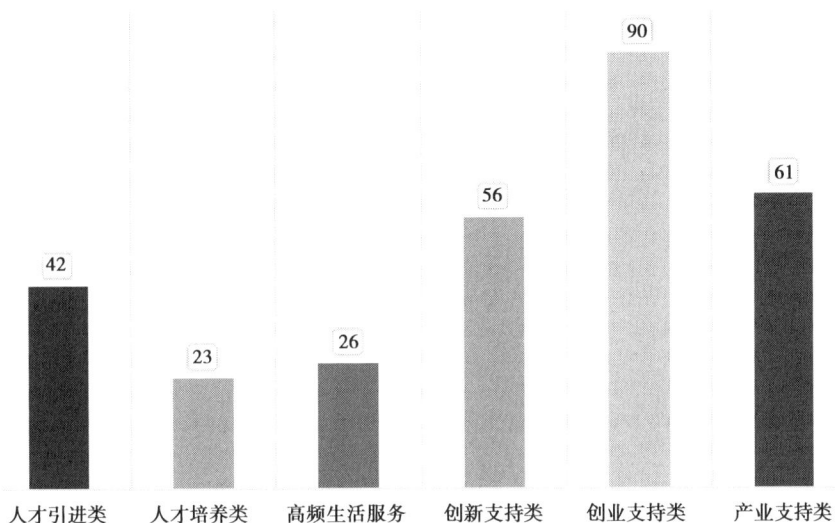

图2 科学城高新区人才创新创业全周期服务类别

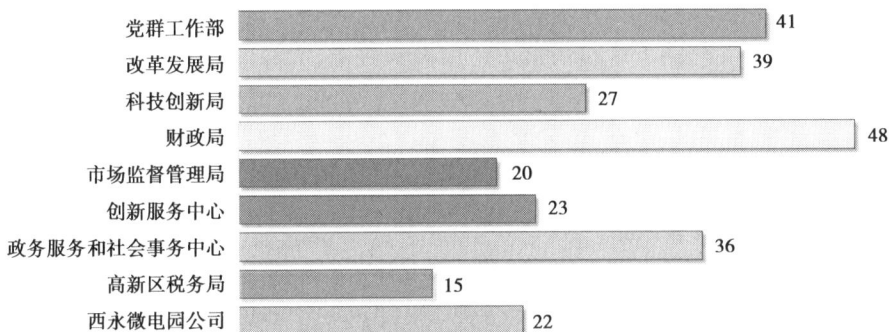

图3 科学城高新区创新创业服务基本情况

科学城高新区坚持党管人才总遵循,深化党对科技事业和人才工作的全面领导,以服务人才为根本、以人才服务为特色,打好人才创新创业全周期服务"组合拳"。一是健全完善保障人才创新创业的组织架构。健全人才工作领导小组运行机制,制定"一把手"抓"第一资源"工作清单,构建齐抓共管、多跨协同的人才工作体系。组建科技创新机构联合党委,筹建创新生态共治协会,成立智能网联新能源汽车产业链联合党委,推动产学研、上下游、大中小企业经验交流、资源共享、协同配合。二是迭代升级服务人才创新创业的政策体系。坚持全局导向,出台人才"兴城强区"5年行动方案。制定"金凤凰"人才支持政策、"新凤人才计划"、市属高校与新型研发机构共引共育高端人才试点方案、科学城和大学城融合发展实施意见和系列产业人才政策等，成立科技创新母基金、种子基金，推出科企梯度贷、高新贷、知识价值信用贷，构建人才、创新、产业、金融等多元政策支持体系。三是加速集聚承载人才创新创业的科创平台。打造中子科学研究院（重庆）、中子源大科学装置、智能网联汽车技术与产业创新中心、金凤实验室、中国自然人群生物资源库、种质创制大科学中心等战略科技力量，获批全国首批国家应用数学中心、全市首个国家制造业创新中心，市级研发机构突破330家、国家级研发机构达21家。四是系统构建支持人才创新创业的服务载体。打造集"68+N"项服务为一体的"金凤凰"线上服务系统，构建"一站式"公益性融资服务平台高新金服和"一站式"产业服务平台高新扶持通，高效运行重庆市高校科技成果转化服务中心、西部科学城校地协同创新与成果转移转化中心，招引中创孵化器、有咖数字创新基地落地，集聚市级以上孵化器和众创空间达20个、国家级7个，新增创新创业孵化面积4.4万平方米，总量达124.4万平方米。五是不断促进人才创新创业的改革氛围。建立"海外预孵化、到岸再孵化、加速产业化、业务国际化"全链条人才"双向离岸"创新创业机制，实施"领军人才+创新团队+人才项目"一体化引培模式，探索人才评价"积分制"改革，完善外籍急需紧缺人才在华永久居留推荐机制，为海内外人才来高新区、留高新区创新创业提供便利。

三、存在的主要问题

对照中央部署、对照新重庆建设要求、对照人才创新创业需要，科学城高新区人才创新创业服务工作还存在以下短板。

（一）服务创新创业的理念更新不够，创新创业服务的整体结构有待优化

聚焦人才创新创业前端研发、中端转化、后端产业化链条衔接不畅，全周期服务理念还未真正树立起来。一是重生活性服务、轻生产性服务。服务对象为人才或项目的113项事项中，户籍办理、住房保障、子女入学等生活性服务81项，对人才创新创业紧密相关的创新研发支持、成果转移转化等生产性服务仅32项，服务频次较低，缺少兑现细则（图4）。二是重成长期成熟期服务、轻种子期初创期服务。围绕人才创新创业种子期、初创期需求投早投小、精准服务的导向不强，概念论证、中试熟化阶段的服务政策目前还处于真空期，服务重心需进一步前移。288项具

体服务事项中,后端产业化的成长成熟期服务178项,比初创期服务多5倍(图5)。三是重政府引导、轻市场培育。与浙江省推进"产学研用金、才政介美云"十联动,深圳大力培育创业创新联合会、创业服务协会等做法相比,科学城高新区暂无此类行业协会、第三方专业服务机构,市场化服务手段比较匮乏,缺少能够有效链接科技、产业、创投、人才等资源的专业服务机构。

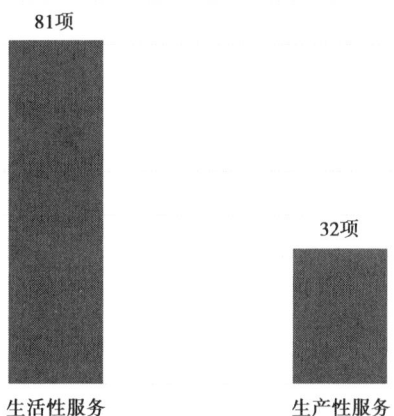

图4　生活性、生产性服务对比　　　　图5　成长期成熟期、种子期初创期服务对比

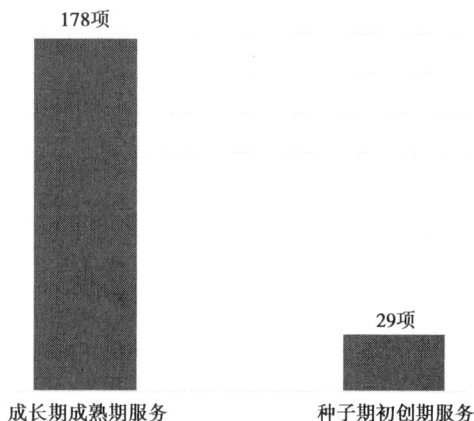

(二)突出需求导向服务研发创新不足,人才创新资源的整合力度有待加强

以市场需求为导向的人才创新创业资源配置机制尚未建立,科技创新赋能产业发展还有待进一步加强。一是科研与市场需求的契合度不足。科学城高新区的高等院校、研发机构未能与辖区企业打通信息共享渠道,缺少专业机构有效对接,科研人员难以动态、精准、便捷地捕捉市场研发需要,研发成果未充分拟合"3238"产业布局需求。二是科研仪器设备开放度不足。缺少专业服务机构对科研设施和仪器进行市场化运营管理,人才跨单位使用研发仪器设备的渠道不畅、效率偏低,造成虽有专项政策支持,但无单位申请执行。三是开展有组织的科研活跃度不够。现有高校院所与企业之间合作以短期、松散的横向项目为主,合作层次偏低、技术水准不高,与上海市组建"创新联合体"、推动"抱团式"产业技术创新,与广东探索核心技术攻关新型体制、开展"核心软件攻关工程""强芯工程"等重大项目相比,还存在一定差距。

(三)创新成果转移转化体系配置不全,人才创业孵化的支持体系有待完善

科研成果向现实生产力转化存在风险高、周期长、熟化慢的问题,转化容易脱

节,缺少体系化支持。一是概念验证及中试熟化关键环节薄弱。科学城高新区没有专门从事成果转化前端的概念验证、中试熟化平台。相比而言,美国、欧盟等进入21世纪即开始建设概念验证中心,杭州市2022年首批授牌建设概念验证中心15家。二是技术转移和企业孵化存在短板。科学城高新区现有双创载体27家,数量偏少、规模偏小、布局分散,提供的孵化支持比较低端,与清华科技园、深圳天安云谷创业孵化基地、东莞松湖华科产业孵化园等差距较大。220余名持证技术经纪人中,兼职多、专职少,且因技术经纪与中介、咨询、投资以及其他服务业务兼并杂糅,真正能促成技术转移、企业孵化的专业力量还比较缺失。三是知识产权保护运用水平不高。知识产权质押融资工作主要靠政府推动,金融机构和市场主体缺乏主动性。服务知识产权转化运营、交易流转、维权保护的运营机构比较缺乏。2022年,科学城高新区知识产权质押融资笔数仅有3笔,占全市的2.5%;质押融资金额为5000万元,占全市的3%。四是投早投小基金规模偏小。目前,科学城高新区种子基金累计支持项目127个,均未直接投资人才或团队;基金总实缴规模18.01亿元,体量小、政府引导不足,且都聚焦成熟期企业,对种子期、初创期企业投资偏少。

(四)人才服务载体功能集成不够,数字赋能、系统集成的系统平台有待升级

人才服务平台间的数据连通、服务贯通尚未实现,后台数字化流程未有效衔接,各个部门间信息壁垒、数据孤岛问题依然存在。一是人才创新创业服务"一件事"整合不足。科学城高新区人才服务兑现涉及20多个部门、企事业单位和市驻高新区直属单位,各项服务零散杂糅,基本为各单位的"单项事",未整合成为人才视角的"一件事",联办服务机制缺失,集成化、套餐式服务少,并联办理落实不够。二是人才服务线上"智慧办"应用不足。目前,科学城高新区人才服务主要依靠"金凤凰"人才线上服务系统,部分服务只提供线上咨询,未开设线上办理渠道。出入境等服务主要依托外国人来华工作管理服务系统,金融服务主要依托高新金服系统,产业支持政策主要依托产业扶持综合服务云平台,线上系统分散,集成度不够。三是人才服务"闭环式"管理不足。人才服务条块分割、资源分散,对涉及创新创业的政策,尚未建立规范化的归集、梳理、发布、实施、反馈机制,服务政策评估监督机制、首问责任制、"好差评"反馈机制不完善,人才乃至社会面知晓度不高、获得感不强。

四、对策建议

做好人才创新创业服务,是抓发展、抓创新的重要举措。调研组认为,新形势下加强和改进人才创新创业全周期服务工作,要围绕全面建设现代化新重庆,坚持科技创新和人才强市首位战略,坚持有为政府、有效市场双轮驱动,坚持"兴城强区"人才行动计划,坚持以人才为中心、以用人单位为主体,坚持全要素集成、全过程支持、全链条改革,全面优化人才服务的供给、质量和效率,充分激发人才创新创业活力,具体提出"一个定位五项重点任务"工作建议。

(一)坚持一个定位:全力打造人才创新创业全周期服务先行区

聚焦建设西部人才中心和创新高地核心区,打造人才创新创业生态圈,紧跟人才创新基础研究、应用研究、试验发展和创业种子期、初创期、成长期、成熟期等不同阶段需求,坚持党建引领、人才导向、系统集成、数字赋能、迭代升级,推动服务理念、方法、机制系统重塑,实现人才创新创业全领域事项办理、全链条服务驱动、全流程服务保障,树立具有科学城辨识度的人才创新创业全周期服务标杆。

(二)推动五项重点任务

1.聚焦关键短板,完善"全周期"服务事项

围绕人才"引育留用管"各环节,系统梳理各领域、各行业人才服务事项,聚焦关键短板,按照先易后难、迭代升级的方式,全面完善全周期服务各环节、全链条。一是突出市场牵引、供需适配,完善研发创新服务。健全研发项目供需的动态收集、快速对接、精准匹配服务机制。面向科学城产业和科技发展需求,发布联合攻关科研需求清单,实施"揭榜挂帅"等制度,支持高校、科研院所、企业联合实施项目攻关。做靓"双城汇"品牌,加强校企成果需求精准对接,推进科学城和大学城融合发展,促进更多高校科技成果与科学城产业需求精准对接。搭建科学城重大科研设备在线共享平台,推动大型科研仪器设备共享,梳理发布大型科研仪器设备开放共享清单,细化明确开放共享的等级、权限、程序、时限等。二是突出广泛覆盖、靠前支持,完善概念验证和中试熟化服务。积极争取市级层面支持,引导并支持辖区高校院所和重点企业设立概念验证中心、中试熟化基地,试点建立概念验证和中试项目库,对入库项目进行精准扶持。实施概念验证和中试项目奖补,对符合条件的

人才项目,按照概念验证和中试熟化实际发生成本的一定比例给予补助。三是突出价值导向、中介搭桥,完善成果转化服务。高标准打造金凤科创园,争创国家技术转移成渝中心,为人才提供科技成果发布、评估、交易、展示等服务。聚焦"3238"产业布局,引进国内外知名孵化运营机构,建设一批产业细分领域的标杆孵化载体,注重将孵化载体、园区服务中心、人才"一站式"服务综合体一并规划、一并打造。修订完善知识产权资助奖励办法,帮助人才创新成果快速获权、快速确权、快速维权。四是突出投早投小、灵活高效,完善金融财税服务。建立人才优质项目发现识别机制,逐步前置"先投后股"、科创基金、种子基金投资切口。鼓励国有资本与社会资本合作,共同成立基金投资早期项目。举办创投风投大会,推动创新创业人才与投资人精准对接。支持创业投资机构与银行、保险等金融机构合作,探索"人才创业贷""人才创业保",降低人才创业风险。

2.聚焦数字赋能,搭建"一体化"服务系统

强化系统观念,落实整体智治理念,打造一体贯通、多跨协同、智慧高效的"一体化"线上服务平台,实现便捷搜索、精准引导、智能匹配等内容丰富、种类齐全的服务功能。一是升级"金凤凰"人才线上服务平台。迭代升级"金凤凰"人才线上服务平台,优化整合高新金服、高新扶持通等现有平台,推动跨部门、跨区域、跨行业涉及人才服务事项的数据共享、互联互通。全面导入人才创新创业全周期服务事项,凡具备线上办条件的服务事项,全面推广线上受理、线上办理、线上反馈;暂不具备线上办理条件的服务事项,全面提供在线咨询。二是优化智慧系统管理逻辑。打造可供各人才服务职能单位自主开发、自主编辑、自主维护的操作系统,提高职能单位自主管理权限。构建基础数据收集维护机制,建立人才、企业、成果、需求、载体、政策、导师、活动、服务机构等数据库。优化事项分类逻辑,整合申报材料和联办场景,逐步导入各类线上服务资源,链接各类应用场景。探索运用信息技术和"大数据"手段,主动感知人才服务需求,超前、精准提供个性化服务。三是加强与市级平台数据互联互通。积极争取市级支持,加强与市人力社保局人社系统、"渝才荟"、"渝才办"、"渝快办"等市级平台的数据衔接,做好数据安全和保密工作,推动信息汇聚融合、共享开放。

3.聚焦系统集成,打造"一站式"服务平台

集成优越服务、集约优质要素、集中优势力量,探索打造"一站式"人才创新创业服务综合体,推动政策资源、服务资源向综合体集聚。一是布局打造国际人才服

务港。优选对外展示度高、创新创业资源集聚度高、人才服务便利性强的区域布局打造西部(重庆)科学城国际人才服务港,配套成果展示、路演活动、窗口服务、休闲交流等功能区域,作为科学城高新区展示形象、引进人才的重要门户,服务人才、成就人才的重要平台,团结人才、凝聚人才的重要阵地。二是推动服务资源综合集成。积极引导技术转移、金融、创投、人力资源等方面高端市场化服务机构向国际人才服务港集聚,共通资源信息、共享合作平台、共育服务队伍。鼓励各镇街、各产业园区依托党群服务中心、园区服务中心等开设人才服务窗口,前置人才服务端口,打造"十五分钟"人才服务圈。三是打造平台品牌统一标识。全面推广"一站式"人才服务平台,对国际人才服务港实行统一命名、统一标识,制定标准化建设指导意见。落实赛马比拼机制,对各人才服务窗口开展最佳应用推广,打造具有吸引力的人才创新创业优良生态。

4.聚焦精准高效,构建"多元化"服务力量

充分发挥管理体制优势,开展"小政府、大服务"试点,撬动多方力量,构建分工合理、服务精准的专业人才服务队伍,为人才创新创业全周期提供保姆式、陪伴式服务。一是组建高素质、专业化的人才服务队伍。在人才服务主管部门、服务承接单位(机构)和人才所在单位按需配备服务专员,面向人才推行"全链条""精准式""嵌入式"服务,全方位满足人才普惠化、个性化服务需求。组建专职"金凤凰"人才管家,"一对一"24小时受理人才子女入学、健康体检、交通出行等高频生活服务。引导各镇街主动跻身谋划、增强参与意识,在科学城人才事业中找准角色、抓准定位,扫清人才创新创业服务的"盲区",打通人才服务的"最后一公里"。二是开拓市场化人才服务力量。从技术经理人、天使投资人、创业导师中遴选认定一批懂项目、懂技术、懂市场、懂金融的科创经纪人团队,为人才创新创业项目和科创企业发展提供专业指导、深度服务。积极争取市级支持,在高校、科研院所设立专门的技术转移部门、技术经纪岗位,在岗位结构比例内单列技术经纪职称评聘指标。探索将科创经纪人纳入"金凤凰"人才分类目录,在区级人才计划中予以支持。三是提高人才工作者价值认同。建立"奖学"制度,每年定期组织各部门、各孵化器、各高校科研院所、重点企事业人才工作者开展集中培训,促进联系沟通,提升专业水平。大力倡树"敢闯敢干敢首创"的价值导向,开展人才生态最优单位、产才融合示范单位创建,选树一批在人才服务方面用心用情、锐意进取的先进典型。

5.聚焦责任落实,完善"全闭环"管理机制

把做实做好人才创新创业全周期服务作为引进人才、服务人才、引领人才的一项长期工作,持之以恒抓好落实。一是坚持党管人才,强化组织保障。健全人才工作领导小组运行机制,制定"一把手"抓"第一资源"工作清单,强化"管行业就要管人才、抓项目就要抓人才"的责任意识。联合服务职能部门组建工作专班,建立联席会议制度,定期研究人才创新创业全周期服务工作中遇到的重点问题、突出矛盾。出台关于推进人才创新创业全周期服务"一件事"改革的指导意见,为完善人才创新创业全周期服务提供理论支撑、文件依据、实操指南。深化党委联系专家制度,"问需于人才、问计于人才",提高服务的完备性、精准性。二是注重规范管理,严格责任落实。建立首问负责制,做到首问必答、首问必释、首问必果。建立跟踪办结制,按照"一站受理、内部流转、限时办结、及时出件"的流程办理,努力实现内部流程可控、可查和可追溯,探索提供信息推送、办理进度查询服务。建立评估问效制,在各人才服务窗口设置评价器、服务热线,结合线上评价功能,形成"好、中、差"即时评价体系。三是开展立体宣传,加强氛围营造。广泛宣传科学城高新区人才创新创业全周期服务体系建设过程中的具体做法和实际成效,制作人才创新创业全周期服务宣传手册、线上H5、宣传视频,探索设立"人才服务日",让人才充分感受到科学城倾心倾力服务人才的态度和诚意。提高线上"一体化"服务系统的注册率和线下"一站式"服务平台的使用率,有计划地将涉及人才创新创业的赛事活动、成果发布、座谈交流向国际人才服务港引进,提高人才服务载体的"出镜率",在高频运行中迭代升级。要注重总结提炼,宣传人才和城市创想奔赴、相互成就的发展格局,最大限度、最广范围提升科学城的知晓度、美誉度。

构建产才融合发展机制研究

——以巴南区为例

重庆市巴南区委组织部课题组

摘　要:产是才之基,才是产之魂,产才融合是发挥人才驱动作用的关键要领。本项目从产才融合的理论出发,通过实地调研、专家访谈等方式方法,对巴南区现有产才融合所取得的成绩进行了深入分析,进而提出产才融合方面存在政策吸引力不足、人才引进体制不健全、产业人才结构不合理、人才聚集力不足、人才服务机制不健全等五大问题,最后针对上述问题提出了破除产才融合困境的创新建议和具体实施措施建议,以期为巴南区产才融合的发展提供可以借鉴的参考。

关键词:产才融合　机制　构建

人才是创新的引擎,产业是创新的基底。推动创新驱动发展,关键要做好产才融合。"产才融合"是集聚人才的重要途径,围绕"产业链"打造"人才链",是释放人才创新潜能的重要途径。近年来,巴南区深入学习贯彻习近平总书记关于人才工作的重要论述,认真落实党的二十大精神和市委人才工作部署,聚焦"一区五城"建设和生物医药、商贸物流、高端装备制造、"数智"经济、生态创新五大产业集群发展,以"产才融合"模式推进重点产业发展,支持高端人才创新创业,以科技创新引领经济增长,着力实现在新时代新征程新重庆建设背景下,打造内陆改革开放新高地,融入以国内大循环为主体、国内国际双循环相互促进的新发展格局。

一、巴南产才融合发展现状

近年来,巴南区委、区政府认真贯彻落实中央和市委关于人才工作的决策部署,把人才工作摆在全局工作更加突出的位置,坚持党管人才原则,严格落实人才工作"一把手"工程,紧跟产业发展需求、突出问题导向,扎实推进全区人才工作,在完善人才发展体制机制、建设人才战略平台、引进与培育人才、营造人才发展环境等方面取得了较好成效,切实做到"寻觅人才求贤若渴,发现人才如获至宝,举荐人才不拘一格,使用人才各尽其能",为经济社会发展注入强劲动能。

(一)聚焦体制机制,深化党管人才工作格局

强化抓人才就是抓发展抓创新的理念,严格落实人才工作"一把手"工程,压紧压实"一把手"抓"第一资源"政治责任。聚焦重点人才项目、党建报表(人才)、青年人才发展指数等考核内容,制订人才工作述职评议考核实施方案,进一步强化人才工作目标责任制考核,将人才工作纳入区管领导班子考核指标体系,强化行业、领域主管部门工作职责,增强人才工作齐抓共管合力。坚持党管人才原则,改进党管人才方式方法,创新建立起上下联动、统分结合、协作高效、整体推进的人才工作运行机制,编制出台《巴南区人才发展"十四五"规划》,为人才工作的顶层设计、制度改革提供理论依据,指导未来五年人才工作发展。出台《巴南区关于加快人才集聚促进产才融合发展的若干措施》《巴南区"菁英计划"实施办法》《重庆市巴南区学术技术带头人及后备人选考核评价办法》《重庆市巴南区科技创新扶持办法》《重庆市巴南区引进紧缺人才若干优惠政策规定》《巴南区高技能人才培养激励暂行办法》等人才引进和激励政策,完成"巴南区乡村振兴城市人才入乡机制研究""打造科技创新人才高地"等课题调研,形成乡村振兴人才、科技人才等工作理论和实践成果,提升人才工作科学化水平。在全市率先出台首个区县生物医药专项政策,加大产业扶持和人才激励力度。各职能部门结合实际制定相应的人才激励政策,切实抓好党管人才任务的落实。建立高效人才工作体系,深化对人才工作规律的认识,为做好人才工作提供领导和组织保障,强化人才政策供给,每年投入不低于2000万元的专项资金;对顶尖人才、领军人才所带项目,按实际投资的一定比例,分阶段给予最高1亿元综合支持。破除部门间人才工作壁垒,明晰政策措施落地路径,建立人才工作部门联动协同机制,促进人才集聚创新,形成独具巴南特色的"菁英计划"人才品牌,为推动产业发展营造生机盎然的人才制度环境。

(二)聚焦资源整合,打造有利于人才"发光"的平台

平台是人才干事创业的舞台,是集聚人才的关键。巴南区委、区政府继续扶持

各类平台提升能级、做大做强、集聚人才。出台科技创新"十四五"规划,绘制科技创新路线图,优化科技创新空间布局,推进人才发展创新平台建设。以重庆理工大学为中心,加快建设"一核一谷一带一园"创新创业生态圈,辐射周边10平方千米范围内,先进技术创新中心一期建成投用并获市级科技企业孵化器及技术转移示范机构认定,成功引进重庆能研理工等6个研究院和昶翘科技等38家企业,引进谭建荣院士来区建立院士创新中心,集聚创新人才360名、创新团队47个。开建重庆大学城市科技学院、华为ICT学院、重庆联通南部通信枢纽楼、美莱德动物试验平台、重庆华质检测平台、重庆惠源医药制剂CMO生产平台、智睿生物研发孵化中心、重庆市仿制药一致性评价中心、上海交通大学数字医学联合技术转移中心等研究机构,聚集创新发展智力资源,增强人才聚集引力。依托淘宝大学西南学院、华为ICT实训基地、重庆财经学院人工智能学院,培养创新型、应用型技术人才。促成重庆财经学院与科大讯飞合作创办讯飞人工智能学院,重庆工程学院与腾讯合作开展教学培训,重庆理工职业学院与京东集团合作启动京东产业学院项目,不断深化产教融合、校企合作。实施企业研发投入、研发机构、新产品开发和制造业创新中心"四个倍增"计划,新培育市级企业技术中心5个以上、科技型企业894家。形成大学校园、创新公园、科技产业园"三园联动",智城、创城、产城"三城融合",累计建成各类科技创新平台145个,其中国家级13个,省部级132个。

(三)聚焦外引内育,构建有利于人才发展的引育体系

人才引领产业,产业集聚人才,坚持人才培养"内育"和"外引"相结合。实施"'巴'方来才,'南'得有你"人才工程,制定人才新政二十条,编制《急需紧缺人才目录》和科技"揭榜招贤"榜单。2022年,采取"走出去、请进来"和"线上+线下"相结合的方式,组织线上集中引才活动2场,线下集中引才活动4场,截至目前已成功引进急需紧缺人才426人。赴武汉参加第十一届高层次人才创新创业大会,"组团式"对接洽谈人才项目38个,达成合作意向11个。建立五大产业集群专家库,聘请50名产业精英担任"巴南产业赋能大使"。高质量举办"第二届重庆国际生命科学高峰湖人才峰会""第二届全国免疫新技术交流会暨重庆市免疫学会2022年学术年会""长江国际免疫治疗峰会""新型显示产业创新发展论坛"等人才盛会,开展第七届中国创新挑战赛(重庆巴南生物产业)、巴南—温江"赋能杯"科技创新大赛等项目活动,为人才提供平台,与人才共享机遇,共创价值,持续推动全区科技创新协同发展,邀请李兰娟、陈志南、欧阳钟灿等12名中国"两院"院士、外籍院士和200余

名专家学者、高校教授等为全区经济社会高质量发展把脉定向、献计献策。举办生物医药"双创"英才项目路演洽谈会,邀请专业投资机构6家、生物医药创新团队10个、市内外知名医药企业20余家参加项目对接,"路演式"现场签约项目3个落地国际生物城。分层次、分领域探索实施人才计划配额制、举荐制,启动开展菁英计划评选活动,持续培育激励区级优秀高层次人才。聚焦重点"靶向引才",2022年引进海内外科技领军人才和高水平团队12个,扎实推进"双招双引",以用为本"柔性引才"。参加"百万人才兴重庆"等引才活动,对接国际化人才平台,招揽医学、电子商务、法学等高层次人才15名,引进金融、生物医药、卫生、教育等领域急需紧缺人才426名。

(四)聚焦精细服务,营造有利于人才安心舒心的生态环境

2022年,在全市率先开展专职人才服务专员和一站式服务平台政府购买服务,配置3名专职人才服务专员,制定出台《"巴南区重庆英才服务卡B卡"管理办法》,充实完善"10+7"分类人才服务项目内容,为持卡人提供旅游、知识产权、科技咨询等服务159人次。建立领导联系专家人才制度、领导"送奖上门"举措、领导深入企业宣讲人才政策等系列行动,35名区领导对接联系服务65名高层次专家,704名处级领导对接服务1813名人才,看望慰问专家和科技工作者378人次。对企业新引进硕博青年人才给予最高10万元安家补贴。对外地企业家、优秀人才"返乡回巢"提供全方位服务,激发返乡创业热情,助力家乡事业发展。推行"管家服务"全程代办,积极推进人才服务简便办、提速办、智慧办。依托巴南人才港,实现人才引进、培养、使用、服务、评估等一条龙服务,不断优化人才服务内容,增强人才享受服务的获得感、幸福感。定期召开领导小组会与企业家沟通会,分析人才队伍、了解企业需求,构建亲清政商关系,培养独具特色的企业家人才队伍。举办"菁英人才"大讲坛,全区上下干事创业、拴心留人的良好发展氛围日益浓厚。落实区领导包联企业家制度,强化对年轻一代企业家的跟踪服务。深入各大园区和区内重点企业大江美利信、宗申集团等宣讲并解读市、区人才政策,上门关心慰问人才。2022年共计在市级以上内参刊物上刊发3次,在《人民日报》《人民网》等中央主要媒体报道6次,在《重庆日报》《上游新闻》等市级主要媒体报道50次。充分发挥媒体作用,广泛宣传巴南区人才工作举措成效,讲好人才故事,树立菁英典型。

二、产才融合发展存在的问题

(一)政策吸引力度有待提升

巴南区现有人才政策与各地人才引进政策内容较相似,战略差异化特征不显著,主要内容集中在提高人才的待遇、给予丰厚的薪酬等方面,比较优势不足。基于本地经济发展和本地产业定位制定政策的能力尚显不足,特别是针对重点产业和薄弱环节的政策优化还不够,缺少针对相应产业领域的特殊人才政策,缺乏有竞争力的、差异化的产业人才政策。人才政策缺乏国际视野和改革创新力度,与成都相比,人才政策优势逐渐消失。已有的人才政策分散零乱,有效整合不够,与市级政策对接不够。在金融扶持政策方面,政府引导型金融支持力度不够,创投基金资源配给不足,虽然政府设置有专门的产业基金,但使用限制因素多,导致好的产业人才项目政府基金进入不了,社会资本则不愿意进入。人才引进扶持力度不足。人才引进不扶持或者扶持力度过小,都导致人才引进政策难以推进,直接影响优秀人才的引进。

(二)人才引进体制机制有待完善

人才引进政策的落实涉及多个部门,各项政策碎片化,区内各职能部门的主导作用难以得到有效发挥。落实过程中,除了需要广泛调研征求意见外,还需要在实施过程中对政策进行完善细化,直至相关的具体规定、实施意见出台。缺乏统揽全局的指导工作,政策实际成效与预期目标有一定差距。重点人才、特殊人才引进主要依靠政府部门,缺少市场上人才供需信息的反馈机制,难以做到科学的人才需求预测。企业则主要通过网络和现场招聘进行人才引进,人才引进方式单一。人才信息资源相对分散、层次较低,没有形成统一开放的人才信息交流平台,难以进行有效对接,缺乏人才信息共享机制。人才评价体系存在标准不科学、程序不规范、手段不先进等情况,区内人才管理基层部门的人员配备、资金支持等均有限,无法建立高端人才评价的专家库和先进的科学评价体系。相关部门和园区引才意识不强,"双招双引"缺乏有效衔接,已有引才配套政策和服务缺乏有效集成,企业作为引才育才用人主体作用发挥不够好,积极性不高。

(三)产业人才结构尚需改进

目前,巴南区的企业规模大部分为中小型企业,以劳动密集型企业居多,资金、技术密集型企业较少,企业自有研发中心为数不多,具有自主知识产权的产品比例偏低,以上产业结构的特征直接决定了人才需求结构以初级、中级人才为主,对高层次人才的承载力不够,导致高层次产业人才数量较少。同时,劳动密集型行业对年轻人吸引力不足,存在技能操作人员老化、青黄不接、中坚力量明显不足的现象。鉴于五大产业集群在人才具体需求方面的不同,人才结构也显示出不同的差异。如:军民融合产业发展面临产业链资源不够丰富、缺少高端研发机构的问题,因而对创新型人才及土地等要素的供给需求较高;生物医药产业面临中级人才少,高层次人才更是凤毛麟角的窘境,尤其是新药研发、临床开发等方面,现有人才结构难以支撑产业快速发展需要。在产业数字化和数字产业化的双向互动中,高新技术产业保持了较高速度增长,但与需求的快速增长相比,智能制造、集成电路、人工智能、生物医药等领域的人才紧缺指数居高不下。产业行业更新迭代速度较快,对掌握新技术同时拥有开拓创新精神的高层次人才需求极为紧迫,现有人才结构难以支撑产业快速发展需要。

(四)产业人才集聚力仍需提高

辖区高校和科研院所少,产业人才集聚平台建设单一,院士(专家)工作站、博士后工作站等高端平台匮乏,环重庆理工大学创新创业生态圈层次不高,集聚力不够。与重庆其他区县和成都协同共享平台少,企业在外地设置的研发平台数量偏少,主要依靠政府政策吸引,企业引才渠道以网络招聘和现场面试为主,渠道单一,尚不能满足一般性人才引入的需求,引进高端人才的渠道则更为稀缺。以生物医药、商贸物流、智能制造、数字经济和软件产业等为代表的新兴产业,近年来虽然引进了一批领军人才,但产业集聚效应和规模效应尚未得到显现,在全市工业经济中的占比依然很小,尚未建立国家实验室、国家研究中心、省部共建国家重点实验室,对高层次创新人才吸引力不足,承接国家重大科研项目能力弱。

(五)人才服务机制仍待完善

区委人才办负责人才工作统筹协调,相关职能部门各司其职,但相应职能部门人才工作者专职少兼职多,人才工作配置力量较为薄弱,平时多忙于事务性工作,人才工作者与主要职能部门沟通协调渠道不够畅通,关联部门之间工作较难形成合力。企业人才需求信息缺乏共享机制,招商引资和引才引智存在各自为政、沟通不够、相互脱节的现象。市场化的人才服务资源严重缺乏,专业人力资源企业极少,无法满足企业产业对人才服务的需求。个别部门抓人才工作主责意识还不强,重大人才工程实施、相关人才政策落实还不够,抓人才工作方法还不到位,主动服务人才还不够。部分企业缺少健全的人才晋升通道及完善的培训体系,对各层次产业人才培育的内容及方法存在一定的滞后性,培训间隔周期较长,培训力度不够。特别是园区配套设施服务保障欠缺,优质教育、医疗资源不足,缺乏人才公寓和生活娱乐配套等。

三、构建产才融合发展对策研究

(一)构建产才融合机制,优化人才政策体系

一是建立产才融合工作机制。做好顶层设计,完善并发挥好区委人才办的统筹协调作用,强化各成员单位职能职责,加强力量配备,完善服务流程,履行服务职责,实现优势互补。通过理顺人才工作机制,抓好党管人才工作的落实,形成组织部门牵头抓总,各职能部门紧密配合,高效协调运行的工作机制。尽快出台“巴南区激励产业人才实施办法”,对全区大数据人工智能、生物医药、军民融合、商贸物流、生态创新五大产业等具有基础性、支撑性、稳定性、引领性的领域做出重大贡献的产业人才予以激励,落实好支持科技创新、软件和信息产业发展的相关政策,充分调动人才创新创业积极性,激发各类产业人才活力,使巴南区产业定位和产业形态、产业发展与产业人才发展深度融合。

二是建立招商引才协同发展机制。精准研究产业招商内容,把产业发展、招商引才与人才集聚有效融合,利用巴南在中欧班列(渝新欧、蓉新欧)和陆海新通道所具备的区位和产业优势,根据巴南区在成渝双城经济圈庞大创新区域中的产业目标定位,把招商引资、招才引智和产业发展有机协调起来。主动对接成渝双城经济圈相关区县,切实推动各地区之间高层次产业人才柔性流动,为人才共享创造制度条件。利用高职院校资源和产业人才现有集聚优势,形成各地之间跨界协调和联动机制。

三是优化升级人才政策体系。加强高端人才培养,启动高层次人才遴选培养计划优化整合工作,指导区级各部门优化整合本级人才计划,推动建立覆盖全面、

衔接有序、梯次递进的人才培养体系。坚持向重点产业、创新创业人才、非公领域和基层一线倾斜。着眼于服务重点产业发展和重大项目建设,实施人力资源专项行动,支持用人单位引进和留住高精尖紧缺人才。创新实施领军人才梯队建设工程,选拔享受省政府特殊津贴人员。培养一批引领原始创新、突破关键技术、带动产业转型的高层次人才。加强基础性人才培养,加强育才平台建设。持续实施人才服务专员和一站式服务平台政府购买服务,进一步优化完善《"巴南区重庆英才服务卡 B 卡"管理办法》。支持重庆理工大学、重庆财经学院、重庆工程学院等区内高校做大做强,强化本科生、研究生培养能力。

四是完善科学的人才评价激励机制。围绕人才引进、人才培养、人才评价、人才作用发挥、人才服务等人才工作全流程,聚焦高端人才完善"塔尖"政策,瞄准青年人才完善"塔基"政策,针对高端、急需紧缺人才、创新团队探索"一人一策、一企一策、一园一策"的灵活人才政策。树立正确的用人导向,激励引导产业人才职业发展,对调动人才创新创业积极性、激发各类产业人才活力具有重要作用。打破学历、资历常规,注重对产业人才的创新能力评价,突出业绩贡献评价,增加技术创新、成果转化、横向课题等评价指标的权重,实行定性定量评价、特殊人才特殊评价、紧缺人才定向评价,为高层次人才、急需紧缺人才、新兴产业人才搭建绿色通道,通过科学评价激发人才活力。积极争取市领导支持,探索将社会化职称评定职能全面下放给具备条件的行业组织,在新型研发机构、大型骨干企业、高新技术企业等开展职称自主评价试点,建立符合各自行业特点的人才评价体系,更好地发挥评价的导向作用。制定出台具有巴南特色人才评价激励新政,细化制定实施细则和专项政策,形成相互配套、有机衔接的政策体系。

(二)搭建人才共享机制,推进人才平台建设

多渠道推进新建院士(专家)和博士后工作站建设,梳理出台标准化系统性的支持政策,从引进、培育、建站、研发、成果转化等方面研究制定相应的激励和保障措施,从人手、资金、项目、政策等方面予以涵盖和倾斜,发挥好院士(专家)和博士后工作站对产业人才集聚的引领作用。根据区内不同区域发展水平和产业特点制定差异化政策,做强支撑更有力的人才共享机制,全面落实国有企业、高校、科研院所等企事业单位和社会组织的用人自主权,推动区内集团作战、抱团发展,建立人才工作统一战线。利用成渝地区双城经济圈建设的契机,依托重庆市院士工作服务中心,加强巴南区与市级平台的融合,梳理"院士专家信息库""企业难题需求库"

及"科技成果库",进一步加强地区工作站之间的沟通协调,开展相关领域合作。探索建立分站模式,尝试柔性引进院士+科研合作引进+成渝合作共享院士资源等举措,实现院士专家资源人才的资源共享、合作共赢。

依托区内高校、科研院所和重点企业的优势创新资源,把高校跨越式发展摆在更加突出的位置,认真落实对高等教育工作的统筹规划、综合协调、宏观管理职责,建好环重庆理工大学创新创业生态圈,围绕智能制造、大数据、AI等区内重点产业布局,加快打造"一核一谷一带一园"创新创业生态圈。全力推进巴南区先进技术创新中心建设,加强与全国知名创新平台的协作,共建先进技术创新中心、科技成果转化基地等平台,建立"高校+科研院所+部门(园区)+产业(企业)"相融合的体系。建好大江科创城军民融合创新示范基地和数智科创城,强化军民融合创新平台和产业化基地建设,积极引入创新研究院,整合兵器装备集团相关资源,聚焦陆战武器、新能源汽车、公共安全、特种车辆、智能检测、新材料等领域,打造中国军民两用技术创新高地,成为全国一流的新型高端研发机构,吸引军地两用人才在此聚集。建好重庆国际生物城,制定发展生物医药产业专项政策,推动重庆国际生物城纳入国家战略新兴产业集群生物医药联盟,加快推进与天府国际生物城产业合作、平台共享,加快建设长江上游具有国际影响力的生物医药产业聚集区。建好重庆华南城、协信汽车公园、铁公鸡物流港等为代表的专业市场,持续引入物流金融、功能型电商供应链平台、大型第四方物流信息平台等"互联网+"领域的龙头企业。紧紧围绕产业发展战略布局,加快高层次人才和紧缺人才集聚。

依托西部人才产业园、国家级公共实训中心、华为ICT学院等平台,打造培育高技能人才,统筹推进高职城建设。构建以需求为导向、以企业为主体的产学研一体化创新体制,通过"订单式"合作、工学结合、顶岗实习等方式,定向培养输出大数据专业人才,使人才成为巴南高质量发展的强大动能。加快联通枢纽楼项目建设,发挥其国家级5G网络直联节点、重庆南部数据通信中心、网络汇聚中心的作用,为构建成渝地区数字经济体系提供重要的技术支撑,打造西南地区产业人才高地。

(三)建立人才集聚机制,拓展人才引育活动

深入实施"'巴'方来才,'南'得有你"人才工程,积极拓宽引才引智渠道。深入开展人才工作大调研大走访,编制急需紧缺人才目录。做好"双招双引"工作,开展"招才引智""招商引资"组团式引才,提升国际化、高端化、市场化水平和引才实效。针对全区重点产业和企业,不定期开展引才用才需求摸底,收集整理人才需求目录

信息,结合产业发展需要,依托"武汉、京津冀、长三角和粤港澳"4个"引才工作站",在国内外发布人才需求信息,集聚引进"五大产业"高层次优秀人才,突出特色精准引才,推动引才常态化,提高引才针对性和实效性。根据企业和产业发展需要,经常性组织区内各园区、企业和投融资机构,组团在本市范围、成渝双城经济圈、国内高校和海外开展招才引智活动。突出特色精准引才,推动引才常态化,提高引才针对性和实效性。常态化开展项目路演引才活动。每年策划举办4次以上创投大会,邀请海内外高校院所、园区、孵化器的创新创业人才来巴南进行项目路演,与园区、企业和投融资机构开展对接,促成人才在巴南扎根,项目在巴南落地,成果在巴南转化。

依托重庆国际生物城、重庆东盟国际物流园、重庆高职城、京东电商产业园和中国西部木材贸易港等集聚平台,不定期举办产业人才论坛或承办市级、成渝地区和国家级产业人才论坛盛会和创新创业大赛,为产业发展营造一个良好的人才交流、知识分享、资源共享的有利环境,深入推进人才、项目、资金等要素对接,从创新资源方面为产业发展提供支撑。加大创新创业人才、创新科研团队、重点学科带头人、技术技能领军人才培育扶持力度,加快培养一批具有潜质的创新创业领军人才。

拓宽青年科技人才识别举荐渠道。强化青年人才的引进、培养及留用,拓宽年轻人才成长途径。坚持"所急所缺所需"原则,大力推行"揭榜挂帅"制,靶向遴选发现一批能担当科研重任的青年科技领军人才。实行人才举荐制,鼓励战略科学家、海内外院士等顶尖人才,为巴南区"不拘一格"举荐急需紧缺的青年科技人才。充分用好社会力量引才奖励措施,激励市场化力量寻访和引进青年科技人才。对领衔国家和省部级重大科技任务、取得重大突破性成果的青年科技拔尖人才,实行动态掌握、持续跟踪,"一人一策"给予精准支持。大力选派青年科技人才到世界一流大学和高水平科研机构访学研修,开展博士后研究。积极推荐青年科技人才到国际科技组织和国际学术期刊担任职务,鼓励和资助更多青年科技人才参加国际高层次学术论坛。

加大本地人才培养力度,与各大专院校深入合作,开展"政企校"协同育人。专门针对巴南区内的高校,特别是高职院校毕业生,开展大学生留驻巴南系列活动。从专业设置、实习见习、毕业指导、就业补助、住房补贴等方面支持辖区大学毕业生在巴南工作,形成产业人才"储水池"。利用重庆高职城的优势,探索在巴南建立成渝双城经济圈高职院校联盟,让成渝双城经济圈内更多高职院校毕业生能够"逐梦巴南"。

(四)完善人才服务机制,打造最优人才生态

一是完善人才数字化治理体系。推进全周期、全渠道、全智能的人才服务,用数字化推进人才服务的集成化,精准优化人才服务,实现人才服务一体化。发挥好人才"一站式"服务平台的作用,建立全区产业人才信息库和信息网络,健全人才资源统计和定期发布制度,汇总人才信息和未来需求预测,编制发布产业人才年度统计数据和发展报告,形成资源共享、内容齐全、指导有力、服务周到的产业人才信息网络系统,打造人才工作数字化服务品牌。

二是建好人力资源社会服务体系。搭建市场化人才服务机构,聚集更多第三方招才引智服务资源。鼓励更多金融机构开发以人才、知识、技能为特色的金融产品。用市场化手段运作好"巴南人才港"产业园和巴南人才大市场,利用人才市场吸引一批人力资源服务企业来巴南发展,为各类产业人才提供高质量社会服务,吸纳海内外高层次产业人才云集巴南。

三是提供高效优质服务。打造"人才之家""人才超市""人才驿站"等公共服务体系品牌,为人才创新创业提供有效服务,实现对全区产业人才服务的全覆盖。实施人才安居工程,加强人才住房保障,解决好各类产业人才的居住问题,打造良好的人才居住环境。完善高层次产业人才落户、住房补贴、子女入学、配偶就业以及海外高层次人才签证居留和出入境等服务。重视专业服务团队建设,探索从"人才绿卡"上升到"人才金卡",充实完善可享的优质服务和相关待遇,让各类人才享有更加高效便捷的综合服务和舒适称心的工作生活环境。

四是完善政策法律服务平台。以区委人才办为主体,通过"三级平台建设",协调区级部门、相关机构为企业和产业人才提供法律咨询、政策支持、行政审批、综合协调等服务,进一步完善和发挥好高层次人才"一站式"服务平台的作用,不断优化产业人才发展服务环境。

课题组负责人:曹　凤

课题主研人员:陈　超　张晶晶

专题篇

数字化赋能重庆市高校科技人才服务高质量发展

重庆邮电大学经济管理学院课题组

摘　要:2022年以来,重庆市主动塑造数字变革新优势,积极拥抱数字文明新时代,推进现代化新重庆建设,以数字化引领开创现代化新重庆建设新局面。本研究以重庆高校科技人才服务机制改革为主题,通过政策和文献研究、问卷调查和访谈等方式,围绕当前重庆高校科技人才服务机制的现状及问题分析,结合数字化重庆建设优势,将数字技术与人才服务相结合,提出创新高校科技人才服务机制的对策建议。研究发现,重庆高校科技人才服务工作取得积极成效,但服务内容有待深化、服务机制有待强化等问题依然突出。建议进一步优化体制机制、丰富服务方式、营造数字生态、提升服务质量,将高校科技人才服务工作落到实处,为现代化新重庆建设提供重要支撑,为建设人才强国奠定坚实基础。

关键词:重庆市　高校科技人才　数字化　人才服务

一、研究背景及意义

(一)研究背景

新时代以来,习近平总书记围绕人才工作做出一系列重要论述,深刻回答了新时代人才事业发展的重大理论和实践问题。在科学家座谈会上,习近平总书记强调:"要加快科技管理职能转变,把更多精力从分钱、分物、定项目转到定战略、定方针、定政策和创造环境、搞好服务上来。"

党的二十大报告提出,我国要深入实施人才强国战略,要坚持尊重劳动、尊重知识、尊重人才、尊重创造,实施更加积极、更加开放、更加有效的人才政策。加快建设世界重要人才中心和创新高地,促进人才区域合理布局和协调发展,着力形成人才国际竞争的比较优势。加快建设国家战略人才力量,努力培养造就更多大师、战略科学家、一流科技领军人才和创新团队、青年科技人才、卓越工程师、大国工匠、高技能人才。加强人才国际交流,用好用活各类人才。深化人才发展体制机制改革,真心爱才、悉心育才、倾心引才、精心用才,求贤若渴,不拘一格,把各方面优秀人才集聚到党和人民事业中来。

为深入贯彻党的二十大精神,2023年3月,重庆市委书记袁家军在重庆市委人才工作领导小组会议上指出,科技是第一生产力、人才是第一资源、创新是第一动力,要抓好战略科技人才引育,深化人才发展体制机制改革,完善人才评价机制,减负松绑支持激励机制,统筹高效的人才资源配置机制;要打造"近悦远来"人才生态体系,完善人才成长全周期服务,加强人才基础服务保障,建设以人才为核心的创新创业生态系统;要健全人才治理机制,完善人才发展环境,形成齐抓共管的强大合力,推动全市人才工作实现新发展。

当前,新一轮科技革命和产业变革蓬勃兴起,数字技术快速发展。习近平总书记明确提出数字中国战略,强调人才工作作为国家治理体系的重要组成部分,也应着眼数字化发展的时代趋势,推动数字化赋能,大力提升人才发展治理能力现代化水平。高校作为我国基础研究的主力军和重大科技突破的策源地,完善高校科技人才服务机制,营造良好的人才生态环境,有益于广大科研人员在科技创新、产业转型、经济社会发展、成果转化等方面更好地发挥作用。人才工作作为党的工作、国家治理体系的重要组成部分,重庆持续借力数字化改革创新高校科技人才服务,主动拥抱时代,进行数字化转型,提高人才工作的质量和效能,激发人才竞争力、创新力和活力,为建设人才强国奠定坚实基础。

(二)研究意义

在当今数字化时代,数字技术的迅猛发展为各行各业带来了前所未有的机遇与挑战。科技人才作为国家和地方发展的核心资源,其培养、引进和管理对于推动经济社会的可持续发展至关重要。重庆市作为我国西部地区的重要城市,面临着科技人才服务机制改革的迫切需求,加强数字化人才服务体系建设,推动重庆科技人才服务机制的创新和发展具有重要意义。

一是适应国际竞争和合作的新形势。在全球化的背景下,人才的跨境流动和国际合作变得越来越频繁。通过数字化赋能重庆市人才服务机制,打破地域限制,实现人才服务的全球化,更好地联结国内外人才资源,提高对外国人才的吸引力和服务水平,促进重庆市在国际竞争中占据优势地位。同时,应用数字技术还可以为跨境人才合作提供平台和便利,促进重庆市与其他国家和地区的人才交流与合作,实现互利共赢的目标。

二是提升人才服务质量和效率。通过建立数字化平台,可以快速整合和管理各类人才信息,实现精准的人才匹配和推荐。高效的信息查询和互动机制,能够更好地满足人才的需求,并提供个性化的服务。数字化平台还可以通过大数据分析和人工智能技术,为重庆市人才服务机构提供决策支持,优化服务流程和资源配置,提高工作效率和服务质量。

三是推动人才培养和创新能力提升。通过数字化平台,可以搭建在线学习和培训系统,为人才提供丰富的学习资源和培训课程,促进其专业知识和技能的提升。数字化平台还可以促进人才之间的交流与合作,打破地域和时间的限制,激发创新思维和跨领域合作,提升人才的创新能力和竞争力。

四是促进人才服务机制改革的创新和探索。数字化技术的广泛应用和快速发展,为重庆市人才服务机制改革提供了新的思路和方法。通过数字化赋能,可以从信息化、智能化和协同化的角度来重新构建人才服务体系,推动人才服务机制的创新和优化。同时,数字化赋能还能够为其他地区甚至其他国家提供借鉴和参考,促进科技人才的国际交流和合作。

由此可见,推进现代化新重庆建设,人才是基础性支撑,是战略性资源。完善科技人才服务机制,及时了解科研工作者的相关动态,营造良好的人才生态环境,进一步做好服务保障工作,有益于广大科技人才在科技创新、产业转型、经济社会发展、成果转化、人才培养方面更好地发挥作用,持续推动人才工作迭代升级,为现代化新重庆建设提供人才支撑,助推重庆市经济社会高质量发展。综上所述,数字化赋能重庆人才服务高质量发展具有重要意义。结合当前国际形势和国内现状,持续深化"数字+人才服务"创新模式,推动重庆人才服务高质量发展,为建设高水平人才高地提供有力支撑。

二、重庆市高校科技人才服务机制现状

　　研究重庆市高校科技人才服务机制的发展现状,运用调查问卷进行抽样调查的方式,以重庆市高校科技人才为对象进行问卷发放。调查问卷以《关于扩大高校和科研院所科研相关自主权的若干意见》《关于规范高等学校SCI论文相关指标使用树立正确评价导向的若干意见》《关于进一步加强党委联系服务专家工作的意见》、重庆市"为科技工作者办实事、助科技工作者作贡献行动"20条清单等政策为依据,设计服务工作、制度建设、组织环境3个一级指标,一级指标下设置20个二级指标,见表1。

表1　人才服务工作调查指标设计

一级指标	二级指标
服务工作	住房保障服务
	配偶就业服务
	子女入学服务
	看病就医服务
	休假疗养服务
	组织进修培训
	经费管理服务
	知识产权服务
	科技创新平台和成果转化服务
	法律服务
	国际科技交流合作
	宣传和举荐服务
制度建设	科研制度
	科研管理流程与模式
	部门协调机制
	科研服务效率
组织环境	科研学术氛围
	团队与人际关系

续表

一级指标	二级指标
组织环境	科研管理效率
	领导重视程度

调查问卷分为三部分:第一部分是科技工作者基本情况,包括所在高校、性别、年龄、从事领域、专业技术职称、从事科研工作时间、入选人才计划情况、单位领导服务情况等问题;第二部分对人才服务工作的认识与评价,根据20个二级指标进行设计;第三部分是受访者认为工作中存在的问题以及对人才服务工作的建议。

对西南大学、重庆邮电大学等5所高校科技人才进行问卷发放,完成有效问卷300份。问卷中的矩阵量表得分计算采用五等级赋分法,5个等级由高到低分别赋分100、80、60、40、0,通过计算得到每个指标的得分。本次调查分布基本合理,调查数据来源权威,抽样方法科学,在调查过程中严格遵守社会调查规范,保证了调查的科学性、客观性和准确性,能较好地代表重庆市高校科技人才服务工作的整体状况。

(一)人才结构

从性别看,男性占59.26%,女性占40.74%,见表2。年龄结构方面,30岁及以下占15.43%,31~35岁占20.37%,36~40岁占33.95%,41~45岁占19.14%,46~50岁占7.41%,51~55岁占2.47%,56岁及以上占1.23%。

表2　科技人才性别与年龄段交叉表

X\Y	30岁及以下	31~35岁	36~40岁	41~45岁	46~50岁	51~55岁	56~60岁	61岁及以上
男	6.25%	22.92%	41.67%	17.71%	8.33%	2.08%	1.04%	0.00%
女	28.79%	16.67%	22.73%	21.21%	6.06%	3.03%	1.52%	0.00%

在专业技术职称方面,正高级职称(研究员)占25.31%,副高级职称(副研究员)占41.98%,中级职称(讲师、助理研究员)占20.37%,初级职称占1.85%,无职称占10.49%,如图1所示。

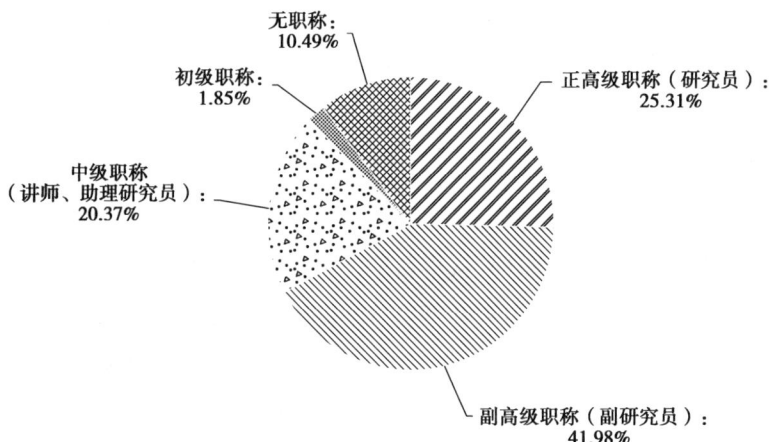

图1 科技人才专业技术职称占比图

在从事领域方面,理、工、农、医等专业分别占比16.67%、48.77%、14.20%、0%,经济管理占11.73%,人文社会科学占8.64%,如图2所示。

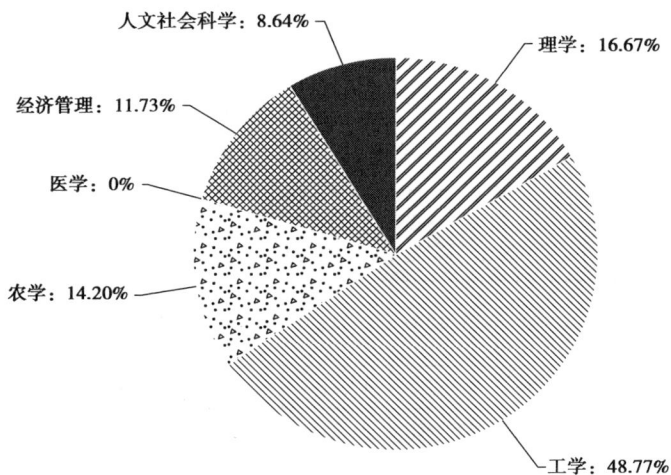

图2 科技人才目前从事领域占比图

在从事研究工作的年限中,20年及以上占8.64%,10~19年占41.36%,4~9年占30.86%,1~3年占19.14%,如图3所示。

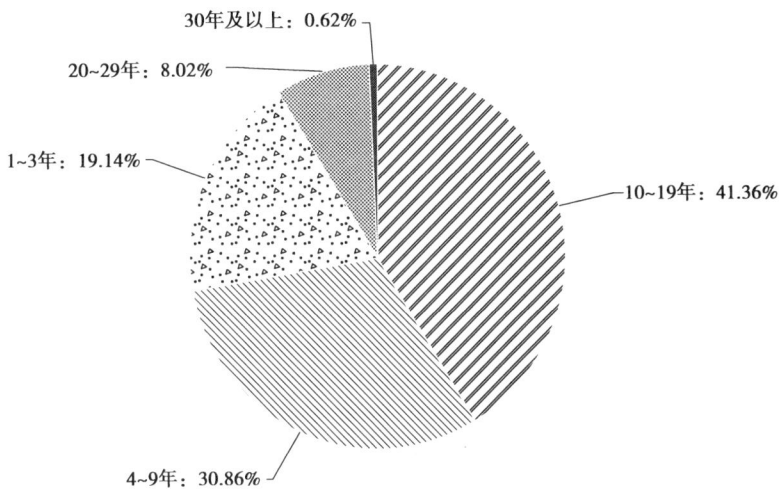

30年及以上：0.62%
20~29年：8.02%
1~3年：19.14%
10~19年：41.36%
4~9年：30.86%

图3 科技人才从事研究工作年限占比图

人才构成方面，问卷填写人员中，3.09%获得了国家级人才称号，14.81%获得了省部级人才称号，19.75%获得了校级人才称号，62.35%没有获得人才称号，如图4所示。

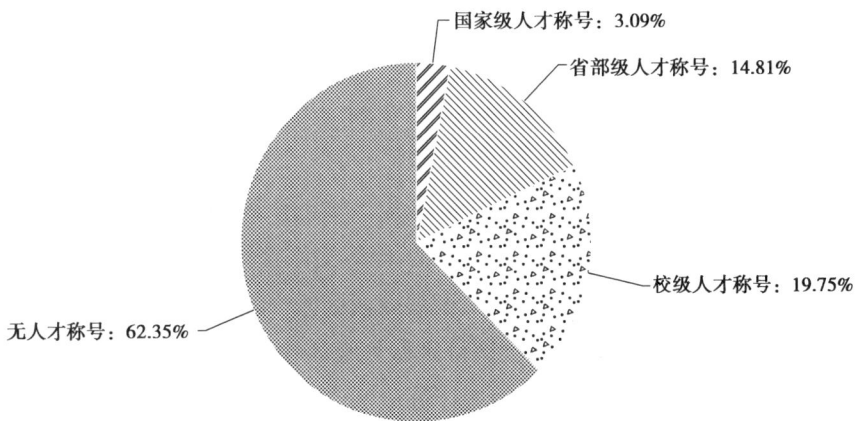

国家级人才称号：3.09%
省部级人才称号：14.81%
校级人才称号：19.75%
无人才称号：62.35%

图4 人才称号获得占比图

在所调查的高校科技人才中，74.77%表示所在高校已成立相关科技人才服务机构，66.67%表示接受过单位领导的联系服务，72.97%表示参加过单位所组织的联系服务活动。

在人才政策的了解程度方面,由图5可以看出,科技人才最为了解的是校级人才政策,其次是重庆市级人才政策,最后是国家级人才政策。

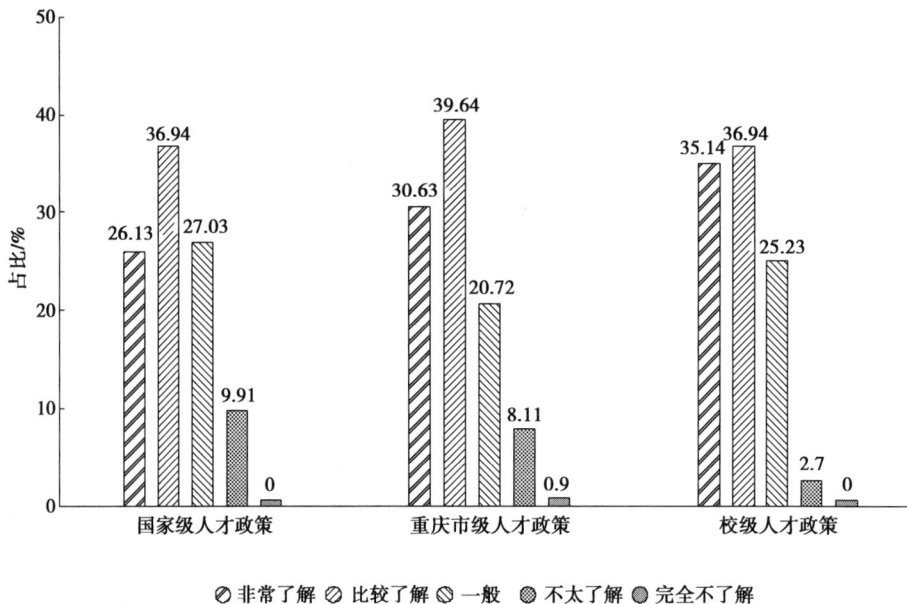

◢ 非常了解 ◢ 比较了解 ◣ 一般 ◢ 不太了解 ● 完全不了解

图5 科技人才对人才政策的了解程度

(二)服务工作的认识与评价

在服务工作方面,表3为科研经费管理服务的相关指标,分为科研经费管理自主权、科研财务服务效率、科研经费资助方式。表4包含指标子女入学服务、知识产权服务、宣传和举荐服务、科技成果转化、国际交流合作、组织进修培训、看病就医服务、住房保障服务、法律咨询服务、配偶就业服务、休假疗养服务。科研经费管理自主权的评价最高(79.88),其次是科研财务服务效率(78.52),科研经费资助方式的评价最低(78.15)。休假疗养服务评分最低(73.58),非常满意占25.31%,比较满意占28.40%,一般占40.12%,不太满意占3.70%,非常不满意占2.47%;其次是配偶就业服务(74.69),不太满意占8.02%,非常不满意占1.23%;其余各项指标的评分较高,其中子女入学服务、知识产权服务、宣传和举荐服务、科技成果转化、国际交流合作等的评价均较好。

表3 科技人才对科研经费管理的评价

题目	非常满意（%）	比较满意（%）	一般（%）	不太满意（%）	非常不满意（%）	平均分
科研经费管理自主权	30.25	42.59	23.46	3.70	0	79.88
科研财务服务效率	29.01	39.51	28.54	4.94	0	78.52
科研经费资助方式	27.78	40.74	27.16	3.70	0.62	78.15

表4 科技人才对服务工作的评价

题目	非常满意（%）	比较满意（%）	一般（%）	不太满意（%）	非常不满意（%）	平均分
子女入学服务	30.25	42.59	24.07	2.47	0.62	79.75
知识产权服务	27.16	41.98	29.01	1.23	0.62	78.64
宣传和举荐服务	28.40	35.80	33.33	1.23	1.23	77.53
科技成果转化	27.16	38.27	31.48	1.23	1.85	77.16
国际交流合作	27.16	38.27	29.01	4.94	0.62	77.16
组织进修培训	25.93	38.89	32.10	1.85	1.23	77.04
看病就医服务	26.54	37.65	32.10	2.47	1.23	76.91
住房保障服务	27.78	35.80	29.63	4.32	2.47	75.93
法律咨询服务	25.93	31.48	37.65	4.32	0.62	75.43
配偶就业服务	25.93	33.33	31.48	8.02	1.23	74.69
休假疗养服务	25.31	28.40	40.12	3.70	2.47	73.58

在组织环境建设方面,包含领导重视程度、团队与人际关系、科研管理效率、科研学术氛围等指标。科技人才对单位科研环境建设相关指标整体评价较好,其中领导重视程度的综合得分最高(82.59),其次是团队与人际关系(80.62)和科研管理效率(80.49),最后是科研学术氛围(80.37),见表5。

表5 科技人才对所在高校科研组织环境的评价

题目	非常满意 （%）	比较满意 （%）	一般 （%）	不太满意 （%）	非常不满意 （%）	平均分
领导重视程度	40.12	35.80	20.99	3.09	0	82.59
团队与人际关系	35.80	35.19	25.31	3.70	0	80.62
科研管理效率	35.80	33.33	28.40	2.47	0	80.49
科研学术氛围	32.10	39.51	26.54	1.85	0	80.37

在服务制度建设方面,包含科研制度、科研服务效率、科研管理流程与模式、部门协调机制等指标。超过90%的科技人才对科技服务制度评价在一般及以上,对科研制度的综合满意度最高,其次是科研服务效率、科研管理流程与模式,最后是部门协调机制。其中,科研管理流程与模式和部门协调机制不满意度较高,前者不太满意占4.32%,非常不满意占0.62%,后者不太满意占3.70%,见表6。

表6 科技人才对科研制度建设的评价

题目	非常满意 （%）	比较满意 （%）	一般 （%）	不太满意 （%）	非常不满意 （%）	平均分
科研制度	32.10	42.59	22.84	2.47	0	80.86
科研服务效率	33.33	37.65	26.54	2.47	0	80.37
科研管理流程与模式	30.86	42.59	21.60	4.32	0.62	79.63
部门协调机制	30.86	38.89	26.54	3.70	0	79.38

(三)对人才服务工作的建议

在如何提高联系服务水平和质量方面,选择搭建数字化服务与交流平台、拓宽服务渠道占70.99%,建立分级分类分层的科技人才数据库占63.58%,畅通科技人才建议意见反映渠道占60.49%,建立高校科技协会、社团等组织服务科技人才占50.62%,加强党委党建领导,引领科技人才思想政治建设占48.15%,加大对科技人才的宣传与推广占40.12%,其他(提高效率)占1.85%,如图6所示。

在其他建议方面,主要分为五个方面。一是加强科技人才联系与交流,建议经常组织科技人才交流研讨,增加科技人才联谊、团拜等活动。二是改革科研评价体系,在职称评审中需要更大力度进行改革,应注重工程实际问题,考核形式需更加灵活,优化激励机制;科技评价机制过于僵化,与实际情况脱钩严重,评价导向不科

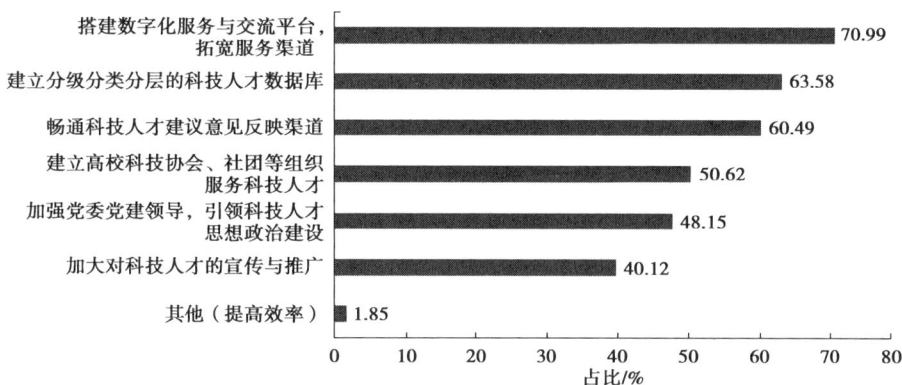

图6　科技人才对提高服务水平和质量措施的选择

学,考核机制和科研任务急功近利,科研人员难以安心做科研。三是优化科研管理制度,精简制度,减少不必要的会议、材料、流程等事务性活动,让科研人员聚焦科学研究工作;加大经费支持,加强经费管理,简化财务报销制度,提高效率。四是提高生活保障服务,重视基层科研人员的生活状况,解决实际问题,提高福利待遇。五是落实人才宣传举荐工作,营造尊重知识、尊重人才的良好氛围。

三、重庆市高校科技人才服务机制问题分析

据调查可知,被调查者中目前有40%的科技人才未接受过所在单位领导的服务,27.59%的科技人才表示所在单位未建立人才服务相关机构,而这种情况在一定程度上制约了重庆市高校人才聚集力和重庆市科技创新事业的发展。那么如何完善重庆市高校科技人才服务机制,应从以下两方面入手。

(一)人才服务内容有待深化

一是科研经费管理有待完善。科技人才对科研经费管理问题反映较强烈,调查发现,项目经费报销程序繁杂问题最为突出,还存在项目限定的人员费比例太低、经费审计烦琐、科研启动经费未及时发放等问题。部分科技人才也建议加大经费支持,加强经费管理,简化财务报销制度,以提高科研效率。

二是宣传举荐工作不到位。调查中34.23%的科技人才建议加大对科研人员的宣传和举荐力度,讲好创新创造故事,坚持求实求真的原则,完善表彰机制,优先推荐和选拔一线技术岗位人员。

三是公共服务质量有待提升。调查中有科技人才提出要重视基层科研人员的生活状况、解决实际问题、提高福利待遇等建议。在公共服务中最满意的是子女入学服务,综合得分最高(79.75),非常满意占30.25%,比较满意占42.59%,一般占24.07%,不太满意占2.47%,非常不满意占0.62%;满意度最低的是休假疗养服务(73.58),非常满意和比较满意分别仅占25.31%、28.40%。

(二)人才服务机制有待强化

一是人才服务制度缺失。调查数据发现,38.98%的科技服务者认为联系服务制度的顶层设计有待完善,联系服务工作职能分散,流程复杂,效率低下,部门之间协调困难。从访谈结果来看,市级层面没有专门针对高校科技人才出台相关人才服务的政策文件。

二是科研管理机制有待优化。据调查数据可知,科研管理机制存在较多问题,其中,科研服务效率、部门协调机制问题最为突出,还存在科研管理手续繁杂、材料繁多、管理过程不重视、形式主义突出、管理流程不规范、管理人员职业素养较差、缺乏成果激励制度等问题。在调查中科技人才提出精简制度,减少不必要的会议、材料、流程等事务性活动,以激发科研人员热情,让科研人员聚焦科学研究工作。

三是科研评价体系需进一步改革。由调查数据可知,目前科研评价标准制定忽视科类差异,部分高校在制定科研评价标准时对不同学科门类仍是一概而论;科技评价机制过于僵化,与实际情况脱钩严重,评价导向不科学,考核机制和科研任务急功近利,导致学术功利主义的滋生,产生大量并无多少学术价值的"复现型"的学术泡沫;监督机制的不完善导致评价出现"漏洞"等问题突出。

四、数字赋能人才服务机制改革最新进展

(一)改进服务方式,紧密团结广大科技人才

一是创新思想政治引领机制。要坚持以习近平新时代中国特色社会主义思想引领数字赋能联系服务工作,坚持党的领导是做好联系服务工作的根本保证。重庆市委、市政府高度重视数字化建设,深入贯彻党的二十大精神,全面落实数字中国战略,市委六届二次全会提出"深入推进以数字化变革为引领的全面深化改革",数字化变革已成为重庆全面深化改革的总牵引和总抓手。2023年2月23日,袁家

军书记、胡衡华市长专题调研数字重庆建设并召开座谈会,对以数字化助力赋能现代化新重庆建设做出安排部署,为数字重庆建设开好局、起好步提出了明确要求,指明了前进方向。

二是推进服务工作深入基层。为深入学习宣传贯彻党的二十大精神,扎实落实重庆市委六届二次全会精神,充分发挥先进典型示范作用,2023年3月,市科技局开展"榜样面对面"党的二十大精神宣讲活动,走进科技一线基层单位,以《强化科技创新 深入学习贯彻党的二十大精神》为题进行了宣讲。广大科技人员表示,将学习榜样"干一行、爱一行、专一行、精一行"的敬业精神,进一步明确自己的奋斗目标,扎根一线,把论文写在大地上,把成果带到千家万户,为全面推进重庆高质量发展贡献科研人员的力量。

三是优化人才资源配置。全市外国高端人才1310人,高级职称人才21.6万人,高技能人才158万人,R&D人员总量超过20万人。万人发明专利拥有量16件,增长21.1%。重庆市目前科技人才加速向东部聚集,在一定程度上造成西部地区人才较少,创新能力偏弱。科技创新力的根本源泉在于人,必须加大人才培养力度,统筹国家级人才总量,加快培养集聚大批青年人才,为重庆建设提供人才源头活水。

(二)深化服务内容,提高数字技术服务质量

一是坚持人才服务高质量发展。2023年1月,中国科学院学部工作局复函重庆市科协,同意正式设立中国科学院重庆院士联络处。重庆院士联络处的正式设立,将有效带动更多优质创新资源和高端人才向重庆聚集,有力提升重庆高层次人才培养能力和创新能力,进一步补齐高端人才和高端平台较少的短板。因此,要高质量、高水平做好院士联系服务工作,提升服务保障水平,努力打造管理运行规范、服务保障优质、示范引领性强的联络处,组织院士专家、青年科技人才开展咨询、学术交流和科学普及等活动,与社会各界加强联系,更好地为重庆市加快建设具有全国影响力的科技创新中心和人才强市凝聚智慧和力量,为新时代新征程全面建设社会主义现代化新重庆做出积极贡献。

二是服务人才所急所盼。重庆市聚天下英才而用之,为高质量发展蓄势赋能。4月26日,2023年沙磁人才大会在重庆市沙坪坝区隆重举行,聚焦"智荟沙磁 创享未来"主题,与广大人才共商合作、共谋发展、共话未来。以环大学创新生态圈建设为切入点,瞄准创意设计、数字经济、生命健康等领域,架构"三园两中心"。将常态

化落实党委直接联系服务专家机制,选拔优秀人才担任"两代表一委员",大力选树宣传优秀人才典型,升级"一站式、贵宾式"人才服务平台,依托沙坪坝区独特的教育、卫生资源优势,做实子女入学、医疗康养等服务,千方百计解决人才所急所盼和后顾之忧,让人才在政治上有荣誉感、工作上有获得感、生活上有幸福感。

三是坚持多跨协同。做好科技人才的联系服务工作贵在协同、重在协作、赢在协调。重庆市专家服务中心与四川省专家服务中心签署《川渝专家资源共享协议》,成立"成渝地区双城经济圈专家团",建立两地专家人才共享合作工作机制,通过常态化组织专家服务团等举措,助力双城经济圈建设。3年来,川渝两地院士、各行业领域学术技术带头人、博士后科研人员等积极参与服务团活动,已有465名专家走进川渝20个县(市、区),开展技术指导977次,解决难点问题405个,352名专家获聘当地政府"特聘专家",惠及基层干部群众近6万人。

(三)改革服务机制,激发科技人才创新活力

一是推进人才服务数字化建设。重庆市大力支持数字重庆公司发起成立数字化领域科技社团,使之成为重庆数字化建设的人才高地、学术基地、策源要地,为数字重庆建设汇聚最强力量。要接长工作"手臂",大力支持数字领域科技企业成立科协组织,团结动员科技人才创先争优,推动创新链、产业链、人才链深度融合。要做强做优科技智库,围绕数字重庆建设推出一批靶向性强、含金量高的资政建议,为市委和市政府科学决策提供有效参考。

二是打造"生态留才"体系。重庆市全心打造"生态留才"体系,建设人才公共服务先行区,在人才协同发展上开辟了新赛道,搭建了新平台,建立了与对口支援省市人才交流的新机制。如万州瞄准人才引进"后半篇"文章,常态化设立1000万元的人才发展专项资金和2000余万元的科技创新资金;建立健全高层次人才"一站式"服务平台,优化制定人才服务卡68项服务事项;出台"为科技工作者办实事、助科技工作者作贡献"20条清单,不断在集聚人才、激励人才、服务人才上下功夫,让人才真正"扎下根";出台支持科技创新若干财政金融政策30条,组建区种子基金、知识价值信用贷款风险补偿基金;支持引导高校、科研院所及企业设立专业化技术转移机构,建设一批科技成果转移转化服务平台,让人才真正有"用武之地"。

三是完善科研评价机制。为解决40岁以下青年科研人员面临的崭露头角机会少、成长通道窄、评价考核频繁、事务性负担重等突出问题,让青年科研人员将主要精力用于科研工作,重庆启动实施"减负行动3.0",为青年科研人员减负松绑。

减负行动3.0从"挑大梁、增机会、减考核、保时间、强身心"5个方面着手,提出优化科研项目组织实施方式、完善项目人才考核评价机制、加大支持力度、强化科研保障和科技服务等18项具体举措。实行免考核、团队考核等多元考核制度,尊重青年人才个性发展,为他们营造更加宽松的科研氛围、积极有力的成长空间。

五、重庆市高校科技人才服务机制改革对策建议

(一)"筑顶层",优化体制机制

一是坚持党的全面领导。坚持党的领导是做好一切工作的根本保证。市委将数字重庆建设作为"一把手"工程,发挥后发优势,坚持典型引路,紧扣近期目标,按季稳步推进,边干边完善,边干边深化,推动数字化建设开好局、起好步。市科协要以高度的政治责任感和扎实的工作作风开展主题教育工作,严格落实"第一议题"制度,依托"三会一课"、主题党日等,分层次、分类型、多形式地开展学习,积极开展调查研究,抓好检视整改,坚定信心、苦干实干,切实把学习成效转化为推动科技服务中心事业发展的强大动力。

为加强党委组织领导,建议市教委出台"关于进一步加强重庆市高校党委服务科技人才的指导意见",实施"党委常委联系服务科技人才制度",党委常委"一对一"联系服务科技人才,推进高校党委服务科技人才制度化、科学化、常态化。建议重庆高校党委(党组)负责同志带头联系服务科技人才,二级学院领导班子成员结合工作分工明确联系服务对象,做好日常谈心交流、节前看望慰问,帮助解决实际困难。

二是设立专门机构。该机构将充分利用数字化技术,建立起全面的人才数据库,并结合大数据分析和人工智能技术,实现对人才资源的全面梳理和深度挖掘。通过数字化平台的搭建,重庆市可以更好地了解人才的专业技能、工作经历、学术成果等信息,为重庆高校科技人才提供精准的服务和推荐。此外,机构的设立还将推动重庆市人才服务机制的协同发展,成为各级政府部门、高校、企事业单位以及人才本身之间的桥梁和纽带。依托数字化平台,搭建在线培训系统和人才交流平台,促进人才之间的学习和交流,加强人才之间的合作与创新。机构的设立也将有助于加强对人才服务的监管和评估,通过数字化技术,可以实现对人才服务的全程

跟踪和评估,及时发现问题并进行调整和改进。同时提供数据支持,为政策制定和决策提供科学依据,推动人才服务机制的持续优化和升级。

三是制定评估标准。人才管理中要充分运用数字化技术,打破数据孤岛,突破人社、科技、教育、经信、发改等职能部门信息壁垒,归集整合各方数据资源,叠加人才数据信息价值,多维度、全方位、深层次了解人才、识别人才,为各类人才"精准画像",全面客观地评价人才,根据结果匹配相应资源,从而优化资源配置。围绕国家出台的科技工作者、专家人才服务的相关政策文件,结合重庆"为科技工作者办实事、助科技工作者作贡献"20条工作清单,深入开展调查研究,通过设立服务评估机制,对服务进行定期评估和改进,明确服务的标准和模式,确保服务工作量质齐升。

(二)"拓渠道",丰富服务方式

一是打造"线上+线下"人才服务综合体。把握智慧化、智能化的发展趋势,依托重庆"网上科技工作者之家"服务平台、"今日校园"等App,加强新兴数字技术的运用,建立全市统一的高校科技人才服务交流平台,实施"数字+服务"的工作模式。如推进人才服务云平台、人才系统客户端、"人才码"等平台载体建设,可创新探索综合运用PC端、手机端等综合体,实现人才服务"一键直达""一码通享""一次办好",以此提升人才服务工作集约化、信息化、智能化水平。

二是提供科技人才精准服务。要运用大数据、云计算、区块链、人工智能等技术手段,广泛动员人才参与信息采集、数据分享、互动引流,全面掌握人才服务需求事项,以此为依据促进人才信息和服务供需对接、快速回应,不断完善服务功能、创新服务形式、升级服务体验,为人才创新创业提供全周期、全链条、一体化服务。

三是加强科技人才宣传力度。积极运用数字化媒体等新兴技术,广泛推动在重庆主流报刊和网站、新媒体等平台上开辟专版专栏,加大与中央主流新闻媒体的合作,开展科技人才典型事迹采访活动,集中宣传报道一批优秀科技工作者,扎实做好人才"引、育、留、改"各项宣传工作。

(三)"提效率",营造数字生态

一是强化"需求式"数字思维。数字化变革是现代化新重庆建设的鲜明标识和内在要求。打开科技人才服务数字化建设新局面,要坚持公众需求和核心业务并行,从科技创新、科学普及、服务科技人才等具有辨识度的核心业务入手,构建应用场景。坚持需求牵引、业务先导、技术支撑并举,组建工作专班,把业务力量和技术力量统筹起来。从"小切口"先行先试,有序推动"小应用"向"大场景"迭代升级,按照数字重庆建设的总体要求布局建设"数字+联系服务"的技术规范和应用标准。

一是构建"场景式"动态数据库。在全市层面,依托市委组织部、市科技局、市教委、市科协等相关人才信息库,系统梳理重庆高校科技人才和专家数据,围绕重庆"33618"重点产业发展方向,建立高层次科技人才数据库,实行动态调整、数据更新和分析研判,为新时期加强重庆高端科技人才队伍建设提供决策支持。

二是打造"一站式"数字服务平台。借鉴浙江大学深化人才领域"最多跑一次"的改革举措,鼓励重庆高校积极推进科技服务工作"上云用数赋智",打造全流程线上数字化服务平台,打通科研服务、财务管理、人事人才、后期保障等多个系统,推动数据跨部门、跨系统、跨层级汇聚,构建共建共享的科研、人才、服务生态体系。

(四)"抓内容",提升服务质量

一是提速赋能。借鉴浙江经验,将数字化赋能高校科技人才服务工作作为"一把手"工程,真正实现让人才少跑腿、数据多跑路。通过构建数字化平台快速整理和查询人才信息,并通过智能化的算法和搜索功能,快速匹配人才需求与资源供给,提供实时的服务。高校工作人员可以利用数字化平台,迅速了解科技人才的需求,进行快速的资源匹配和推荐,实现高效的服务交付。此外,数字化平台还可以提供在线咨询和即时通信的功能,使高校科技人才能够随时随地与服务机构进行沟通和交流,解决问题和获取支持。这种实时性的互动能够大大提高服务的便捷性和及时性,让科技人才感受到更加贴心和高效的服务体验。

二是提档升级。数字化赋能可实现高校科技人才服务工作的升级和优化。通过建立全面的数字化人才数据库,包括科研成果、学术背景、专业技能等信息,可以为高校提供更全面、准确的人才评估和推荐依据。基于大数据分析和人工智能技术,数字化平台可以帮助高校更好地了解科技人才的潜力和发展方向,为其量身定制个性化的职业规划和发展路径。同时,数字化赋能还可以提供更多元化的服务内容和形式。高校可以通过数字化平台搭建在线学习资源库,为科技人才提供丰富的培训课程和知识分享,促进其学习与成长。围绕重庆建设世界重要人才中心和创新高地重要承载区的发展目标,在服务工作方式、方法、内容等方面分类施策,加强高校科研人员、科研机构人员和企业家的联系与互动,促进创新链、产业链、资金链、人才链、服务链深度融合,全面提升重庆高校人才服务工作的体系化创新力和整体能级。

三是提质增效。数字技术能够提高高校科技人才服务工作的质量和效率。数字化平台可以实现对服务过程的全程跟踪和监控,及时发现问题和风险,并进行及时调整和改进。通过数据分析,高校可以了解科技人才的服务反馈和评价,进行客观的质量评估和提升,将科技人才的急难愁盼问题事项化、清单化、具体化,提升服务效能。通过人工智能技术,数字化平台可以为高校工作人员提供智能化的决策支持和推荐系统,帮助其更好地识别和把握科技人才的需求与机遇。此外,通过自动化流程和机器人辅助等方式,能够提高服务工作的效率和准确性,减少人为错误和烦琐的工作。

执笔人:袁　野　王学聪　刘睿林　刘怡婷　吴阳琴

本报告来自重庆市教育科学"十四五"规划2022年度重点课题"新时代背景下重庆高校科研评价体系改革研究"(K22YD206079);2023年度数字经济国际合作与创新发展中心开放课题重大项目(P2023070);重庆市高等教育学会2023—2024年度高等教育科学研究课题"重庆高校数字经济人才培养模式与实践路径探索"。研究报告内容仅代表课题组观点。

重庆人才宣传品牌提升研究

西南政法大学课题组

　　摘　要：近年来，重庆市在人才宣传品牌建设方面采取了一系列措施，收效显著，但一定程度上存在人才宣传品牌内涵凝练度不够、宣传渠道相对单一、品牌内容不够精准多元、主体协同度需要加强等问题。由于重庆地理、经济、科技等综合因素和城市特色的限制，人才宣传品牌理念有待转型以及人才宣传品牌对人才群体分析不足是造成这些问题的主要原因。提升重庆人才宣传品牌需要找准宣传品牌定位，聚焦宣传品牌提炼；强化宣传品牌推广，深化宣传渠道整合；做好宣传品牌延伸，精准策划宣传内容；推动宣传主体协同，提高品牌推广效能；发布人才品牌指数，进行人才宣传效果评估。

　　关键词：人才宣传　品牌　定位

一、重庆人才宣传品牌建设现状

　　近年来，重庆市人才政策、人才制度与人才品牌活动不断发力，持续向好，各项人才举措取得了良好成效，但也在政策制定、落地各环节存在进一步优化的空间。

（一）重庆人才宣传品牌建设具体举措

　　在人才宣传品牌整体建设方面，重庆市对人才品牌的打造及其宣传予以重视，并采取了一系列措施。重庆市将人才品牌纳入长远规划，围绕人才品牌宣传开展了一系列、多层次、线上与线下相结合的活动。比如专门开设重庆人才工作网，宣传重庆市人才政策、人才品牌，并通过开设线下人才招聘会、人才交流会、人才双选会,线上的云聘会、互联网直播以及线上线下结合的人才对接洽谈会等形式,通过为人才与企业提供合作平台,实现人才品牌的宣传作用。通过"百万人才兴重庆"活动,运用"线上+线下"相结合的方式组织富有针对性的引才活动,营造"近悦远来"人才生态,擦亮重庆城市名片。

在人才品牌宣传渠道方面,一是采用官方宣传、政府背书突出人才品牌的权威性、可靠性。重庆市开展市级人才计划系列宣讲,帮助人才群体更加深入了解重庆人才政策。二是通过设置广告牌、举办人物评选活动、拍摄系列纪录片等方式加强对人才品牌宣传。例如,制作"技高行天下 能强走世界"公交畅享卡,在机场、地铁口等人流量高的地方设置广告牌,加强对技能人才的宣传。三是通过编制人才图谱、人才热力图的方式进行人才品牌宣传。2021年推出了《中国长江经济带绿色发展人才报告(2021)》《中国人力资源发展(蓝皮书)》、高层次人才分布图谱、高技能人才培养热力地图等内容。通过发布人才报告、蓝皮书、人才图谱的方式,既推进人才建设工作,也在一定程度上实现重庆人才品牌的宣传。

在策划宣传品牌内容方面,重庆市在采取常规宣传的同时,也在不断尝试策划新的人才宣传内容。一是尝试采用年轻人更能接受的新奇、有趣的宣传内容。例如,在轨道2号线上设置了以"重庆英才·近悦远来"为主题的专列,以漫画形式在车身上呈现重庆标志性建筑,展示了重庆良好的环境和敬才、爱才、求才的决心。为部分"重庆英才"优秀科学家设计了漫画形象,极大地拉近了人才品牌与人才群体的距离。二是在内容方面全方位展示重庆人才品牌、人才政策的相关内容。例如,以"重庆英才·近悦远来"为主题的微纪录片邀请各领域人才代表出镜,从政策篇、平台篇、生态篇、成就篇、愿景篇,全面宣传重庆人才工作。三是人才品牌宣传内容逐渐从政府主体向人才主体转换。进行"看英才,听讲述""对话英才"等人物专题报道,从人才的角度来解读重庆人才政策,讲述人才与重庆这座城市共同成长、互相成就的故事,激发人才留渝、来渝情感。开展"最美巴渝工匠""重庆市杰出英才奖"评选,通过评奖扩大人才品牌宣传影响力。

在人才宣传品牌"引进来"工作方面,重庆市采取一系列措施,既引人才也宣传人才品牌。一是从市级层面举办"博士渝行周"、"海外优秀人才及项目对接会"、国(境)外优秀青年人才重庆体验月等活动,通过宣传活动引才聚才,吸引高层次人才在重庆签约。二是从各基层社区、乡镇层面,动员干部积极宣传重庆人才政策和品牌。社区干部成立返乡人才"大走访大宣传"宣讲小组,深入社区开展返乡人才宣讲会,促进在外人才返乡就业。三是积极应对变化,将人才引进来宣传从线下扩展到线上。随着直播的兴起,重庆市大力推广云端引才模式,"重庆英才·职等您来"网络直播活动取得良好成效。

在人才宣传品牌"走出去"工作方面,重庆市近年来不断提高对海外留学生、科技人才引才工作的重视程度。一是在国外举办人才洽谈会,将人才宣传链条延伸到更多国家和地区。重庆市在德国、英国、美国、澳大利亚等多个国家举办引进海外高层次人才洽谈会,对重庆市经济发展情况和人才政策进行宣讲,与国外多家机构签署合作协议和备忘录。二是将重庆人才品牌活动开到海外,在海外设立分会场,借此吸引海外人才,扩大人才品牌宣传。三是借助互联网进行引才直播,用科技手段打破空间限制,降低人才宣传工作走出去的成本,延伸人才品牌宣传工作走出去的距离。

(二)重庆人才宣传品牌建设成效

重庆搭建"引得来、留得住、用得好"的人才发展平台,人才集聚"磁场效应"正在不断增强。

自2017年以来,"百万人才兴重庆"相关活动累计举办1134场,服务单位2.3万家次,引进人才4.4万人次。《2019年度重庆市人力资源和社会保障事业发展统计公报》指出,2019年重庆市开展引才活动202场,引进紧缺优秀人才7101人,其中博士426人,服务高层次人才20859人次。开展各类大学生就创活动2176场,服务大学生39.99万人次,完成青年就业见习15155人。截至2019年,重庆市享受国务院政府特殊津贴专家2644人,百千万人才工程国家级人选119人。全市共有国家级博士后科研流动站83个,国家级博士后科研工作站62个,市级博士后科研工作站215个,全年新招收博士后研究人员393人。

《2020年度重庆市人力资源和社会保障事业发展统计公报》指出,2020年重庆市组织开展引智引才活动226场次,签约人数7236人;发放市区两级新重庆人才服务卡1581张,累计发放3603张,服务高层次人才3.44万人次,累计服务高层次人才6.18万人次。全市享受国务院政府特殊津贴专家2703人,百千万人才工程国家级人选130人。2020年重庆市共有国家级博士后科研流动站83个,国家级博士后科研工作站70个,市级博士后科研工作站261个,全年新招收博士后研究人员806人,累计招收培养博士后近5000人。2020年组织开展"巴渝工匠"市级行业竞赛54场、区县赛32场,企业岗位练兵16场,涵盖近294个职业(工种),共有10万人次参加比赛。

2021年,重庆市举办英才大会共引进紧缺急需人才3319名、项目407个。全年遴选支持122名高层次留学回国创新创业人才,实施海外赤子为国服务行动计划,资助47项服务活动,组织留学人员通过多种形式智力报国、发挥作用。2021年,重庆市深入实施博士后创新人才支持计划和国际交流计划等项目,重点资助培养1100多名优秀青年人才。重庆市2021年招收博士后突破1000人,其中取得博士学位博士来渝进站98人,市外来渝797人。国家级博士后科研工作站招收221人,市级博士后科研工作站招收199人,博士后科研流动站招收580人。博士出站203人,留渝170人。在第一届全国博士后创新创业大赛中,获得2金1银2铜1优秀组织奖。

2022年,全年重庆市新招博士后1066人,专技人才218万人,技能人才503万人;启动全国首个国家级数字经济人才市场,培育数字技能人才5万人;实施"满天星"行动计划,引进软件和信息服务业急需紧缺人才5000人;"渝快办"人才服务事项增至69项,提供"一站式"服务26.3万人次。[①]

2023年第一季度,重庆市引才1.12万人;吸纳博士后326人;举办2023年"百万人才兴重庆"系列引才活动,达成意向9660人;吸引留学回国人才31人;提供"一站式"服务6.8万人次。[②]

综合来看,重庆人才品牌正在不断形成,并且在人才引、育、留、用方面发挥了重要作用,取得了不错的成绩。

二、重庆人才宣传品牌建设的问题分析

通过对重庆人才品牌建设的问题进行分析,发现尽管重庆市在人才品牌打造方面进行了一系列尝试,也取得了不错的效果,但跟北京、上海、深圳、广州等东部城市相比,在人才吸引力方面差距非常大,与同为西部重要城市、成渝双城经济圈城市的成都相比,差距仍然显著,与中部城市武汉的差距也值得重视。《中国城市人才吸引力排名:2022》显示,重庆在全国最具人才吸引力城市排名中,排在全国第20名,不仅距离人才吸引力强大的头部城市北京、上海、深圳、广州、杭州差别巨大,也远落后于排名第六的成都和排名第九的武汉,并且,根据该报告所编制的人才吸引力指数来看,人才吸引力排名第一的北京人才吸引力指数为100,该指数到

---

① 数据来源:重庆市人力资源和社会保障局。

② 数据来源:重庆市人力资源和社会保障局。

重庆已经下降到40.6,与成都的70.5相差甚大。①

(一)人才宣传品牌内涵凝练度不够

本次调查研究发现,不同人才群体对重庆人才品牌的了解和认识程度差异较大,已在重庆市就业的科研人员对重庆人才品牌了解程度相对较高,重庆市外年轻人才群体对重庆人才品牌所知甚少,未能充分区分重庆人才政策、人才保障措施与人才品牌之间的区别与联系,这主要是由于重庆人才品牌虽多,但是品牌内涵凝练不够。针对重庆人才品牌本身存在的问题,本课题组进行了充分调研,调研中发现的问题主要有:人才品牌与人才政策不易区分(91%)、人才品牌内涵不明确(88%)、人才品牌宣传力度不足(85%)、人才品牌缺乏吸引力(80%)、人才群体感觉人才品牌距离自身过于遥远(75%)等。

综合来看,目前重庆人才品牌的人文精神品质、内涵以及整体形象有待进一步提升。《中国品牌战略发展年度报告(2019)》指出:"人文精神已成为品牌要素的重要组成部分。"②重庆市人才品牌凝练程度不足,需要进一步聚焦人才品牌本身打造,聚焦人才宣传品牌建设。主要问题体现在以下三方面。

一是人才品牌内涵不够明确。市人力社保局表示,重庆人才品牌建设目前已经基本形成"八大品牌"为主的人才工作局面,③但不同人才品牌之间的关系、不同人才品牌共同归属的整体品牌形象缺乏有效整合,从而导致重庆人才品牌本身内涵不够清晰,缺少有效统合各子品牌的整体品牌形象。

二是重庆人才品牌宣传力度不足,并且人才品牌宣传与人才政策、人才保障等配套设施宣传未能有效区分,降低了人才品牌的独立性。从品牌打造、品牌宣传层面来说,有效的品牌建设需要凸显品牌形象,政策、文件、配套措施等内容在宣传重点上要有强弱区分。调查研究中发现,由于重庆人才宣传强调对政策、文件、保障措施的宣传,一定程度上忽略了对作为品牌核心的独立宣传,从而导致部分年轻人才群体对重庆人才品牌的定位认识不清晰甚至有错误。

三是由于品牌形象凝练不足、品牌宣传力度不够导致的品牌认可度不足、品牌吸引力较低。典型表现是部分人才群体对重庆人才品牌关注度不高,导致符合条件的人才群体未选择来渝发展。同时,由于人才品牌凝练度不足带来的人才品牌

---

① 智联招聘、任泽平研究团队:《中国城市人才吸引力排名:2022》。
② 汪同三.中国品牌战略发展报告:2019—2020[M].北京:社会科学文献出版社,2020:3.
③ 信息来源:重庆市人力资源和社会保障局,访问时间2022年8月10日。

认可度不足问题,又进一步阻碍了人才品牌形象向高层次发展。

(二)人才品牌宣传渠道相对单一

本次调查研究发现,在人才群体中对宣传渠道比较敏感的主要是年轻博士、硕士等青年科研工作者,他们获取信息的渠道相较于50岁以上人才群体更加多元,习惯利用新媒体平台等新渠道、新方式。尤其是海外留学人员,由于不方便经常性参加线下人才宣讲会、招聘会,对人才宣传渠道反映出的问题较多。调研中发现重庆人才品牌在宣传渠道方面表现出的问题主要有:过于偏重传统媒体(95%)、新媒体有效利用率低(90%)、宣传渠道全但不够精准(85%)、未充分利用群体特色渠道(80%)、未充分利用群体宣传(77%)等。

重庆人才品牌在宣传渠道方面主要表现为过度依赖官方媒体、传统媒体,对新媒体以及线下人才群体生活交流中进行宣传等方式重视程度不够,从而导致人才宣传虽然整体覆盖率高,但精准度不够。具体表现为以下四方面。

一是目前重庆人才品牌、人才引进宣传工作主要依靠传统媒体和宣讲会、人才引进大会等方式进行宣传推广。官方媒体、传统媒体具有权威、稳定等不可替代的优势,但也因为其权威、精准的特点,导致官方媒体宣传过于偏重政策、文件宣传,一定程度上与部分人才群体形成天然隔阂,尤其是在年轻博士、硕士群体方面,体现尤为明显。年轻人才群体偏重新媒体场景,生活中使用新媒体频率较高,往往从新媒体渠道获取资讯。重庆市人才品牌打造过程中对自媒体、新媒体有所应用,但重视程度不够,应用场景不够广泛。

二是传统媒体强调平面化覆盖率,覆盖范围虽然较广,覆盖人群数量也比较多,但真正覆盖有效的人才目标群体数量有限,这也在一定程度上限制了人才品牌的宣传推广。人才群体的分布往往因工作、学习单位而呈现出弱聚集效应。目前重庆人才品牌宣传过程中未能充分利用该弱聚集效应降低不必要的平面化宣传,增加在人才群体聚集度较高区域如学校、科研院所附近的宣传投放度。

三是没有充分利用微信、抖音、B站等年轻人群体使用频率较高的手机App,一定程度上增加了重庆人才政策、人才品牌与年轻人的距离,失去了利用生动文案、鲜活视频、有趣故事打动人才、吸引人才的先机。在宣传过程中未能有效将人才宣传品牌与一般政策宣传有效区分,是造成宣传精准度不够的主要原因。人才宣传品牌的建设不只是政策宣讲,还要有吸引力、有活力,新媒体平台具有便捷性强、感染力强、用户黏性高等优势,充分利用新媒体可以将人才政策更好地转化为视听效果,增强感染力和吸引力。

四是人才品牌宣传没有充分根据不同人才群体的"特殊"渠道,比如同一高校的校友会、海外留学生交流群、线下交流会、同一研究领域研讨会等。人才群体往往根据学校、专业分布,抓住"小而专"的人才群体交流群,可以更充分提升宣传效度。

(三)人才宣传品牌内容不够精准、多元

本次调查研究发现,人才群体对于当前重庆人才宣传品牌的内容方面提出的主要问题有:人才宣传品牌的内容缺乏吸引力(85%)、人才宣传品牌与自己关系不大(83%)、人才宣传品牌话语模式化(79%)、宣传品牌内容缺乏趣味性(77%)、宣传品牌缺少口号(77%)等。

好的人才宣传品牌的打造既需要政策、制度本身扎实有力,也需要宣传内容精准可靠、打动人心。重庆市人才宣传品牌在内容制定上与人才吸引力排名靠前的地区相比还有进一步提升空间,主要表现为以下三方面。

一是人才宣传品牌话语有待与时俱进。人才宣传品牌既是政府主体行动的结果,又是市场主体行为的结果,但究其本质是靠吸引力、感染力来凝聚人才。因此政策制定行为与宣传行为必须予以区分,不能始终用一副官方面孔与人才群体特别是青年人才群体接触。适当地身份转型、语言转化,可以极大程度拉近与青年人的距离,提高人才宣传品牌的有效度。研究发现,重庆人才宣传还没有聚焦专门人才群体,如年轻人才群体进行有针对性的宣传话语转型。不同年龄阶段的人才群体对宣传的话语的接受度、喜好倾向存在较大差异,目前在锚定年轻人才群体方面,重庆市人才宣传品牌还有待进一步提升。

二是人才宣传品牌内容未能区分硬宣传与软宣传,宣传内容设计方面不够精准、精细,缺乏趣味性。以报纸、政府官方网站为代表的传统宣传模式强调政府主体,突出宣传的权威性、稳定性,但在针对不同人才群体精准设计宣传内容方面有所欠缺,宣传内容的趣味性相对匮乏。调查发现,重庆人才宣传品牌过程中的软宣传不足,无法充分激发人才群体留渝、来渝发展的兴趣。

三是人才品牌宣传缺乏精准、有效、富有感染力、适合重庆人文精神的宣传口号。从宣传角度来看,口号、标语本身具有内容简短、朗朗上口、富有感召力、易于宣传等特点,口号与品牌相互配合更有助于人才品牌的传播和打造,有助于运用口号、品牌形象抢占人才群体心智。

(四)人才宣传品牌主体协同度需要加强

人才宣传品牌的打造,需要不同部门协同配合,才能发挥实效。目前重庆市人才宣传品牌在主体协同方面存在四方面的问题。

一是同级政府部门之间协同度不高。组织部门、人社部门制定的相关人才政策、方案,不仅需要人社部门宣传推广,还要宣传部门、教育部门、科技部门予以协同配合,在品牌宣传上共同发力。人才群体响应人才品牌宣传之后选择来重庆考察、发展、落户,需要各相关部门后期做好服务和保障工作。

二是下级部门落实上级部门要求方面存在障碍。人才工作事关经费、住房、配偶子女相关保障等问题,因此上级部门宣传的待遇和保障,下级部门要妥善完成,不能以经费问题等理由推诿迟延,影响人才品牌形象。

三是政府主体未能与市场主体有效协同。重庆市人才宣传品牌的打造仍然以政府部门推广为主,未能充分发挥市场宣传主体、用人主体的宣传、推广作用。政府部门宣传具有权威性、可靠性的优点,市场宣传主体长期从事传媒、品牌打造工作,更能了解当前最新的传播方法、传播手段和传播话语。同时,市场用人单位作为引进人才的主体,对各自领域需要的专精人才在地域、专业等方面的特点更加了解,由他们在行业渠道内发布重庆人才品牌宣传推广文案、视频,效果更好。

四是未能充分发挥人才群体的品牌传播力量。人才宣传品牌的对象指向鲜明,目标群体明确,同一行业往往集中于部分地域、高校、专业,因此集中度较高。目前重庆市人才品牌打造过程中,未能将已引进人才与来渝考察人才的品牌推广价值进一步发挥。针对已经引进的人才,应该在后续培养、服务过程中进一步发掘与之相关的人才群体,既能增强人才引进的成效,又能持续宣传、维护重庆人才品牌形象。

三、重庆人才宣传品牌建设问题的成因分析

重庆人才宣传品牌建设近几年取得了长足发展,同时也暴露出一系列问题,造成这些问题的原因是多方面的,既有重庆地区地理、经济、科技发展的客观原因,也有人才宣传品牌打造方面的技术原因。

(一)重庆地理、经济、科技等综合因素限制

重庆在地理、经济、科技发展等方面与东部北京、上海等城市相比有较大劣势，限制了重庆对人才的吸引力，从而导致重庆人才品牌打造存在一定基础条件上的困难和缺陷。

首先，重庆地处中国西南内陆，在地理位置上与中国东部、东南沿海城市相比具有一定天然劣势。外加重庆市内以山地为主，山城形象深入人心，对于平原、丘陵地区成长、学习的人才群体而言存在较大地理环境的差异，因此消弱了对人才群体的吸引力。高山屏障，与其他省市往来交通相对不便。部分人才群体考虑到重庆与家乡距离较远，交通相对东部便利性较差，这都是限制重庆人才吸引力的重要原因。将重庆与成都对比，可以非常明显地发现由于地势问题带来的城市文化差异以及对人才群体吸引力的差异。成都相比重庆的地理优势，成为很多人才群体选择到成都"平原城市"发展，而非到重庆"山城"发展的原因。

其次，重庆作为西南地区经济发展的重要城市，虽然科技发展、社会福利、发展前景各方面发展持续向好，但与北京、上海、广州、深圳等地相比仍然有较大差距，与东部其他城市如杭州、南京、苏州等地相比差距也比较明显。经济、科技的相对落后使重庆对人才群体的吸引力相对较弱，未能成为人才群体流入的第一选择梯队。

最后，重庆整体科研氛围、创新氛围有待提升。重庆市内顶尖科研院校较少，高校、研究中心总体数量也远低于北京、上海等地，能够为高层次人才提供的平台较少，无法对人才形成明显吸引力。高层次人才，尤其是专精特新人才在发展趋势上存在明显的集聚效应，来渝人才无法与重庆市内高校在科学研究方面形成紧密对接，从而限制了重庆人才品牌整体形象的提升。

(二)重庆城市特色的限制

一直以来，重庆的山城、雾都形象深入人心，山城文化成为重庆的城市标签和特色，对重庆文旅行业发展具有一定催化和助推作用。但是，山城文化、山城形象对人才群体的吸引具有较强的负面作用，重庆市经济发展与东部城市的差距进一步强化了山城形象。因此要打造重庆人才品牌，既要利用重庆城市特色，又要在一定程度上对重庆"山城形象"予以改造和提升。近年来，重庆逐渐发展成为网红城市，洪崖洞夜景、李子坝轻轨穿楼等景点吸引大量游客前来旅游观光，一定程度上

提高了重庆城市文化的丰富度和吸引力。但网红城市形象存在内涵不够扎实的问题,除了部分热门景点之外,重庆人才品牌需要扎根的重庆城市文化特色仍然不够清晰。网红景点、网红城市只能吸引消费者前来旅游、消费,并不能吸引人才选择来重庆就业和发展。山城、网红城市的城市特色,在一定程度上成为人才品牌打造的双刃剑。一方面,打造扎根山城特色的人才品牌是重庆本土人才宣传品牌建设的题中之义,重庆人才品牌需要依托重庆本地特色,人才群体需要热爱所就业的城市才能为城市发展贡献力量,但过分强调重庆山城、网红城市特色,又会削减人才群体前来重庆发展的意向;另一方面,山城属性以及依托山城带来的网红城市属性使人才群体不愿意面对城市发展劣势:山地多平地少、交通拥挤、科研平台较少等现实状况。

(三)重庆人才宣传品牌理念有待转型

重庆市人才品牌宣传过程中存在的问题与对人才品牌的理解和认识程度不够密切相关。

一是没有从理念上认识到人才品牌打造与宣传的重要性。政府在完善人才政策、理顺人才机制、提高人才待遇方面做出了重要努力,这是人才工作的基础和根本。但重庆市对人才品牌宣传的重视程度仍然需要提高。由于人才在经济社会发展中的重要作用,目前全国各地留才、引才竞争日趋白热化,要做好人才工作,不仅要做好服务,还要做好宣传。移动互联网技术的发展,让每个人获取信息变得更加便捷;与此同时,对于信息发布主体来说,宣传之间的竞争也更加激烈。从网络媒体来看,重庆市人才品牌不再是简单地与附近城市竞争,同时也在和北京、上海、广州、深圳、杭州、武汉这些城市角力,只有给予人才品牌宣传足够高的重视,才能进一步提升人才工作效果。

二是没有及时从用人主体思维向人才主体思维转变,没能从政策驱动宣传向创新驱动、精准驱动宣传转型。传统用人主体思维重视对政策的"硬宣传",侧重强调政策本身以及广泛的平面化宣传,容易带来宣传成本高、宣传精准度不足等问题。此外,重庆市在人才品牌宣传理念上仍然是用人主体思维,束缚了人才品牌的进一步打造提升。例如,人才品牌宣传对人才群体特点、喜好与社交圈层剖析不够深入,宣传方式大水漫灌而非精准渗透,导致宣传效果较差。政府引领重庆人才品牌发展的意识需要进一步增强,才能抓住时代机遇,利用优势,合理转化劣势。

（四）重庆人才宣传品牌对人才群体分析不足

人才宣传品牌成效不够显著的另外一个原因是对人才群体缺乏深入、有效的分析。不同人才群体在喜好、特点、信息获取方式、就业倾向方面存在显著差异，对上述特点缺乏深度分析会导致人才宣传品牌陷入大而化之的泥潭。人才群体根据年龄可以分为三部分：年轻硕士、博士研究生等高学历人才，青年科研工作者、青年技术人才，中年以上高层次领军人才等。三类人才由于年龄差异带来非常明显的时代印记，对待他们的宣传目前没有精准宣传内容与渠道，从而造成年轻人才群体形成人才品牌工程与自己无关等错误认识。对于人才群体根据籍贯、求学城市的差异，又需要分为家乡或者求学城市在川渝地区以及西部其他地区的人才群体、家乡或者求学城市在非西部地区的人才群体。对待这两类人才群体的宣传策略又应有所调整和区分，充分考虑他们在城市文化、生活环境、宣传喜好方面的差异。

四、提升重庆人才宣传品牌的政策建议

（一）找准宣传品牌定位，聚焦宣传品牌提炼

目前全国各个城市都有自己的人才品牌，重庆如何在诸多城市的"抢人大战"中占据优势，首要任务就是针对重庆的特点找准宣传品牌定位。打造提升重庆人才宣传品牌形象，需要进一步聚焦重庆地域、经济、人文特色，针对不同对象、不同层级、不同群体的人才服务对象，凝练宣传品牌，深化重庆人才品牌与重庆这座城市、重庆人才品牌与人才主体之间的关联度，增强品牌辨识度。

首先，要在政策制定、人才工作部署过程中强化对人才品牌建设与宣传的关注，增强人才品牌打造意识。从市一级层面统筹部署、系统筹划、科学谋划人才宣传工作，既要重视人才政策中的待遇、保障等实质问题，又要重视人才政策、人才品牌、人才工作宣传的形式问题。

其次，重庆人才品牌建设要以重庆为中心，扎根重庆，面向全国，要在人才品牌建设过程中强化人才政策、配套设施、品牌宣传与重庆市的关联度，以重庆的重要城市定位吸引人才，用人才助推重庆城市发展。在人才品牌体系建设中突出重庆的城市优势、经济优势、人文优势，打造好、利用好、宣传好重庆名片，激发城市属性对人才群体的吸引力。依托重庆优势与特色，打造重庆特色鲜明、对人才群体吸引力明显的人才品牌标识、宣传口号。系统分析、谨慎处理山城文化、网红城市文化

在人才品牌内涵中的地位和作用。

最后,要进一步深化、细化人才品牌各个序列,从品牌设计层面精准化对口人才群体;人才大品牌下精准化子品牌序列,突出子品牌特色、定位。合理区分政策制定者思维和人才群体思维,推动政策宣传向品牌宣传转变,增强政策规定的制度实效,切实推动人才政策合理、有效落地。

(二)强化宣传品牌推广,深化宣传渠道整合

针对重庆人才宣传品牌的现状,强化宣传品牌的推广就是要深化宣传渠道的整合,重点采用吸引型宣传,塑造人才宣传品牌形象,提升品牌在目标受众者心目中的知晓度、认知度和美誉度。提高重庆人才宣传品牌形象,需要整合宣传渠道,将人才政策、人才保障通过更加多元、立体、贴合人才群体的宣传方式、宣传渠道予以展示,从展示型宣传向吸引型宣传转变。

首先,要提高对人才宣传工作的重视程度,将人才政策、人才品牌宣传作为人才工作中的关键环节予以关注。从认识层面增强宣传意识,进而在人才政策制定、人才工作部署过程中强化宣传工作比重。

其次,要革新宣传理念,将单纯公开政策、公布文件的展示型宣传向真正具有吸引力的宣传转型。区分政府宣传与市场宣传,政府宣传突出权威性、系统性。在市人力社保局网站、重庆人才工作网站设立专门人才政策文件查询系统、人才库查询系统。从观念上换位思考,用人才群体关心、关注、需要的宣传方式开展人才品牌宣传;从政府主体、官媒宣传为主向政府与市场宣传并重转换。

最后,要强调市场宣传的重要性,创新推动多渠道、多方式宣传。推动人才宣传工作表达接地气,传播接人气,广泛运用自媒体、短视频平台、校友群等渠道进行人才宣传工作。针对宣传场景与媒介合理转换话语,增强人才宣传工作的实效。例如,针对中年以上的高层次人才,根据他们的年龄阶段、手机电脑等电子产品使用习惯,侧重官方媒体、微信平台宣传推广;针对年轻人才群体,可以以自媒体平台、短视频平台为主,以官方媒体发布作为辅助和最终参考;针对海外留学生群体,可以通过海外微信交流群发布相关官方信息,利用留学生的生活学习特点,合理选择相应宣传媒介。

(三)做好宣传品牌延伸,精准策划宣传内容

提高重庆人才宣传品牌形象,需要做好品牌延伸,革新宣传理念,针对人才群

体有针对性地精准策划宣传内容、宣传方式,积极打造人才品牌,用宣传增强人才政策的吸引力和感召力。做好宣传品牌的延伸,主要从内容的横向延伸与内容的纵向延伸两个方面进行。

首先,要革新宣传理念,与时俱进调整宣传话语,将以政策诠释型宣传为主,向市场化宣传转型。用人才群体想接受、能接受的话语和方式进行宣传,释放宣传活力。把政府政策、官方文件转化为有温度、有感情、有吸引力的语言、图像、音频、视频,用年轻人喜闻乐见的方式增强宣传效果。

其次,要精准区分宣传受众群体,避免大众传播带来的覆盖面广但用户精准度不高的问题。合理筛选人才群体,精准定位宣传,针对重庆市亟须引进的专业技能人才进一步细分地域、细分专业进行宣传推广。

最后,切实增强宣传的有效转化度。继续延长宣传链,从宣传策划到后期对接、人才往返考察费用都可以酌情给予补贴。充分发掘吸引、培育人才的鲜活案例,用故事打造品牌,实现人才群体中口耳相传。

(四)推动宣传主体协同,提高品牌推广效能

提高重庆人才宣传品牌形象,需要进一步从政策与制度层面打通上下级之间、不同部门之间的壁垒,推动人才宣传品牌建设的主体协同,确保多部门、多流程共同发力。

首先,要落实人才工作的推行与执行,确保上级部门相关制度设计、文件规定、政策保障切实有效地在下级部门落实,避免下级部门因经费问题、操作问题敷衍了事的情况。着力解决实践中存在的由经费、条件问题而导致人才保障措施不到位的情况,人才设立专款专项,专门使用。

其次,要打通同级不同部门之间的壁垒,建立上级部门牵头、同级跨部门协作的工作机制,相互配合确保人才工作有效开展。组织部门、人社部门的人才政策与保障措施,需要与宣传部门、教育部门等其他机构互相配合、互相协同,对事关地区发展的人才政策通力合作。从制度层面增强人才政策、人才品牌、人才活动宣传打造的力度和保障,确保人才群体办事程序合理高效,延长人才工作辐射链条。

最后,要从政策制定、政策落实、政策保障各环节强化对人才工作可行性的评估与考察,配套政策、制度与保障,确保不同部门尤其是区县部门有能力、有财力真正落实上级人才政策,避免人才待遇"悬而不决"。

(五)发布人才品牌指数,进行人才宣传效果评估

提高重庆人才宣传品牌形象,可以考虑通过发布人才品牌指数,每年评估人才宣传效果的方式,有针对性地提升重庆人才宣传的实际成效和品牌形象。

首先,可以考虑用数据说话,用数字宣传。每年编制、发布重庆人才品牌指数,通过人才指数客观展现重庆"近悦远来"的全新人才生态,向全国、全世界人才群体展示重庆人才工作取得的良好进展。在人才品牌指数中呈现加盟重庆、留在重庆的人才、代表性成果以及重庆市为人才群体提供的相应支持与保障。

其次,每年进行重庆人才宣传效果评估,通过委托第三方对重庆市人才宣传工作进行全方位评估,用客观中立的视角发现一年来重庆人才宣传工作中的成绩与不足,进而与毗邻城市成都以及代表性城市北京、上海、广州、深圳对比,客观分析人才宣传工作中的利弊得失,在后续工作中有针对性地改进。

课题组负责人:武夫波

课题主研人员:武翠丹　周　婕　宋龙华　雍　黎　程思琪

此课题为2022年度重庆市技术预见与制度创新专项人才工作课题研究项目,于2023年6月结题。研究报告内容仅代表课题组观点。

重庆市精准化引进紧缺人才研究

重庆市西部金融研究院

摘　要:为进一步围绕国家战略强化人才服务支撑,持续优化"近悦远来"人才生态,推动重庆引才工作有的放矢、精准施策,本研究提出重庆市紧缺人才主要涉及智能制造与装备制造、电子信息、新材料、生物医药和大健康、汽摩、现代服务、绿色低碳和农业加工领域8个产业,明确了相关的学科专业。通过比较供需发现,重庆各类紧缺人才存在约4万人的缺口,而且存在校招供大于求,社招供给缺口较大,不同学科紧缺人才供需情况存在一定差异等结构性供需不平衡的现象,并根据产业分布与学科分布两个维度,确定了重庆紧缺人才的主要来源地域。随后,在分析重庆引才政策的内容和要素的基础上,分析和比较了北京、杭州、上海、广州、深圳、成都、西安、武汉的引才政策及做法,从海外人才引进的角度分析了美国、澳大利亚和新加坡的引才政策,提出了可供借鉴的经验。最后,基于前述研究,从加强主体协同、优化政策工具、简化政策程序、主动对接需求和丰富引才形式提出了重庆市精准化引进紧缺人才的建议。

关键词:精准化引才　市场调研　人才需求　人才引进渠道　服务保障

一、引言

党的二十大报告指出,要深入实施人才强国战略,培养造就大批德才兼备的高素质人才,是国家和民族长远发展大计,要完善人才战略布局,建设规模宏大、结构合理、素质优良的人才队伍,促进人才区域合理布局和协调发展,深化人才发展体制机制改革,把各方面优秀人才集聚到党和人民事业中来。

近年来,重庆紧扣国家战略强化人才服务支撑,全力打造高端人才集聚地、产才融合示范地、青年人才荟萃地,持续优化"近悦远来"人才生态,不断提升重庆的人才吸引力。党的十九大以来,重庆市人才资源总量从512万人增长到599万人,其中高层次人才增幅达93%。到2025年,重庆市预计引进海内外高层次人才1000名,产业急需紧缺高端人才3000名,优秀青年人才2.5万名,新增高技能人才15万人以上,力争人才资源总量突破660万人[①]。但如何在招才引智上避免面面俱到、有的放矢、精准施策,精准化引进紧缺人才成为当前重庆人才工作的当务之急。

二、重庆市紧缺人才涉及产业与学科专业

结合成渝地区和重庆市的相关文件,本研究认为重庆市紧缺人才主要涉及智能制造与装备制造、电子信息、新材料、生物医药和大健康、汽摩、现代服务、绿色低碳、农业加工领域。其中,智能制造与装备制造产业涉及智能终端、智能传感器及仪器仪表、航空航天等产业和领域,涉及专业主要包括机械、仪器、电子信息、自动化、计算机、航空航天和交通运输等专业。电子信息与软件产业涉及集成电路与新型显示、电子元器件、通信终端、车联网等产业和领域,主要涉及计算机、机械、电子信息、自动化和仪器等专业。新材料产业涉及先进金属材料、新型非金属材料、纳米材料、增材制造用粉体材料等前沿新材料产业和领域,主要涉及材料、化学、化工、能源动力和力学等专业。生物医药和大健康产业涉及生物药、化学创新药及高端仿制药、现代中药、医疗健康装备、数字医疗器械等产业和领域,主要涉及药学、中药学、医药技术、化工与制药、生物医学工程、生物工程和化学等专业。汽摩产业涉及汽车整车研发设计、关键零部件配套、检测服务平台建设、新能源与智能汽车、氢燃料电池汽车、摩托车及配套产业等产业和领域,主要涉及机械、仪器、自动化、电子信息和能源动力等专业。现代服务产业涉及商贸、物流、金融、文化旅游等产业和领域,主要涉及公共管理、工商管理、旅游管理等专业。绿色低碳产业涉及生态修复、先进智能化环保装备、固废综合利用和回收等产业和领域,主要涉及自然保护与环境生态、环境科学与工程和能源动力等专业。农业加工产业涉及蔬果制品、肉禽制品、粮油制品、酒饮茶烟制品、乳制品、农业人工智能等产业和领域,主要

---

① 《重庆市人民政府关于印发重庆市国民经济和社会发展第十四个五年规划和二〇三五年远景目标纲要的通知》(渝府发〔2021〕6号)。

涉及植物生产、动物生产、林学和食品科学与工程等专业。

三、重庆市紧缺人才的供需分析

对于重庆市紧缺人才的需求而言,本研究采用从智联招聘网获取的相关领域招聘数据,作为紧缺人才的需求数据。对于重庆市紧缺人才的供给而言,本研究利用《中国教育统计年鉴》《重庆统计年鉴》《重庆教育年鉴》、重庆各高校招生就业网站公开数据,以及第三方网站聚合数据,对重庆68所高校大学毕业生供给总量和产业相关学科毕业生供给进行分类分析。

(一)重庆紧缺人才供需整体情况

1.需求情况

从学科门类来看,需求最大的是工学,需求人数达到了67385人,占总需求的48.43%。其次是管理学(29483人)和理学(16181人)。医学(11360人)、农学(8695人)和经济学(6036人)需求人数位列后三位。这些学科门类的需求主要集中于社招需求,特别是工学紧缺人才,社招需求超过了社招总需求的50%。只有理学的紧缺人才校招需求(8480人)要多于社招需求(7701人)。

从专业来看,需求最大的专业分别是材料(18755人)、工商管理(14563人)、机械(13938人)、公共管理(13160人)、力学(12594人),需求量均超过了1万人。需求量最少的分别为食品科学与工程(53人)、植物学(154人)、动物医学(198人)和森林资源(231人)。只有力学、地质学两个专业的校招人数超过了社招人数。

2.供给情况

2020—2024年,重庆市本硕毕业生总人数分别约为13.2万人、14.1万人、14.3万人、14.8万人和16.5万人,累计实现人才供给约73万人。其中,工科毕业人数最多,累计供给约23.4万人,占比为32.05%。其次为管理学,累计供给12.5万人,占比为17.12%。农学毕业生人数最少,累计供给约1.4万人,占比为1.92%。理学、经济学和医学分别累计供给4.3万人、3.6万和3.1万人,占比分别为5.89%、4.93%和4.25%。

(二)智能制造与装备制造产业人才供需分析

1.需求情况

2021年,智能制造与装备制造产业总需求为41408人,其中校招需求为3153人,社招需求为38255人。从各专业分布来看,机械专业人才的需求最大(13938人),占该产业总需求人数的33.66%。需求最少的为仪器仪表(332人),占该产业总需求人数的0.8%。值得注意的是,交通运输专业需求量为11653人,但校招人数仅为8人,远远低于社招人数,说明该专业主要需求为成熟型人才。航空航天专业在校招中的比例(12.78%)远高于社招所占的比例(5.98%),说明该专业主要需求为大学毕业生。

2.供给情况

计算机专业人才供给2023年和2024年之和为22314人,超过了智能制造与装备制造领域相关专业毕业生总人数的45%,是本领域本科人才供给最多的专业,约为排名第二位的机械专业毕业生的两倍。供给最少的三个专业分别是仪器专业、航天航空专业和交通运输专业,未来两年毕业生总数分别为450人、503人和888人。

智能制造与装备制造产业涉及的专科专业主要包括计算机、自动化、电子信息、机械设计制造、通信航空装备和机电设备专业。计算机专业人才供给2023年和2024年之和为7392人,是智能制造与装备制造领域专科人才供给最多的专业。专科人才供给最少的则为机电设备专业(652人)。自动化、电子信息、机械设计制造、通信和航空装备专业人才供给总数分别为6802人、6236人、2363人、1302人和761人。

(三)电子信息与软件产业人才供需分析

1.需求情况

2021年,电子信息与软件产业总需求为13126人,其中校招需求为449人,社招需求为12677人,社招需求远远大于校招需求。从各专业分布来看,电子电气专业人才的需求最大(8960人),占该产业总需求人数的68.26%,计算机科学与技术专业人才的需求次之(3832人),需求最少的为仪器仪表(332人),占该产业总需求人数的2.53%。

2.供给情况

计算机专业人才供给2023年和2024年之和为22314人,约占电子信息领域本科毕业生总人数的60%,是该领域本科人才供给最多的专业。人才供给最少的专业是仪器专业,毕业生总数仅有450人,约为电子信息领域本科人才供给总数的1.2%。

电子信息与软件产业涉及的专科专业主要包括计算机、自动化、电子信息、通信和集成电路专业。计算机专业和自动化专业人才供给2023年和2024年之和分别为7392人和7375人,是电子信息领域专科人才供给最多的两个专业。专科人才供给最少的则为集成电路专业(52人)。电子信息和通信和自动化专业人才供给总数分别为6236人和1302人。

(四)新材料产业人才供需分析

1.需求情况

2021年,新材料产业总需求为38273人,其中校招需求为10349人,社招需求为27924。从各专业分布来看,材料专业、力学专业的需求排名靠前,分别为18755人和12594人。能源动力专业需求最少,仅为344人,占该产业总需求人数的0.9%。其中,化工专业在社招需求方面要远远大于校招需求。

2.供给情况

材料专业人才供给2023年和2024年之和为3975人,约占新材料领域本科毕业生总人数的42%,是该领域本科人才供给最多的专业。供给最少的专业是力学专业(255人)。化学、化工和能源动力专业人才供给总数分别为2178人、2031人和975人。

新材料产业涉及的专科专业主要包括化工技术、非金属材料和新能源发电工程专业。化工技术专业人才供给2023年和2024年之和为443人,是新材料领域专科人才供给最多的专业。专科人才供给最少的则为新能源发电工程专业(55人)。

(五)生物医药和大健康产业人才供需分析

1.需求情况

2021年,生物医药和大健康产业总需求为18138人,其中校招需求为79人,社招需求为18059人。从各专业分布来看,化工和医学专业需求相差不大,分别为

6580人和7592人。其次为药学,需求人数为3768人。最少的动物医学需求人数仅为198人,占总需求的1.09%,并且均为社招渠道人才。

2.供给情况

化学专业人才供给2023年和2024年之和为2178人,约占生物医药和大健康领域本科毕业生总人数的29%,是该领域本科人才供给最多的专业,与排名第二位的化工与制药专业毕业生人数(2031人)相差不大。供给最少的专业是中药学(208人)和生物工程专业(299人)。药学、医学技术和生物医学工程专业人才供给总数分别为1151人、920人和744人。

生物医药和大健康产业涉及的专科专业主要包括药品与医疗器械、中医药、医学技术和药学。药品与医疗器械专业人才供给2023年和2024年之和为5030人,是生物医药和大健康领域专科人才供给最多的专业。专科人才供给最少的为药学专业(1118人)。中医药和医学技术专业人才供给总数分别为3028人和1457人。

(六)汽摩产业人才供需分析

1.需求情况

2021年,汽摩产业总需求为35227人,其中校招需求为2691人,社招需求为32536人。从各专业分布来看,机械专业(13938人)、交通运输专业(11653人)和电子电气专业(8960人)占据该产业紧缺人才需求的绝大多数。需求排名较少的专业分别为能源动力专业(344人)和仪器仪表专业(332人)。其中,校招总需求的85.21%为机械专业,其他专业的校招需求不大。

2.供给情况

机械专业人才供给2023年和2024年之和为10903人,约占汽摩领域本科毕业生总人数的42%,是该领域本科人才供给最多的专业。供给最少的专业是仪器专业(450人)。电子信息、自动化和能源动力专业人才供给总数分别为10080人、3775人和975人。

汽摩产业涉及的本科专业主要包括自动化、电子信息、汽车制造、机械设计制造、通信和机电设备专业。自动化专业人才2023年和2024年供给之和为7375人,是汽摩产业专科人才供给最多的专业。专科人才供给最少的则是机电设备专业(652人)。电子信息、汽车制造、机械设计制造和通信专业人才供给总数分别为6236人、4741人、2363人和1302人。

(七)现代服务产业人才供需分析

1.需求情况

2021年,现代服务产业总需求为35519人,其中校招需求为4883人,社招需求为30636人。从各专业分布来看,需求排名最大的两个专业分别是工商管理(14563人)和公共管理(13160人)。其次为经济学专业(6036人)和管理科学与工程专业(1760人)。其中,经济学专业社招需求人数比例(3.4%)要远低于校招需求人数比例(19.16%)。

2.供给情况

工商管理专业人才供给2023年和2024年之和为20631人,约占现代服务领域本科毕业生总人数的42%,是该领域本科人才供给最多的专业,远远超过了排名第二位的管理科学与工程专业毕业生人数(6627人)。供给最少的专业是财政学专业,毕业生人数为645人。

现代服务产业涉及的专科专业主要包括电子商务、财务会计、经济贸易、物流、财政税务、统计和金融专业。电子商务专业人才供给2023年和2024年之和为3834人,是现代服务领域专科人才供给最多的专业。专科人才供给最少的则为金融专业(171人)。财务会计、经济贸易、物流、财政税务和统计专业人才供给总数分别为1655人、558人、377人、205人和190人。

(八)绿色低碳产业人才供需分析

1.需求情况

2021年,绿色低碳产业总需求为6179人,其中校招需求为1956人,社招需求为4223人。从各专业分布来看,需求排名前三的专业分别是地质学(2255人)、草业科学(1618人)和地理科学(1332人)。需求排名最少的则为植物学(154人)。其中,林业工程、森林资源和植物学专业几乎没有校招需求。

2.供给情况

环境科学与工程专业人才供给2023年和2024年之和为1815人,约占绿色低碳领域本科毕业生总人数的60%,是绿色低碳领域本科人才供给最多的专业,约为排名第二位能源动力专业(975人)的两倍。人才供给最少的专业是自然保护与环境生态专业,毕业生人数仅有197人。

绿色低碳产业涉及的本科专业主要包括环境保护、热能与发电工程和新能源发电工程专业。环境保护专业人才供给2023年和2024年之和为1235人,是绿色低碳领域专科人才供给最多的专业,占绿色低碳产业相关专业人才供给的绝大多数。热能与发电工程专业次之,人才供给为271人。人才供给最少的为新能源发电工程专业(105人)。

(九)农业加工产业人才供需分析

1.需求情况

2021年,农业加工产业总需求为2759人,其中校招需求为29人,社招需求为2730人。从各专业分布来看,草业科学(1618人)人才需求量最大,食品科学与工程(53人)的需求量最小。该产业相关专业几乎没有校招需求,仅有进行校招的食品科学与工程(12人)、环境科学(9人)、草业科学(6人)和林业工程(2人)人数也非常少,而森林资源和植物学完全没有校招需求。

2.供给情况

食品科学与工程专业人才供给2023年和2024年之和为1591人,约占农业加工领域本科毕业生总人数的39%,是该领域本科人才供给最多的专业。供给最少的专业是动物生产专业(399人)。植物生产和林学专业毕业生总数分别为1335人和736人。

农业加工产业涉及的专科专业主要包括畜牧、食品、农业和渔业专业。畜牧专业人才供给2023年和2024年之和为771人,是农业加工专科人才供给最多的专业。专科人才供给最少的则为渔业专业(80人)。农业和食品专业毕业生总数分别为158人和253人。

(十)小结

从总体的供需状况而言,各类紧缺人才的供给总量不能满足需求。同时,人才供需存在明显的结构性不足和过剩,主要表现在以下三个方面。

一是紧缺人才总量供不应求。2021年,重庆市理工农医经管类人才需求总数约为14万人,人才供给约为9.4万人。从人才总量来看,存在约4万人的缺口。

二是校招供大于求,社招人才需求缺口较大。校招需求约为2万人,供给的9.4万人远远超过了需求量。社招需求约为11万人,需要重庆通过积极引才加以弥补。

三是不同学科门类紧缺人才供需情况存在一定的差异。工学、管理学、经济学和农学都表现出人才总量供给不足,但是校招供给过剩,社招供给不足而使需求存在较大缺口。理学人才总量供给不足,校招能够实现供需平衡、社招人才需求缺口较大。

四、重庆紧缺人才的主要来源地域分布

(一)智能制造与装备制造产业紧缺人才主要来源分布

从地域分布来看,智能制造与装备制造业的企业和人才主要集中于美国、德国、沙特阿拉伯和英国。从国内来看,中国智能制造装备企业主要分布在山东省、长三角和珠三角等地。该产业的相关人才主要分布在广东、江苏、浙江和山东。

从学科分布来看,该产业紧缺人才涉及机械、仪器仪表、电子信息、自动化、计算机、航空航天和交通运输专业,主要分布在相关高校所在的北京、上海、西安、天津、武汉、哈尔滨、南京等地(图1)。

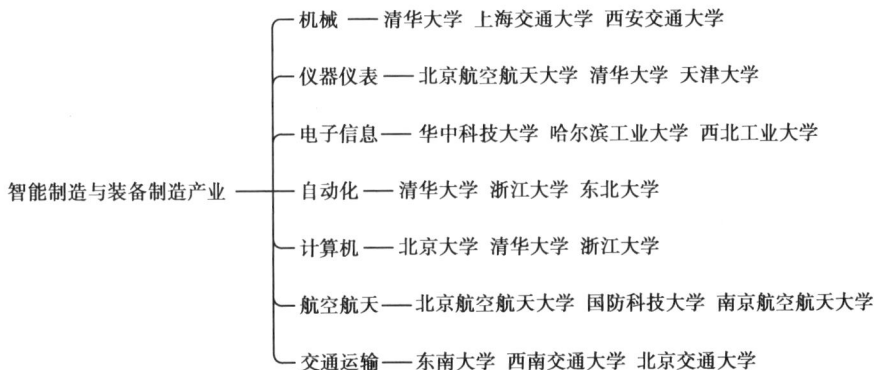

智能制造与装备制造产业

- 机械 —— 清华大学 上海交通大学 西安交通大学
- 仪器仪表 —— 北京航空航天大学 清华大学 天津大学
- 电子信息 —— 华中科技大学 哈尔滨工业大学 西北工业大学
- 自动化 —— 清华大学 浙江大学 东北大学
- 计算机 —— 北京大学 清华大学 浙江大学
- 航空航天 —— 北京航空航天大学 国防科技大学 南京航空航天大学
- 交通运输 —— 东南大学 西南交通大学 北京交通大学

图1 2022年智能制造与装备制造产业相关专业国内排名前三的大学

(二)电子信息与软件产业紧缺人才主要来源分布

从地域分布来看,美国、日本、韩国、欧洲等国家和地区相关企业掌握着大量电子信息领域高端产品关键核心技术,基本占据了高端信息产品的研发设计、生产制造、技术服务等价值链高端。国内人才主要聚集在北京、广东、浙江、江苏、福建等沿海发达地区。

从学科分布来看,该产业紧缺人才涉及计算机、机械、电子信息、自动化和仪器仪表专业,主要分布在相关高校所在的北京、上海、西安、天津、武汉、哈尔滨等地(图2)。

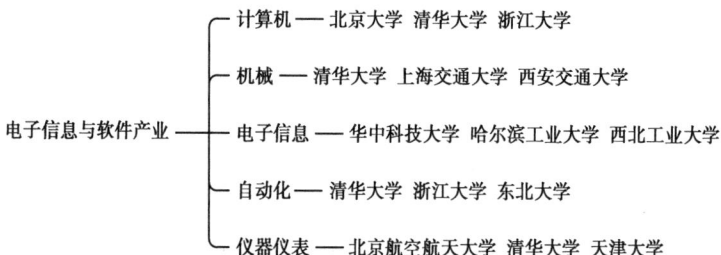

电子信息与软件产业
- 计算机 —— 北京大学 清华大学 浙江大学
- 机械 —— 清华大学 上海交通大学 西安交通大学
- 电子信息 —— 华中科技大学 哈尔滨工业大学 西北工业大学
- 自动化 —— 清华大学 浙江大学 东北大学
- 仪器仪表 —— 北京航空航天大学 清华大学 天津大学

图2　2022年电子信息与软件产业相关专业国内排名前三的大学

(三)新材料产业紧缺人才主要来源分布

从地域分布来看,新材料产业的创新主体是美国、日本和欧洲等发达国家和地区,其拥有绝大部分大型跨国公司和产业人才。国内的新型材料行业企业主要聚集在长江三角洲地区,汇聚了国内主要的新材料产业人才。

从学科分布来看,该产业紧缺人才涉及材料、化学、化工、能源动力和力学专业,主要分布在相关高校所在的长沙、长春、北京、合肥、上海、天津、西安、武汉、济南、哈尔滨等地(图3)。

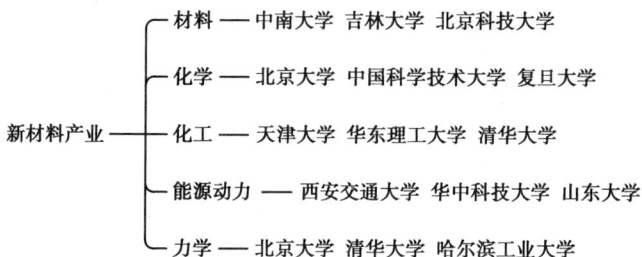

新材料产业
- 材料 —— 中南大学 吉林大学 北京科技大学
- 化学 —— 北京大学 中国科学技术大学 复旦大学
- 化工 —— 天津大学 华东理工大学 清华大学
- 能源动力 —— 西安交通大学 华中科技大学 山东大学
- 力学 —— 北京大学 清华大学 哈尔滨工业大学

图3　2022年新材料产业相关专业国内排名前三的大学

(四)生物医药和大健康产业紧缺人才主要来源分布

从地域分布来看,美国生物药品在全球市场占主导地位,西欧、日本等发达地区和国家也是生物技术医药产品研发生产的主要地区和国家。在国内,该产业的企业和人才主要集中在长三角、环渤海、珠三角,东北地区、中部地区的河南、湖南、湖北,西部地区的四川、重庆也形成了生物医药快速发展的势头。

从学科分布来看,该产业紧缺人才涉及药学、中药学、医药技术、化工与制药、生物医学工程、生物工程和化学专业,主要分布在相关高校所在的北京、天津、成都、南京、上海等地(图4)。

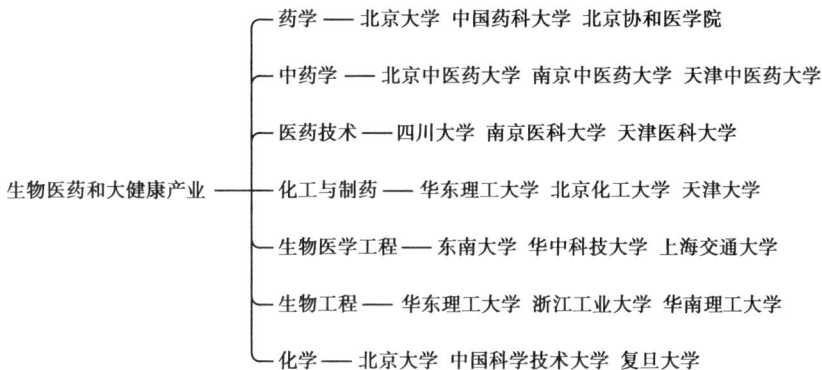

```
                  ┌─ 药学 ── 北京大学 中国药科大学 北京协和医学院
                  ├─ 中药学 ── 北京中医药大学 南京中医药大学 天津中医药大学
                  ├─ 医药技术 ── 四川大学 南京医科大学 天津医科大学
生物医药和大健康产业 ┼─ 化工与制药 ── 华东理工大学 北京化工大学 天津大学
                  ├─ 生物医学工程 ── 东南大学 华中科技大学 上海交通大学
                  ├─ 生物工程 ── 华东理工大学 浙江工业大学 华南理工大学
                  └─ 化学 ── 北京大学 中国科学技术大学 复旦大学
```

图4 2022年生物医药和大健康产业相关专业国内排名前三的大学

(五)汽摩产业紧缺人才主要来源分布

从地域分布来看,美国底特律,日本东京、丰田汽车城,德国斯图加特、沃尔夫斯堡,意大利都灵,法国巴黎、比扬古和韩国首尔(现代产业集群所在地)集中了全世界主要的汽摩企业和人才。国内的汽摩产业企业和人才主要集中在以长春为代表的东北老工业集群区,以上海为代表的长三角集群区,以北京、天津为代表的京津集群区,以广东为代表的珠三角集群区,以武汉为代表的中部集群区,以重庆为代表的西南集群区。

从学科分布来看,该产业紧缺人才涉及机械、仪器仪表、自动化、电子信息和能源动力专业,主要分布在相关高校所在的北京、南京、上海、天津、杭州、武汉、哈尔滨等地(图5)。

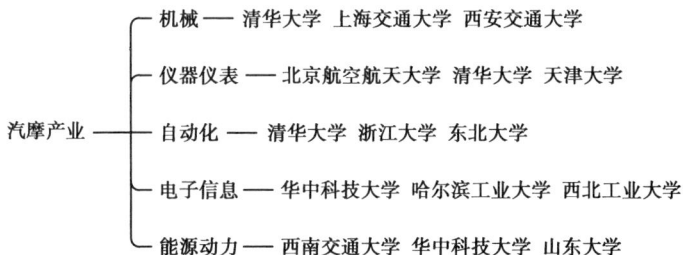

```
        ┌─ 机械 ── 清华大学 上海交通大学 西安交通大学
        ├─ 仪器仪表 ── 北京航空航天大学 清华大学 天津大学
汽摩产业 ┼─ 自动化 ── 清华大学 浙江大学 东北大学
        ├─ 电子信息 ── 华中科技大学 哈尔滨工业大学 西北工业大学
        └─ 能源动力 ── 西南交通大学 华中科技大学 山东大学
```

图5 2022年汽摩产业相关专业国内排名前三的大学

(六)现代服务产业紧缺人才主要来源分布

从地域分布来看,美国、英国、法国、德国和日本的现代服务业发达。国内该产业企业和人才则主要集中于北、上、广、深这些一线城市,以及杭州、成都等准一线城市。

从学科分布来看,该产业紧缺人才涉及公共管理、工商管理、旅游管理、物流管理、电子商务、管理科学与工程、经济学等专业,主要分布在相关高校所在的北京、南京、广州、天津、成都、上海等地(图6)。

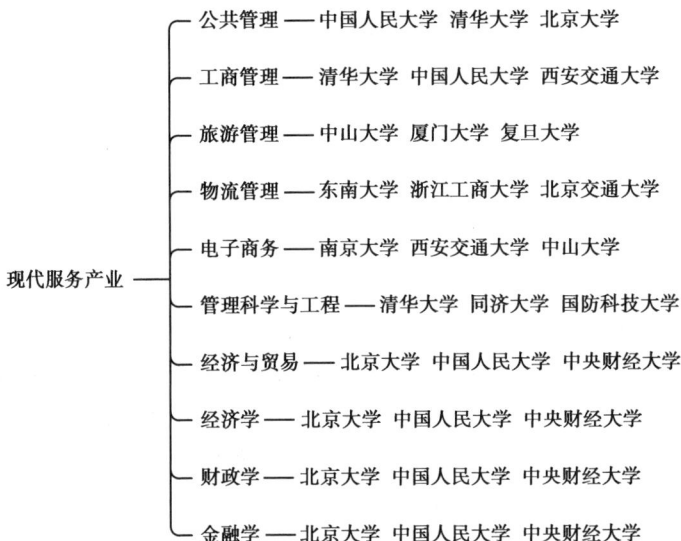

```
                      ┌─ 公共管理 —— 中国人民大学  清华大学  北京大学
                      ├─ 工商管理 —— 清华大学  中国人民大学  西安交通大学
                      ├─ 旅游管理 —— 中山大学  厦门大学  复旦大学
                      ├─ 物流管理 —— 东南大学  浙江工商大学  北京交通大学
                      ├─ 电子商务 —— 南京大学  西安交通大学  中山大学
现代服务产业 ──────────┤
                      ├─ 管理科学与工程 —— 清华大学  同济大学  国防科技大学
                      ├─ 经济与贸易 —— 北京大学  中国人民大学  中央财经大学
                      ├─ 经济学 —— 北京大学  中国人民大学  中央财经大学
                      ├─ 财政学 —— 北京大学  中国人民大学  中央财经大学
                      └─ 金融学 —— 北京大学  中国人民大学  中央财经大学
```

图6　2022年现代服务产业相关专业国内排名前三的大学

(七)绿色低碳产业紧缺人才主要来源分布

从地域分布来看,本产业的人才主要集中于美国、英国、印度、德国和澳大利亚。目前我国现存环保相关企业主要分布在广东、山东、江苏等省份。

从学科分布来看,该产业紧缺人才涉及自然保护与环境生态、环境科学与工程、能源动力专业,主要分布在相关高校所在的南京、呼和浩特、重庆、上海、合肥、广州、西安、北京等地(图7)。

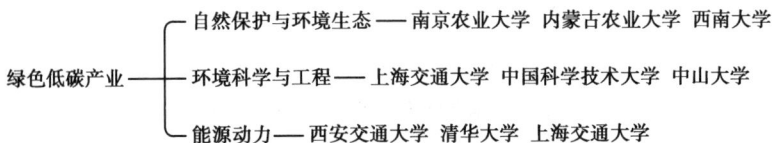

```
                   ┌─ 自然保护与环境生态 —— 南京农业大学  内蒙古农业大学  西南大学
绿色低碳产业 ───────┤─ 环境科学与工程 —— 上海交通大学  中国科学技术大学  中山大学
                   └─ 能源动力 —— 西安交通大学  清华大学  上海交通大学
```

图7　2022年绿色低碳产业相关专业国内排名前三的大学

(八)农业加工产业紧缺人才主要来源分布

从地域分布来看,世界上农业人才主要集中在日本、美国以及荷兰,而在国内,山东、广东、河南等农业大省是农业人才聚集地。

从学科分布来看,该产业紧缺人才涉及植物生产、动物生产、林学、食品科学与工程专业,主要分布在相关高校所在的北京、上海、武汉、杨凌、杭州、南京、哈尔滨、无锡等地(图8)。

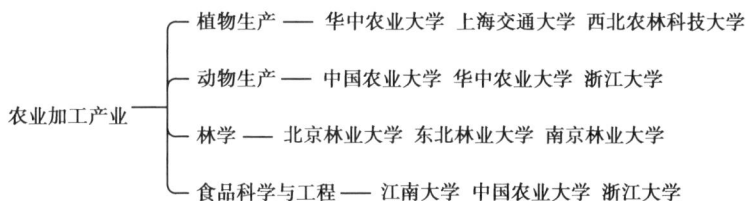

```
              ┌── 植物生产 ── 华中农业大学  上海交通大学  西北农林科技大学
              │
              ├── 动物生产 ── 中国农业大学  华中农业大学  浙江大学
农业加工产业 ──┤
              ├── 林学 ── 北京林业大学  东北林业大学  南京林业大学
              │
              └── 食品科学与工程 ── 江南大学  中国农业大学  浙江大学
```

图8　2022年农业加工产业相关专业国内排名前三的大学

(九)小结

从地域分布来看,国际引才来源主要为美国、西欧、日本和韩国,国内引才来源则主要集中于长三角、珠三角、京津冀和成渝地区(表1)。这些国家和地区的相关产业技术发展水平较高,产业链完整,体系完备,人才相对集中,已经形成了产业人才聚集区。

表1　重庆市紧缺人才主要来源

紧缺人才涉及产业	引才渠道	国内引才来源	国际引才来源
智能制造与装备制造产业	社招	广东、江苏、浙江、山东	美国、德国、沙特阿拉伯、英国
	校招	北京、上海、西安、天津、武汉、哈尔滨、南京	
电子信息与软件产业	社招	北京、广东、浙江、江苏、福建	美国、日本、韩国、欧洲
	校招	北京、上海、西安、天津、武汉、哈尔滨	
新材料产业	社招	苏州、上海、杭州、绍兴、嘉兴、南通、宁波、无锡	美国、日本、韩国、俄罗斯、欧洲
	校招	长沙、长春、北京、合肥、上海、天津、西安、武汉、济南、哈尔滨	

续表

紧缺人才涉及产业	引才渠道	国内引才来源	国际引才来源
生物医药和大健康产业	社招	长三角、环渤海、珠三角、川渝	美国、西欧、日本
	校招	北京、天津、成都、南京、上海	
汽摩产业	社招	东北老工业集群区、长三角集群区、京津冀集群区、珠三角集群区、中部集群区、西南集群区	美国、日本、德国、韩国、法国
	校招	北京、南京、上海、天津、杭州、武汉、哈尔滨	
现代服务产业	社招	北京、上海、广州、深圳、杭州、成都	美国、英国、法国、德国、日本
	校招	北京、南京、广州、天津、成都、上海	
绿色低碳产业	社招	广东、山东、江苏、上海、四川、河北、河南	美国、英国、印度、德国、澳大利亚
	校招	南京、呼和浩特、重庆、上海、合肥、广州、西安、北京	
农业加工产业	社招	山东、广东、河南	日本、美国、荷兰
	校招	北京、上海、武汉、杨凌、杭州、南京、哈尔滨、无锡	

五、重庆市引才政策分析

(一)引才政策的来源

首先,从重庆政府官网、人力和社会保障局官网、北大法宝网站,以"人才""引进""人才政策"为关键字进行检索获得的政策性文件167份。其次,对检索的结果人工进行分析,排除招聘公告、人才评定、活动新闻、项目申报等无关结果,以及对普适性文件(例如《在渝工作人员职称评定标准》)等非针对引才过程的政策文件加以排除,从而获得13份重庆引才政策,涉及"办法""政策""措施""意见""规定"和"通知"等政策载体。

（二）引才政策的现状

1.引才政策的适用对象

重庆市引才政策的对象可分为四类：一是高学历知识型人才,例如两院院士科研工作者,重点项目带头人;二是高水平技能人才,例如巴渝工匠大赛获奖者;三是高水平技术人才;四是优秀企业家,例如在国内外知名企业担任中层以上管理职务两年以上且业绩突出的经营管理人才。

2.引才政策的发文主体

从发文主体来看,市人力社保局、市委组织部、市财政局、市科技局、市府、市地税局、市委办公厅、市教委和市住建委参与了重庆市的引才政策(表2)。其中,8份政策为多部门联合发文,6份为单一部门发文。

表2 重庆引才政策的发文主体

发文主体	参与发文次数	参与比例（%）	单独发文次数	联合发文次数
重庆市人力资源和社会保障局	11	33.33	3	8
中共重庆市委组织部	5	15.15	0	5
重庆市财政局	5	15.15	0	5
重庆市科学技术局	4	12.12	1	3
重庆市人民政府	3	9.09	2	1
重庆市地方税务局	2	6.06	0	2
中共重庆市委办公厅	1	3.03	0	1
重庆市教育委员会	1	3.03	0	1
重庆市住房和城乡建设委员会	1	3.03	0	1
总计	33		6	27

3.引才政策的要素

在政策目标方面,持续营造"近悦远来"的人才生态环境,强调引才项目要适合重庆的发展现状和产业政策,能够实现对重庆市经济发展的推动作用,产生良好的社会效益和经济效益。通过引进人才打造重点实验室,将石油天然气化工、装备制造、材料冶金、电子信息、综合能源等全市规划发展的重点产业领域发展为一流水平,建设全国有影响力的科技中心,推动重庆市产业结构转型升级。

在政策工具方面,一是金融支持,设立专项基金,支持高层次人才携带科技成果来渝转化项目,鼓励各类天使投资基金、风险投资基金围绕创新创业团队开展创投业务,鼓励金融机构对创新创业团队提供债权融资服务;二是创业支持,对于创业团队除上述金融支持外,还要致力于打造创业孵化园,为高层次人才提供临时办公场所和政策咨询、风险评估、投融资等相关配套服务,以搭平台、建团队、促转化、强激励为主,鼓励优秀科学家在重庆开展科技创新创业活动;三是生活服务,健全服务保障体系,以满足引进人才的生活需要,包括落户政策、引进奖励、购房优惠、住房补贴、博士后继续培养计划、休假制度、旅游交通服务等内容,以满足引进人才的生活工作需要,提供良好的人性关怀;四是风险控制,由市人社局或用人单位主体定期对引进人才进行考核,考核内容包括项目的技术水平、市场前景、风险等级以及申报人及其团队的创新能力、经营管理和资金使用情况等。

六、国内外引才政策的主要内容与做法

(一)国内引才政策的主要内容与做法

本研究选择了北京、杭州、上海、深圳、广州、成都、西安和武汉的人才政策为研究对象,在相应城市的政府官网、人力和社会保障部门网站、北大法宝网站,以"人才""引进""人才政策"为关键字进行检索,再利用人工筛选获取研究对象市域范围内的引才政策,分析了各城市引才政策的政策载体与发文主体、政策内容、典型的引才政策和引才政策的主要特点。

1.北京引才政策的主要内容与做法

(1)政策载体与发文主体

2005—2022年,北京市、区发布了14份引才政策,涉及"意见""办法""措施""细则""行动"和"计划"6种政策载体。其中,12份文件为单独发文,2份文件是联合发文。

(2)政策内容分析

在政策目标方面,强调坚持服务于国家创新战略、服务于首都社会经济发展、服务于全面提高人才培养质量、服务于提升市属高校科技创新能力;打造世界高端人才聚集之都,为首都率先形成创新驱动的发展格局提供人才智力保证。

在政策工具方面,一是提供丰富多样的就业选择,最大限度满足引进人才意愿,发挥价值;二是提供金融服务,对外来人才创新创业提供多样化的资金支持和税收优惠政策;三是经济奖励,对引进的优秀人才以及团队给予丰厚的研究经费以及引进奖励;四是人才落户,满足条件的人才可同家属共同落户北京。

(3)引才的经验做法

主要包括北京国际青年人才"双百"对接会;外籍科学家牵头国家科技项目;多项新措施加大海外人才引进使用力度;针对大学毕业生的引进新政,推出以才荐才政策。

2.杭州引才政策的主要内容与做法

(1)政策载体与发文主体

2005—2022年,杭州市、区发布了12份引才政策,涉及"意见"和"办法"两类政策载体。其中,10份引才政策是多机构联合发文,2份为单独发文。

(2)政策内容分析

在政策目标方面,通过高层次人才、创新创业人才及团队的引进培养,努力做大增量、做优存量,打造区域性人才高地,使人才队伍适应经济社会发展需要,为构建创新型高科技型城市提供人才保障支撑。

在政策工具方面,一是资金支持,引进的人才在杭州最高可以获得100万元的经济奖励,在杭州创业的给予初始资金最高500万元的资金支持;二是生活服务,对配偶和子女的工作和学习也会妥善安排;三是人才分类,杭州将人才分为五个层次来确定引进人才的待遇。

(3)引才的经验做法

主要包括将每年的9月28日确定为"杭州人才日",设立翱翔计划——设10亿元"资金池"招才引智,启动云上"创客天下·2020杭州市海外高层次人才创新创业大赛",推进人才成果转化合作,开展领军型创新创业团队云评审,推出杭州"人才e卡(码)通"。

3.上海引才政策的主要内容与做法

(1)政策载体与主体

2005—2022年,上海市、区发布了11份引才政策,涉及"办法""意见""规定""通知"和"纲要"5类政策载体。其中,2份引才政策是多机构联合发文,9份为单独发文。

（2）政策内容分析

在政策目标方面,强调落实上海市委、市政府实施新时代的人才发展战略要求,强化海内外人才资源流动配置的功能,要实施更加积极、更加主动、更加有效的引才政策,提高国际人才竞争力,营造更有利于创新创业的综合生态体系和人才发展环境,引进高新技术尖端人才,加快新技术产业技术发展,转变经济发展模式,建设具有全球影响力的科技创新中心。

在政策工具方面,一是创业优惠,鼓励设立留学区创新产业园,来沪创业的人才依法依规享有政策优惠待遇及资格认定相关服务;二是提供金融服务,鼓励各类金融机构设立人才风险投资基金,鼓励担保机构和再担保机构为留学人员回国创办企业提供贷款担保和再担保服务;三是产权保护,鼓励引进人才申请专利,符合条件的减免相关注册申请费用;四是人才落户,对于引进人才,采取居住证积分制度进行落户;五是补贴及奖励,对于满足条件的人才最高可以享受200万元的购房补贴,或者免租减租住房服务;六是长期激励,对做出突出贡献的海外高层次人才实施期权、股权和企业年金等中长期激励方式;七是配套生活服务,对引进人才子女配偶可以安排就近入学和工作,并且享受定期的医疗检查服务;八是学术支持,鼓励设立博士站,对于全职入驻博士站的海外博士后给予经费资助,建立海外人才管理体系。

（3）引才的经验做法

主要包括"海聚英才"全球创新创业大赛项目、"科创有约"宝山引才大使座谈会和"慧才青用"青浦区2022年校园巡回引才活动。

4.深圳引才政策的主要内容与做法

（1）政策载体与主体

2005—2022年,深圳市、区发布了10份引才政策,涉及"办法""意见""措施"和"计划"4种政策载体。其中,4份引才政策是多机构联合发文,6份为单独发文。

（2）政策内容分析

在政策目标方面,通过大力引进国内外高水平的技术人才,聚集一群可以充分发挥带头作用的尖端领军人才,一批专业技术优秀的地方领军人才,一批在技术技能方面有坚实基础和巨大发展潜力的后备人才,形成结构合理、精力充沛、择优汰庸、持续创新的高层次全方面专业人才梯队。对于细分领域和专业紧缺人才特事特议,补齐短板,提高城市人才专业水平以及服务水平。

在政策工具方面,一是人才落户,对于满足人才引进条件的高层次人才经社会劳动保障局审批可在深圳落户;二是资金支持,通过整合现有人才资金和增加投入,设立"高层次专业人才工作专项资金",对于买房意愿也给予一定限度的折扣或者资金支持;三是科研支持,科研领军人才带研发团队来深圳发展,政府资助启动经费,对高层次专业人才参加国际学术会议、交流访问、短期进修等学术研修活动,高技能人才应邀到国内外著名机构或者企业进行技能训练给予津贴资助;四是建立荣誉制度,设立"鹏城杰出人才奖""人才伯乐奖"等;五是生活服务,完善高层次专业人才住房政策,统筹解决其配偶就业和子女入学问题;六是强化人才知识产权保护,实施严格的知识产权保护,更多依靠法律手段、法治途径强化知识产权保护。

（3）引才的经验做法

主要包括深港澳联合引才和育才,构建深圳特色"人才+产业"生态链,强化技能人才市场化供给。

5.广州引才政策的主要内容与做法

（1）政策载体与主体

2005—2022年,广州市、区发布了10份引才政策,涉及"办法""意见""方案"和"指引指南"4种政策载体。其中,3份引才政策是多机构联合发文,7份为单独发文。

（2）政策内容分析

在政策目标方面,强调使企业人才总量大幅度增长,人才结构进一步优化,一批"高精尖缺"的产业领军人才在穗集聚,推动新兴产业发展和传统产业转型升级。吸引教育、卫生事业高端人才,提高基础项目服务水平。集聚一大批素质优秀、学术造诣高深、科研成果突出的各领域高层次人才,努力培养造就一批经济社会发展急需的研究开发和创新创业领军人才(团队),为促进经济发展方式转变,进一步加快国家中心城市建设,全面提升科学发展实力,提供坚强的人才保证和智力支持。

在政策工具方面,主要采用资金支持的方式从住房、教育、企业奖励等方面解决引才问题。一是住房支持。对符合条件的国际尖端人才可申请免租入住最高200平方米的人才住房,在本区工作满8年后可申请获赠所住人才住房;不选择免租租房的人才可以获得按商品住房市场评估价格的50%购买人才住房政策;若不选择以上任何一种安置政策的最高可获得300万元的安家费。二是教育支持。子女可就近安排入学,对于选择就读广州区域内国际学校、民办学校的,给予学费最高40%的资助,总额最高100万元的资助。三是企业奖励。为鼓励市场化人才引进,对于引进人才的机构每年最高奖励100万元。对于博士设立研究站最高奖励

500万元,每年评估工作产出最高可获得50万元的人才奖励。

（3）引才的经验做法

主要包括"离岸寻人才,在岸做服务"和海归人才离岸创新创业服务模式。

6.成都引才政策的主要内容与做法

（1）政策载体与发文主体

2005—2022年,成都市、区发布了14份引才政策,涉及"办法""意见""计划""措施""规划""通知"和"政策"7种政策载体。其中,11份文件为单独发文,3份文件是联合发文。

（2）政策内容分析

在政策目标方面,强调以科学人才观统领人才工作,统筹城乡经济发展,实现城乡人才共同繁荣发展。以能力建设为核心,加强高素质专业化的党政人才、高素质职业化的企业经营管理人才、高素质社会化的专业技术人才建设,形成整体推进、重点突破、城乡互促的人才工作新模式。落实人才优先发展战略,通过引进培养国内外各类高层次人才、创新创业人才和专业技术人才,缓解制约经济发展的人才短缺问题,提升人才队伍的整体素质,优化人才队伍结构,改善人才环境,更好地发挥各类人才在蓉经济建设和社会发展服务中的作用,打造国际一流的人才汇聚之地、事业发展之地、价值实现之地。

在政策工具方面,一是人才落户,满足条件的高层次人才可凭单位推荐、部门认定办理人才落户手续。二是创新创业支持,符合条件的高层次人才可申请创新创业资金,部分高层次创新创业人才给予100万元补助。鼓励企业、高等院校、科研机构通过股权、期权、分红等激励方式支持博士后自主创业。三是生活服务,在住房政策上向急需紧缺人才提供人才公寓租赁服务和人才安家补贴,根据不同人才类别提供对应的租房补贴和购房补贴。为高层次人才提供子女入学服务,且补贴其实际学费的30%;为其配偶提供就业服务,根据实际情况就近推荐就业,若暂未就业,提供一定生活补贴。四是学术支持,加强优秀博士后培养,鼓励创设博士后创新创业园,并给予相应科研经费补贴。五是企业激励,鼓励企业通过猎头公司等人力资源服务机构引进人才,按其引入成本的50%给予企业补贴。支持企业建立首席技师制度,对设立首席技师工作室给予补贴。

（3）引才的经验做法

主要包括提供保障人才住房、发放人才绿卡、设立"蓉漂人才日"、支持用人主体引才育才。

7.西安引才政策的主要内容与做法

（1）政策载体与发文主体

2005—2022年，西安市发布了12份引才政策，涉及"意见""通知""办法""措施"和"细则"5种政策载体。其中，8份文件为单独发文，4份文件是联合发文。

（2）政策内容分析

在政策目标方面，重点引进、培养、激活高层次人才以及产业发展与科技创新类实用型人才。在教育和卫生方面，加快引进紧缺人才、激活现有人才、稳定关键人才、造就高端人才。大力加强人才队伍建设，构建多层次的人才培养体系，不断夯实西安追赶超越的人才基础，形成与西安发展定位相适应的人才发展体系和人才资源优势。

在政策工具方面，一是人才分类，根据国家相关文件规定以及各类专业技术人才的特点与成长规律，西安将人才分为五个层次来确定引进人才的待遇；二是人才安居保障，对符合条件的国内外顶尖人才（A类人才）可免租入住180平方米左右的住房，在本市工作居住满5年并取得本市户籍，且在工作中做出突出贡献的，政府将房产证办理到A类人才本人名下后，产权赠予个人；三是配套生活服务，高层次引进人才子女需在本市就学的，按不同情况享受相应的优先政策，引进人才及其配偶、子女可以参加相应的社会保险并享受定期的医疗检查等服务；四是经济奖励，对于引进的优秀人才以及团队给予丰厚的研究经费以及引进奖励，对于满足条件的人才最高可以享受500万元的项目配套奖补；五是建立高层次人才荣誉制度，设立"西安英才奖"，对在西安经济社会发展中实现重大科研突破、重点产业发展培育、社会事业领域贡献突出的各类人才给予奖励；六是提供金融服务，通过奖励补助、贷款贴息、风险补偿和股权投入等市场化方式的综合运用，对高层次人才创新创业项目给予重点优先支持和创业优惠。

（3）引才的经验做法

主要包括实行高水平大学硕士"免笔试"招聘、扩大"西安友谊奖"品牌效应、搭建前沿引才平台、进一步下放人才评审权、下放"两高"人才评审权、扩大人才认定范围。

8.武汉引才政策的主要内容与做法

（1）政策载体与发文主体

2005—2022年，武汉市、区发布了15份引才政策，涉及"办法""意见""通知""措施"和"方案"5种政策载体。其中，8份文件为单独发文，7份文件是联合发文。

（2）政策内容分析

在政策目标方面，强调紧扣发展第一要务，广聚人才第一资源，激发创新第一动力，促进经济转型升级，通过战略人才推动战略性新兴产业发展。为产业聚才、给企业放权、让市场做主，充分发挥市场在人才资源配置中的决定性作用，统筹推进各类人才队伍建设，引进集聚一大批具有国际水平的优秀人才，建设造就一支种类齐全、素质优良、梯队衔接的创新创业人才队伍，努力建成我国中部地区最大的人才创业中心和人才资源集聚区。

在政策工具方面，一是人才落户，放宽留汉普通高校毕业生、高技能人才落户条件限制，符合条件可申请登记为武汉市常住人口；二是人才安居，设立人才公寓建设基金，对企业以奖励形式发放"人才住房券"供企业人才，对高层次人才、大学毕业生给予更大力度的免租减租优惠；三是就业创业扶持，增加大学生实习见习、创新创业培训机会，以政府购买服务为主的方式，为大学毕业生提供基层岗位；四是津贴补助，对参加培训的高技能人才给予培训资金补贴，对参加各技能大赛获优异成绩的给予重点支持和财政资金补贴；五是生活服务保障，为高层次人才提供入学服务，给予适当教育补贴，为高层次人才提供优质医疗服务；六是人才激励，畅通企事业单位工作人员岗位转换渠道，高技能人才不受学历、论文、外语、计算机等限制，以职业资格证书评审相应职称，实现跨体制、跨区域配置人力资源。

（3）引才的经验做法

主要包括成立武汉人才集团、推出青年人才"春笋行动"、加强创业平台建设、强化创业资金扶持、加强创业教育培训，推行车都人才一卡通——给未就业人员发放补贴金（2019年）。

（二）国外引才政策的主要内容与特点

本研究选取了美国、新加坡和澳大利亚作为研究对象，从美国公民和移民服务局、新加坡人力部和澳大利亚内政部移民及公民局网站收集相关引才政策来分析其特点与先进经验。

1.美国引才政策的主要内容与特点

（1）引进顶尖人才的临时签证政策

O-1签证的签发对象是科学、教育、商业、体育及艺术领域具有非同寻常能力的顶尖海外人才，或在动画、影视领域取得非同寻常的成就，并获得国家或国际认可的海外人才。

(2)引进顶尖人才的永久居留签证政策

美国引进海外顶尖人才的永久居留签证是EB-1签证,其主要针对优先工作者(包括具有非凡能力的人才、杰出教授和研究人员,以及跨国公司的经理或主管)。对"杰出教授和研究人员"的要求是在某专业领域获得国际认可的成就,至少在其专业领域从事了三年教学和研究工作。

(3)美国引进顶尖人才相关政策的主要特点

一是重视团队及家属的引进。在O签政策体系中,专门为O-1签证获得者的工作助理和家属设立的签证。

二是逐级选拔人才。绝大部分获得EB-1签证的顶尖人才是从其他签证类型升级到EB-1签证的。美国通常是将海外人才以低于顶尖人才的身份引进后,以美国的评价体系衡量其在美国的工作业绩,以达到人才选拔的目的。这样,一方面可以较大程度上避免由于各国对顶尖人才评价方式的差异而造成的人才水平不同,另一方面营造人才竞争的氛围。

三是给予申请人一定的选择权。由于申请人个体所在国家的国情不同,对人才进行选拔和评价的标准不同,O-1和EB-1签证均允许申请人在多个申请条件中选择有利于自己的条件,提供相应的证明,这在一定程度上缓解了由人才评价标准差异带来的问题。

2.新加坡引才政策的主要内容与特点

(1)高层次引才政策

为增加新加坡对高层次人才的吸引力,新加坡政府推出了个性化准入政策(PEP)。其他准入证(例如P、Q准入)通常与单位挂钩。若持证者离开原单位,就必须重新申请准入。而PEP持证者在新加坡即使从原单位离职,仍然可以在新加坡逗留最长6个月,以便寻找新的工作机会。而持证者的配偶、21岁以下的子女、父母都可以持长期访问准入证进入新加坡。

(2)企业高层次人才政策

为了帮助本国企业"引得进""留得住"外籍企业高管和海归人才,新加坡人力部(Ministry of Manpower)组织开展了"新加坡国际人才引进安置实践研究"(Study on Relation Practices for Incoming Global Talent to Singapore),并于2011年出版了研究报告《新加坡国际人才安置实践》。报告从主要出入境便利、移民税收政策、生活指引等方面进行了分析,具体内容主要涉及三个方面:一是分析了目前新加坡企业与国外企业在国际人才引进、保留方面的实践;二是分析了新加坡企业在引进、保留国际人才面临的关键挑战;三是为新加坡企业提出了引进、保留国际人才的建议。

(3)新加坡高层次引才政策的主要特点

一是以薪酬水平区分人才层次。新加坡吸引高层次人才的个性化就业准入政策体现了以薪酬作为主要评价标准的特点。个性化准入政策的评价标准就是月薪水平。

二是重视人才的家庭生活。新加坡政府规定,月薪超过8000新元的就业许可证持有者,不仅可以为配偶和子女申请长期访问许可证,而且长期访问许可证的适用范围包括他们的父母。允许高层次人才的配偶和子女随行是国际对于高层次人才引进的通行做法,但是只有新加坡的引才政策才将适用范围扩展到高层次人才的父母。这对于看重家庭生活的人士,特别是依赖父母照顾自己子女的亚洲高层次人才有着较大的吸引力。

三是帮助企业提升人才服务水平。新加坡政府通过研究报告、出台指导意见,帮助和指导新加坡企业提升引进和保留海外高层次人才的力度,帮助企业对于海外高层次人才的吸引力。

3.澳大利亚引才政策的主要内容与特点

(1)地区技术临时签证政策

地区技术临时签证属于489子类签证,旨在帮助偏远地区吸引海外人才。地区技术临时签证持有者及其家属有在澳大利亚偏远地区四年的居留权,并且可在签证有效期内工作、进修、自由出入澳大利亚。期满后可申请永久居留签证。

(2)地区技术签证政策

地区技术签证属于887子类签证,旨在帮助偏远地区州或者领地吸引澳大利亚境内的海外人才。该签证持有者可以在澳大利亚永久居留、就业和进修,可以申请成为澳大利亚籍公民,还可以为其亲属提供移民澳大利亚的担保。在签证签发的五年内可以自由进出澳大利亚,之后则需要申请居民返回签证或其他有效签证才能入境澳大利亚。

(3)地区担保移民计划签证政策

地区担保移民计划签证是永久居留签证,属于187子类签证,旨在帮助偏远地区的用人单位引进海外人才。该签证持有者可以享有的权利与地区担保移民计划签证持有者相同。

（4）澳大利亚为偏远地区引才政策的主要特点

一是赋予用人单位比地方政府更大的权力。偏远地区的州或领地政府仅有权提名海外人才申请四年有效期的临时签证，即地区技术临时签证。偏远地区的用人单位则可通过提名海外人才的形式，直接使海外人才获得永久居留签证，即地区担保移民计划签证。

二是降低申请门槛。为了增加经济发展水平相对落后，人力、物力和财力相对贫乏的偏远地区人才的吸引力，前述签证的申请门槛比澳大利亚技术移民签证门槛要低，要求提交的申请材料也相对较少。

三是对特定人才设立例外原则。对特定、高需求的人才设立例外原则，主要体现在不对科研和医疗人才设置年龄上限，高薪申请者无须满足英文达标的要求。

四是重视家庭成员。由于地理位置偏远，人口稀少，到偏远地区的海外人才对家庭生活有更高的需求。澳大利亚政府给予地区技术签证和地区担保移民计划签证的持有者为其亲属提供移民所在偏远地区的担保的权利。

（三）国内外引才政策的特点与经验借鉴

1. 国内引才政策的特点与经验借鉴

在政策载体方面，各个城市既有指导性、方向性的"意见"，又有操作性、实践性的"办法""细则""行动"和"措施"，强调引才政策的宏观指导与微观落地的协调与融合。

在政策目标方面，各个城市主要围绕产业链，打造人才链，希望引进培养国内外各类高层次人才、创新创业人才和专业技术人才，在"做大增量"提升人才总量与"优化存量"提升人才质量并重的同时，优化人才结构，改善人才环境，打造结构合理、充满活力、择优汰庸、持续创新的高层次全方位专业人才队伍。

在政策工具方面，主要有以下七种类型：一是提供丰富多样的就业选择，最大限度满足引进人才意愿，发挥价值；二是提供金融服务，对外来人才创新创业提供多样化的资金支持、贷款担保和税收优惠政策；三是经济奖励，对于引进的优秀人才以及团队给予丰厚的研究经费、引进奖励、长期激励；四是人才落户，满足条件的人才及其家属落户城市；五是生活服务，为人才及其配偶和子女在医疗、教育、购房、出入境等方面提供便利和优惠；六是建立荣誉制度，设立人才奖、人才伯乐奖，由市人民政府对在本市人才培养、引进过程中做出贡献的单位及个人给予表彰和奖励;七是强化知识产权保护与成果转化,实施严格的知识产权保护,帮助人才促进核心成果转化。

2.国外引才政策的特点与经验借鉴

一是引进人才的家人能够获得同样的入境许可。美国、新加坡、澳大利亚的引才政策均涉及此类内容。

二是个性化的人才评价标准。美国引才时均允许申请人在多个申请条件中选择有利于自己的条件,提供相应的证明,在一定程度上缓解因为人才评价标准差异带来的问题。

三是以用人单位为主导的引才。新加坡在引才时,注重帮助和指导新加坡企业提升引进和保留海外高层次人才的力度,帮助企业提升对海外高层次人才的吸引力。澳大利亚更是赋予用人单位比地方政府更大的权力,州或领地仅有权提名海外人才申请四年有效期的临时签证。而偏远地区的用人单位则可通过提名海外人才的形式,直接使海外人才获得永久居留签证。

七、重庆市精准化引进紧缺人才的建议

(一)加强主体协同,形成引才合力

进一步加强市与各区县,以及自贸试验区、两江新区等19个国家级开放平台之间的协同。各区县及开放平台基于自身的功能定位、产业发展与人才需求,制定差异化的引才政策。市级层面做好统筹协调和顶层设计,实现跨行政区的人才共享和流动。

(二)优化政策工具,凸显引才效果

一是提升人才服务精准度与个性化。加强对市内各类人才信息数据的精细化管理和有效整合,由市级人社局牵头建立市、区和国家级开放平台的各类各级人才及其家庭信息库,针对各类型人才的不同需求提供更为个性化的人才服务。

二是加大企业引才自主权。从政策落实上实施"自主荐才""以绩推才"模式,将人才政策自主权交给企业,对符合认定标准的企业每年给予一定名额高层次产业人才配额,由企业自行决定人才享受的待遇级别和内容,为企业招才引智提供政策杠杆。

三是拓展人才服务对象。将"新重庆人才服务卡"中的医疗、健康体检等服务内容向引进人才的父母开放,有益于进一步解决科创人员、企业高管的后顾之忧。

(三)简化政策程序,提升服务效率

进一步简化办理流程,提高政策执行过程的效率。一方面,优化办理流程手续,推进人才服务领域的"最多跑一次"改革,一次性告知人才办理业务需要提供的材料,并开辟人才对政策办理程序方式的意见反馈渠道,积极听取人才关于优化办理程序的合理意见、建议,及时对业务受理程序做出调整与改进;另一方面,完善人才网络服务平台建设,推进线上与线下相结合的人才服务模式,打造线上"一站式"服务制度,拓展重庆人才、重庆人社等微信公众号延伸人才服务渠道。

(四)主动对接需求,促成人才落地

在长三角、京津冀、粤港澳大湾区,以及哈尔滨、西安、武汉设立引才工作小组,面向国际国内延揽一流高层次人才和团队,进行专班式点对点、一对一对接服务。对照紧缺人才学科专业,结合科研院校研究方向,分类把握各产业领域优秀人才、团队现状,建立高层次人才线索库和数据清单,通过数据分析、要素匹配、沟通洽谈,跟进科研院所优秀毕业生、高层次人才、领军人才、优秀团队的发展情况,全力促进人才及团队来渝考察创业,加快人才链的建链、强链、补链。

(五)丰富引才形式,提升引才效率

一是"以赛引才"。通过举办创新创业大赛、科技大赛、农创大赛、技能大赛,实现以赛引才、以赛选才、以赛聚才、以赛招商,促进人才引领链、技术创新链、产业发展链、金融支持链深度融合,吸引、集聚符合重庆战略发展导向的项目和人才。

二是"以才引才"。通过引进领军型人才,聘请行业精英担任"重庆人才特使",搭建"人才早餐会""企业家大讲堂""院士大讲堂"等人才交流平台,用家乡情、校友情、同事情打动人才、推荐人才、聚揽人才。依托产业领军人物、城市合伙人、投资咨询机构、人力资源机构等资源发现、选拔和引进优秀人才,实现以才引才、以才荐才、以才聚才,不断扩大"人才朋友圈"。

三是"以商引才"。建立"双招双引"联动机制,组建市、区招商引才领导小组,充分发挥重庆市招商投资促进局在招商引资中的先锋作用,通过外出招商,组织和

参加各类人才推介会,靶向招商,精准引才,推动招商项目和人才同步进驻,同步落地。

四是柔性引才。紧扣市场主体需求,积极采取"候鸟式"聘任、"离岸式"研发、"巡回式"服务、"周末式"专家、智力兼职、人才租赁、顾问指导、短期兼职、项目合作等模式柔性引才。鼓励企业引进高层次创新人才来渝开展科技讲座、难题攻关、项目合作、技术咨询等短期服务。

五是构建引才网络。在产业人才丰富的区域建立人才数据库和人才工作站,铺设有效的双向信息获取渠道,定期通过重庆驻外商会、协会、校友会开展人才联谊活动,宣传推介产业发展优势和人才政策,开展会展活动、学术会议,提升引才影响力。

六是打造引才品牌。持续打造"百万人才兴重庆"引才品牌,定期举办人才节、招聘会等活动,在重要时段、重大活动期间在重点城市和海外主要城市的地铁、公交、户外LED屏播放引才宣传片,广泛传播重庆的区位、人文、居住、医疗、交通、美食等优势和引才政策,扩大引才品牌知名度。

课题组负责人:陈银华

课题主研人员:袁　梅　陈银才　周　莉　熊雪原　王显科　朱秋虹
陈怡璇

此课题为2022年度人力资源服务行业重点课题项目,于2022年12月结题。研究报告内容仅代表课题组观点。

重庆市数字经济人才创新发展指数研究

重庆邮电大学课题组

　　摘　要:开展数字经济人才创新发展评价研究,有助于政府各部门及企事业单位厘清数字经济人才创新发展工作中需要重点改进强化的方向和指引。本文基于数字经济人才创新发展的理论研究,分析了当前重庆市数字经济人才创新发展的现状和面临的问题,构建了包含投入产出及环境支撑等要素的评价地区数字经济人才创新发展的指标体系。基于主客观结合的权重方法,以重庆市各区县实际数据,计算获得了重庆市数字经济人才创新发展的各级指标权重,以及各级指标的评价值。计算结果能够较好地区分、衡量各区县数字经济人才创新发展水平。最后就重庆市进一步做好数字经济人才创新发展工作给出了政策建议。

　　关键词:数字经济人才　创新发展　评价指标

一、引言

　　党的二十大报告突出创新在我国现代化建设全局中的核心地位,将教育、科技、人才工作统筹部署,既坚持了教育、科技、人才是全面建设社会主义现代化国家的基础性、战略性支撑,又强调了三者之间的有机联系,通过协同配合、系统集成,共同塑造发展的新动能、新优势。结合党的二十大报告对教育、科技、人才"三位一体"协同推进的思想,开展数字经济人才创新发展指数研究,深入分析影响数字经济人才创新发展的影响因素,对综合衡量评价地区数字经济人才的创新发展水平,促进政府、企业、人才等相关者在数字经济人才创新发展方面协同、优化,进一步促进数字经济健康发展等,具有重要意义。

(一)数字经济人才界定

鉴于数字经济定义尚未成熟,数字经济人才相关定义尚在探索之中,不同的机构、学者从不同的角度对数字经济人才的概念进行了界定。为了更加明晰数字经济人才的概念,本文依据国家统计局公布的《数字经济及其核心产业统计分类(2021)》对数字经济人才的概念进行界定:凡是数字经济核心产业的从业人员,统一界定为数字经济人才,具体包括计算机通信和其他电子设备制造人才、电信广播电视和卫星传输服务人才、互联网和相关服务人才、软件和信息技术服务人才以及产业数字化人才。课题组进一步将确定软件工程、计算机科学与技术、电子商务等300余个专业为数字经济相关专业。

(二)创新发展研究

1.创新发展体系概述

《国家创新驱动发展战略纲要》明确提出了创新驱动发展的概念内涵,认为创新驱动发展是一个过程,主要依靠科技创新和体制机制创新,通过建立各类创新主体协同互动和创新要素顺畅流动、高效配置的生态系统,推动发展方式向依靠持续的知识积累、技术进步和劳动力素质提升转变。创新驱动发展不仅包括创新资源的集聚、创新资源的配置、创新成果的产出,还包括创新成果的应用扩散以及创新驱动经济社会发展。创新驱动发展也受到整个经济社会环境的影响,要求促进教育链、人才链与产业链、创新链有机衔接,真正实现地区创新发展水平综合提升。

2.创新(发展)指数相关研究

随着创新研究的不断深入,运用各类创新指数对国家或地区的创新能力进行动态、准确、全面的测量逐渐得到政府部门与学术界的关注与重视。在方法上,文化创新指标体系或者科技创新指标体系的相关研究可分为三类:一是投入—产出法,即将指标总体划分为创新投入、创新产出两大类,部分理论在该两类指标基础上加入创新主体、创新环境等指标;二是创新生产应用法,即将指标分解为创新基础能力、创新环境和创新应用能力;三是区域创新能力构成法,主要包括经济水平、人才培养、科学技术、企业创新能力、信息化水平与条件、区域管理水平等方面。

二、重庆市数字经济人才创新发展现状与问题研究

(一)创新投入及平台建设

从专门的人才平台来看,2021年11月16日,人力资源社会保障部批复同意组建中国重庆数字经济人才市场,这将是重庆首个聚集和培养数字经济人才的"新阵地",也是人社部批复设立的我国首家数字经济人才市场。该市场将力争打造成高端数字经济人才培育基地、全国数字经济人才输送交流平台,成为国内一流、国际知名的专业化人才市场。

2021年5月25日揭牌成立的重庆市数字经济人力资源服务产业园,构建了重庆市人力资源协同发展的数字经济产业体系,解决数字经济人才支撑能力不足的问题,统筹人力资源服务机构、工业互联网企业、高校、职业院校等多方角色,共同开展数字经济人才培养和服务,提升了数字经济人才培养模式。

从创新方面看,西部(重庆)科学城建设高点起步,两江协同创新区加快发展,各高新区、农业科技园区成为科技与产业融合发展的重要载体,国家畜牧科技城、重庆国际生物城、科技创新小镇、科技生态城等创新平台催生比学赶超、竞相发展的创新格局。2020年,全市研发经费投入强度2.11%。

国家儿童健康与疾病临床医学研究中心、国家应用数学中心等国家科技创新基地和基础学科研究平台获批建设,超瞬态实验装置、长江上游种质创制科学装置、长江模拟器等重大科技基础设施启动建设,全市有效期内高新技术企业4222家,国内外知名高校、科研院所来渝建立创新机构101家,规上工业企业研发投入强度稳居西部第一,由此聚集了研发人员达16.07万人,国家级高层次人才新增2500名。

2020年,蚕桑研究保持世界领跑地位,向量最优化理论、蛋白质抗原工程等科学研究取得突破,全球最小间距显示屏、高塑性镁合金等技术成果不断涌现,国家科技奖实现新突破。国家新一代人工智能创新发展试验区获批建设,"芯屏器核网"创新链不断完善、全产业链不断壮大,"云联数算用"全要素群加快集聚,"智造重镇""智慧名城"成为城市新名片,高技术产业和战略性新兴产业对工业增长贡献率分别达到37.9%和55.7%。全社会研发经费投入增长年均大于10%,全社会研发经费占地区生产总值的比重达2.11%,基础研究经费占全社会研发经费的比重为

4.4%，每万人口高价值发明专利拥有量3.65件。

（二）人才政策

人才政策环境方面，为加强海内外优秀人才集聚，在过去的几年里，重庆市相继出台了一系列人才政策，形成了较为完备的人才政策体系，如2017年的《重庆市引进海内外英才"鸿雁计划"实施办法》，2018年的《重庆市以大数据智能化为引领的创新驱动发展战略行动计划（2018—2020年）》，2020年的《重庆市支持大数据智能化产业人才发展若干政策措施》《重庆市大数据智能化人才分类评价实施方案》，2021年印发的《重庆市引进高层次人才若干优惠政策规定的通知》《重庆市留学人员回国创业创新支持计划实施办法》《进一步加强高技能人才与专业技术人才职业发展贯通的实施方案》等。

从政策促进创新看，科技体制改革深入推进，自然科学基金项目实现体系化，"揭榜挂帅""赛马"等项目生成机制加快实施，经费"包干制"、结题备案制等顺利推进，赋予科研人员职务科技成果所有权或长期使用权试点有序开展，诚信管理覆盖科研活动全过程，知识价值信用贷款改革试点被列为国务院大督查通报表扬的典型经验做法，环大学创新生态圈成为"双创"名片。科技立法工作持续加强，科研人员减负行动持续深化。

为给国际化人才提供便利化保障，重庆建立口岸通关效率检测评价机制，提高出入境人员口岸通关效率。设立中外人员往来"快捷通道"，建立引才专员工作机制，探索外籍人才经历、资质互认，为"高精尖缺"外国人才提供方便。

（三）数字经济人才队伍综合情况

总体来看，近年来，重庆市大力实施人才强市战略，人才队伍建设取得新成效，人才规模逐年扩大。截至2022年8月，重庆市人才资源总量达599万人，其中高层次人才增幅达93%。全市高技能人才达151万人，占技能人才总量的31.9%；全市数字人才总量超过80万人。人才队伍的发展壮大，有力地促进了重庆市数字经济的健康发展。

表1对比了截至2020年底重庆、深圳、武汉、成都等市的人才资源状况，可以看出在专业技术人才总量、技能人才总量方面，重庆市能够位居前列，仅在高技能人才占技能人才比例上存在不足，但近两年实现了快速增长。

表1　人才资源情况比较

指标	重庆	深圳	武汉	成都
专业技术人才总量(万人)	203	198	158.54	206.72
技能人才总量(万人)	387	396	139	240.36
高技能人才占技能人才比例(%)	26.87	35	33	30.47

(数据来源：各市人力资源和社会保障事业发展"十四五"规划、2020年度人力资源和社会保障事业发展统计公报)

从企业数字经济人才情况来看,企业数字经济人才趋于年轻化。从抽查的部分企业来看,企业数字经济人才大多集中在40岁以下这个区间,占比达80%。本科学历的人才是各个产值区间企业的核心生产力,其中5000万元以下以及1亿~10亿元级的企业分别占比65.58%、50.09%。人才专业分布则集中在核心专业人才以及相关专业人才。大部分数字产业内容企业更倾向于计算机、软件、通信、物联网、信息管理等与ICT密切相关专业,对于聚焦云计算、大数据、AI、物联网、区块链、边缘计算等方面的中层人才需求最大。

从高校人才培育能力看,重庆市共有67所院校,1035个专业,毕业各层次学生近23.5万人。本研究确定软件工程、计算机科学与技术、电子商务等300余个专业为数字经济相关专业,共计毕业生6.5万人。重庆市高校数字经济相关专业毕业生中,本专科生学历占比93.65%,硕士研究生占比6.04%,博士研究生占比0.31%,应届毕业生中本科生、专科生人才占绝大多数,反映出重庆市数字经济相关专业硕博点数量较少,涉及基础理论和应用开发等高层次(学历)人才培养不足。

(四)人才创新发展面临的问题

1.现有学科布局与数字经济创新发展需求不够匹配

一是重庆市人才存量基数及供给能力存在固有短板。相较于北京、上海、成都等地区,重庆市人才高校毕业生的总量不足、硕博士点较少。

二是重庆市高校教育存在"学非所用、用非所学"现象。受制于高校课程专业设置的通识性,学校的教育模式与企业的人才需求脱节,学校培养的学生无法适应数字企业的用人要求。

三是高校科技创新整体水平不高,服务支撑创新驱动发展能力亟待提高。各高校对于基础学科、新兴学科、交叉学科建设的协作没有得到深化落实,为重庆市重点产业现代化攻克关键核心技术的支撑作用不足。研究团队组织通常较松散,经常处于变动改组中,形不成人才结构合理的梯队,缺乏学术思想的碰撞,缺少有组织科研。

2.缺乏具有显著影响力的数字人才创新载体

一是数字产业生态尚未形成。龙头企业、大型企业与中小型企业数字经济发展水平参差不齐,生态企业帮扶、借助生态力量营造优质产业的氛围不浓。大多数企业的数字化、智能化应用场景并不充分,大部分企业特别是制造业项目数量不足、项目质量偏低,难以持续性地留住高端人才,企业的核心需求仍然为大量的中层人才和基层人才,创新发展能力不足,形成锁定效应,难以突破。

二是人才战略平台缺少。当前重庆市各细分行业都有为数不少的科研机构、研发平台,但科研机构规模较小、人才集中度低,且这些战略平台大多属于国有企业较为集中的传统制造业,而新一代信息技术、智能制造、生物医药、新材料、新能源等领域的科研平台、培训项目发展滞后,对优质人才资源的聚集能力较弱。此外,科研平台及高端人才配置条块分割严重,没有形成跨地区、跨行业的人才共享机制,难以提升数字经济人才的重大创新发展能力。

3.数字经济人才留渝优势不足

一是中层人才留渝优势不显著。现有人才计划中,信产招工等政策偏重强基人才招聘,对于发挥关键作用的中层业务骨干人才缺乏相应政策支持,中层人才出现"两头不靠"现象,造成企业内部业务骨干人才严重供给不足。

二是难以吸引外地关键人才。由于数字经济企业的成本主要为人力成本,而重庆本地企业的人均薪资与北上广深等城市数字经济企业存在较大差距,企业之间关键人才同质化竞争严重,导致数字经济人才频繁跳槽,形成了不合理的人才流动。根本原因是重庆市产业发展的土壤没有达到高精尖人才的要求,缺乏具有显著影响力的数字经济企业,存在本土企业为全国培养了数字人才,却没有为重庆留住数字人才的现象。

4.政产学研协同机制不够完善

一是政府企业协同存在信息壁垒。政府对于人才引进和培育政策的制定较为通用和粗放,难以准确把控企业内部的人才需求。

二是政产学研载体建设不够。政府只是人才政策的制定者,企业、高校、科研院所形成了不同甚至是潜在对立的组织文化和行为准则。企业通常具有明显的利润导向,注重合作带来的经济价值;高校则是科研导向,考虑合作是否有利于学术研究。这种价值观的分歧影响着各方对合作利益的评价及合作范围和模式的选择,造成校企合作通常流于形式。加上在实践中体制机制有效调节的缺乏,更使协同主体各方动力不足、活力不强。

5.人才政策效果不佳不够健全

一是人才交流不畅,人才政策未形成合力。当前,各项引才政策、人才政策、创新政策散落在各个部门,政府系统集成不够导致聚焦重点产业和薄弱环节不够,政策措施协调配合不够,配套措施和实施细则完善不够,职能部门之间信息交流不畅,全方位的人才交流平台尚未完全建立,严重削弱了人才政策的效果。

二是人才政策执行不到位以及灵活性差。重庆市虽然出台了一系列人才服务政策,但在具体执行与落实时,还没有能够做到有效整合政府各相关部门和社会化资源,未能实现一站式的服务。一些高层次人才并不知晓,或由于程序较烦琐而选择放弃办理。重庆市人才管理方面的系统未能实现对各类人才的有效管理,在某种程度上易形成信息孤岛,导致人才间缺乏交流,人才统计数据浪费,人才需求无法得到反馈。

6.人才激励机制效果不显著

人才评价激励机制重职称头衔轻成果产出,行业特色的人才评价体系尚未健全,存在人才评价"破四唯""立新标"、评价方式创新和用人单位评价制度建设等方面不到位的情况。对于基础科学、基础研究尤其缺乏有效的激励机制,长期形成的急功近利思想和社会评价标准,阻碍了短期看不到产出的基础科学发展,而基础科学则是科技腾飞的核心支撑,基础研究是科技创新的源头。在评估内容上,以结果为导向的评价体系尚未健全,人才奖励的评判标准仍然重输入、轻产出,作为企业需求最为旺盛的青年人才往往因为无成果、无头衔等因素难以获得政策补助,企业实际需求和政策导向出现脱节。在人才的评价与激励过程中,依靠市场公开、平等、竞争的评价机制尚未形成,加上根据高层次人才的特点和需求实际的激励措施不足,导致高层次人才的流失较为严重。直接奖励引发人才不合理的流动和竞争,重金引来的人才短时间内就流向其他地区,使刚刚建设好的学科平台空置,造成非合理的人才流动,导致人才队伍建设本身的不平衡。

三、重庆市数字经济人才创新发展指标体系研究

(一)指标选取及权重确定

本文结合党的二十大报告高质量发展思想,在借鉴国内外相关创新指数和人才相关指数编制的基础上,从科学性、独立性、简洁性、可得性等原则出发,选择从人才创新发展投入、人才创新发展产出以及人才创新发展环境等角度对人才创新发展进行评估。构建的重庆市数字经济人才创新发展指标体系见表2。其中,一级指标将数字经济人才创新发展水平分解为人才创新发展投入、人才创新发展产出以及人才创新发展环境,其下包含7项二级指标和24项三级指标,在借鉴其他人才评价和创新发展评价指标体系核心指标的基础上,充分考虑数字经济这一研究范围并将人才创新能力这一关键要素重点突出。

本文最终选取的三级数据指标为:R&D经费占GDP比重;数字经济相关重大项目数量;新增备案和审批数字经济相关本科专业数;新增数字经济相关博士、硕士学位授权点数;教育支出占财政支出的比重;技术市场合同成交额;每万人口发明专利拥有量;数字经济专利;ESI高引学者发文量;数字经济核心产业增加值占比;数字经济核心产业增加值增速;专技人才总量;技能人才总量;高技能人才占技能人才占比;数字经济高层次人才数量;ESI高引学者数量;数字经济世界500强企业数;高新技术企业数;有R&D活动的企业数;研发平台数〔包括如下类型:重庆市重点实验室、重庆市工程技术研究中心、重庆市企业工程技术研究中心、重庆市产业技术协同创新中心、重庆市产业技术创新研究院、重庆市技术创新中心、重庆市野外科学观测研究站、重庆市新型(高端)研发机构〕;"专精特新"企业数;数字经济人才相关政策数量;高等教育机构数;数字经济相关培训机构数等指标。

本研究计算实例选取了重庆市各区县相关指标数据进行分析。数据来源主要来自各级政府部门年报、公报、统计年鉴、知网、InCites等权威数据库,天眼查等公开数据。

指标权重采取主客观权重分析方法:客观法使用熵权法;主观法使用专家打分方法。设主观权重为 w_i,客观权重为 v_i,则综合权重为 $w_i \cdot \dfrac{v_i}{\sum w_i \cdot v_i}$。

表2　指标体系

一级指标	二级指标	三级指标
人才创新 发展投入	经济投入	R&D经费占GDP比重
		数字经济相关重大项目数量
	人才投入	新增备案和审批数字经济相关本科专业数
		新增数字经济相关博士、硕士学位授权点数
		教育支出占财政支出的比重
人才创新 发展产出	科技产出	技术市场合同成交额
		每万人口发明专利拥有量
		数字经济专利
		ESI高引学者发文量
	产业产出	数字经济核心产业增加值占比
		数字经济核心产业增加值增速
	人才产出	专技人才总量
		技能人才总量
		高技能人才占技能人才占比
		数字经济高层次人才数量
		ESI高引学者数量
人才创新 发展环境	技术政策 环境	数字经济世界500强企业数
		高新技术企业数
		有R&D活动的企业数
		研发平台数
		"专精特新"企业数
		数字经济人才相关政策数量
	培育环境	高等教育机构数
		数字经济相关培训机构数

（二）数字经济人才创新发展指数分析

本研究根据主客观权重分析方法，客观法使用熵权法，主观法使用专家打分方法。设主观权重为w_i，客观权重为v_i，则综合权重为$w_i \cdot \dfrac{v_i}{\sum w_i \cdot v_i}$。

首先将各三级指标进行归一化处理，然后利用主客观法计算各二级指标下的三级指标的权重及得分,获得得分后,再计算该二级指标的得分,获得所有二级指标得分后,再重复进行某个一级指标下的二级指标权重及得分计算。由此反复计算后最终得到总指数的对一级指标的权重求和。最终计算出的各级指标权重见表3。

表3　各级指标权重

一级指标及权重	二级指标及权重	三级指标	权重
人才创新发展投入 0.22	经济投入 0.53	R&D经费占GDP比重	0.50
		数字经济相关重大项目数量	0.50
	人才投入 0.47	新增备案和审批数字经济相关本科专业数	0.41
		新增数字经济相关博士、硕士学位授权点数	0.55
		教育支出占财政支出的比重	0.04
人才创新发展产出 0.50	科技产出 0.46	技术市场合同成交额	0.55
		每万人口发明专利拥有量	0.14
		数字经济专利	0.15
		ESI高引学者发文量	0.16
	产业产出 0.22	数字经济核心产业增加值占比	0.71
		数字经济核心产业增加值增速	0.29
	人才产出 0.32	专技人才总量	0.28
		技能人才总量	0.24
		高技能人才占技能人才占比	0.20
		数字经济高层次人才数量	0.12
		ESI高引学者数量	0.16
人才创新发展环境 0.28	技术政策环境 0.58	数字经济世界500强企业数	0.23
		高新技术企业数	0.19
		有R&D活动的企业数	0.17
		研发平台数	0.20
		"专精特新"企业数	0.09
		数字经济人才相关政策数量	0.12
	培育环境 0.42	高等教育机构数	0.18
		数字经济相关培训机构数	0.82

从最终总的数字经济人才创新发展指数来看,Top9为南岸区、渝北区、九龙坡

区、沙坪坝区、江北区、北碚区、巴南区、渝中区、永川区。三峡库区发展指数偏低，如图1所示。

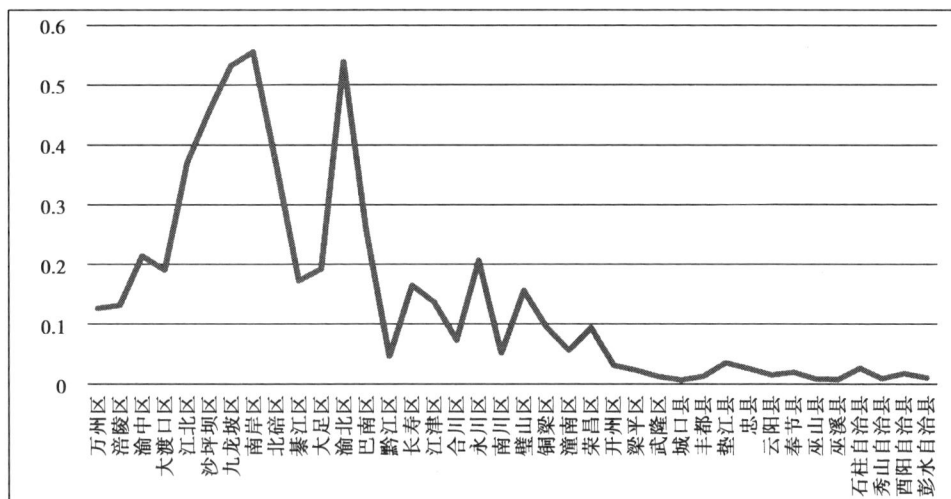

图1　各区县数字经济人才创新发展总指数

从创新投入、创新产出及创新环境看，基本趋势与总指数相同，但是在大部分非主城区的区县，创新投入评价会高于创新产出和创新环境，如图2所示。

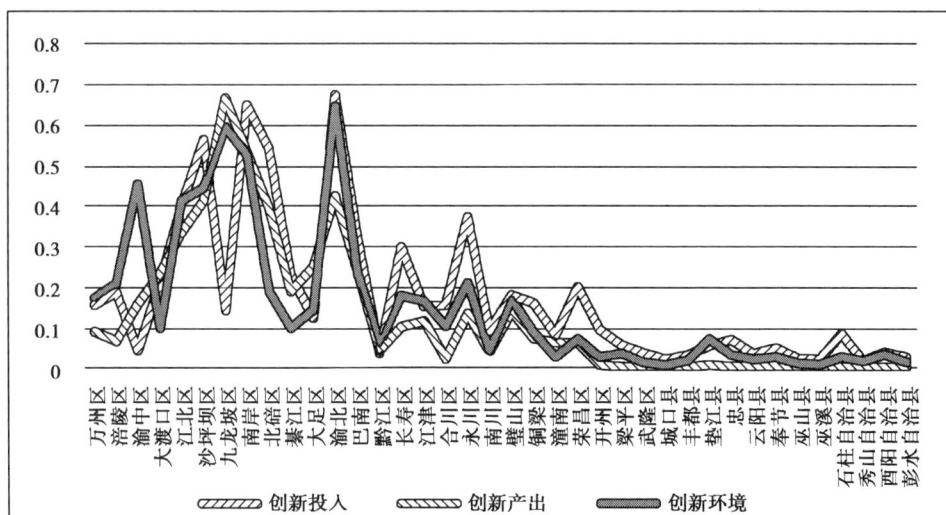

图2　各区县数字经济人才创新投入、创新产出及创新环境评价

四、政策建议

本研究指标体系结构尤其强调数字经济人才创新发展衡量中对系统化、协同化的评价，充分体现了数字经济人才创新发展的内在机理，体现党的二十大报告中"三位一体"推进教育、科技、人才工作的重要性。为进一步促进数字经济人才创新发展相关工作，基于教育链、创新链、人才链深度融合的思想，提出如下建议。

（一）强化人才创新发展工作顶层设计

以系统思维将产业发展、科技创新、人才创新发展等工作进行宏观设计和整体谋划，协同数字经济人才创新投入、创新产出和创新环境紧密相关的部门，完善数据指标统计，并聚焦重庆市重点发展领域，结合数字中国部署规划，在建设数字经济、数字社会、数字政府等领域中，依托重庆市数字经济人才市场和重庆市数字经济人力资源产业园等平台，精心推选出一批创新链、产业链、资金链、人才链深度融合示范项目，重点在于深度跟进项目过程，探索多方共赢的长效机制，提升政策制定精准度。

（二）培育优秀数字经济创新主体

一是统筹推进创新基础设施建设，加快国际高端产业和创新资源向渝聚集。积极创建智能感知与认知计算、金融科技、山地城镇建设安全与智能化等国家重点实验室，聚焦科技前沿和未来重庆市产业发展需求领域，新建一批市级重点实验室；加快重大科技基础设施建设，在先进制造、新材料、信息科学与生命科学等领域布局大科学装置，实现行业前沿技术引领；大力发展新型研发机构，鼓励有条件的企业组建面向行业共性基础技术、前沿引领技术开发的研究院，积极创建国家科技成果转移转化示范区。

二是鼓励在渝骨干企业、研究机构搭建数字经济交流平台，加强前沿技术创新、新兴产业培育、国际标准研制等方面的务实合作，以项目和科研实验室等为媒介，实现柔性引才机制，保障人才能最大限度发挥其才能。

三是培育壮大高科技企业，促进"专精特新"中小企业数量快速增长、核心竞争力显著提高，成长为专注于细分市场、掌握独门绝技的"小巨人"和"单项冠军"企业，提升产业链韧性，夯实产业创新基础能力。

(三)扩大数字经济影响力,打造高端合作平台

以"智博会"为主要载体,鼓励有条件的区县积极承办数字经济高峰论坛,开办集引资、引技、引智于一体的高端峰会和创新、创业大赛,努力将"智博会"打造成国际化、国家级、专业性的业内嘉年华。依托重庆科技服务大市场和重庆科技要素交易中心平台,建设服务重庆、辐射西南、面向全球的数字经济成果转化平台。引导两江新区、高新区等创新主体与国内外数字经济领域优势院校、领军企业、组织机构的全方位合作,积极参与国内外大数据智能化研发合作和重大科研专项、重大产业项目的布局建设,大力开展数字经济创新创业大赛,将重庆建设成为全国层面数字经济对外合作交流的中心地。

(四)提升高校科研创新水平

一是积极推进高校有组织科研。基于国家和区域战略需求,使高校有组织科研,促进高校科技创新建制化、成体系。探索多路径建立有组织科研团队载体,强化高校内部优质资源的统筹整合力,确保有组织科研不受传统院系组织结构的困扰,能够灵活地逾越学科界限,针对重大战略问题、前沿问题、现实急迫问题开展有组织的研究。深化重庆市高校联盟合作机制,建立多级有组织科研体系,深度共享高校国家重点实验室等国家级、省级科研平台资源,逐步推进建立融合跨高校、涵盖政府、行业领军企业等多主体的有组织科研机构,使其成为重庆市有组织科研的重要引领力量,形成国家战略科技力量。

二是持续优化学科布局,积极增设数字经济相关学科专业。以国家战略需求及当前行业大的科技革新技术为导向,强化基础学科科研能力建设,尤其是加大数字经济领域博士点、硕士点数量和招生人数。积极鼓励在渝教育部高校和市属"双一流"大学增设大数据智能化专业,重点围绕以新一代信息技术和新技术革命创新融合为主的交叉专业,加快培养战略性新兴产业发展所需的紧缺人才。围绕"中国制造2025"提出的十大重点领域、23个优先发展方向和"互联网+"行动计划的11个重点领域,建立跨学科、跨产业、跨领域的交叉培养模式。

三是促进双城高校合作交流。共同争取更多国家"双一流"学科,推动两地"双一流"高校与省市政府之间的战略合作。推动建设环成渝高校创新生态圈,支撑西部科技创新中心建设。推进教育资源共建共享,联合培养基础学科拔尖人才,推动成渝高校学生跨校交流与培养。

(五)增强政企校协同创新能力

一是促进专业群与产业群精准对接。厘清专业群、产业链及岗位群的逻辑关系,促进教育链紧密对接产业链、紧贴区域经济发展,实现多个专业的交叉融合,带动同一产业链的诸多关联专业的快速发展,加速产教融合多主体的协同发展,精准把脉产业需求,及时动态调整专业方向和专业结构,提升专业内涵,主动适应产业变化及岗位需求,使培养的人才更具有核心竞争力,从而实现真正意义上的产教融合。

二是促进校企师资双向交流互通。构建"双师型"教师资源库、制订外聘技术骨干(专家)管理制度、企业兼职教师引进方案等吸引企业人才进入职业院校,共同制订人才培养方案、指导学生毕业设计、参与课堂授课及现场实践教学,共同开发课程及教材,共建产业学院等,真正实现学生技能培养与企业岗位需求零距离衔接。同时完善相关制度,要求职业院校的教师走出校园走进企业,与企业开展各种项目合作等,实现师资的互融互通、共同成长,提升教师专业技术水平。

三是通过构建基于契约的信任体系,实现融合主体的权、责、利对等,促使各方主体按照既定的目标一致行事,共同创造价值,从而解决产教融合过程中人才供需脱节的难点痛点问题。

四是构建多方共赢的激励机制。深入分析产教融合多主体间形成深度融合的诱导因素,促使各主体互利互惠,实现多方共赢,提升主体美誉度和竞争力。出台精准的政策支持,建立完善的激励机制,促进产教融合多主体实现协同。

(六)强化创新链与产业链融合

一是完善创新链整合机制。以政府作为创新链整合的主体,逐步采用市场化手段,陆续增强科技创新计划的引领和整合功能,探索政—产—学—研等创新主体间产生更加高效的从创新链到产业链的整合机制。不断强化创新体系的顶层设计,有效整合一系列的创新资源,产生创新合力。推进具有社会性、非营利性、公益性的重点产业技术研究院建设,服务产业创新发展,有效协调基础研究、生产工艺研究与产品开发研究,陆续解决制约产业发展竞争前技术、共性技术以及关键核心技术的瓶颈,促进产业培育,不断提高产业技术、提升产业效益,增加社会福祉。

二是健全产业链整合机制。推进重点产业中的主导企业借助于产业链集成战略,不断提升企业集成创新能力,陆续构建健全的创新资源集成机制,尽可能地集聚创新资源,逐步促进产业链相异环节间的交互式学习与互动,强化区域内部与区域间沟通与合作,渐渐突破战略产业价值链,逐步实现产业资源的高效整合。

三是促进创新链产业链融合。强化高质量发明专利及行业标准研发能力,推进重点产业龙头企业积极构建面向未来的专利池战略与标准竞争战略。强化对新技术的研发主导,培育广泛合适的本土及市外合作伙伴,在合理分工的基础上研发核心技术,实现核心专利共享,有效构建专利池,不断促进技术标准转化为事实标准,共同提升创新能力,大力打造自主创新高地。进一步完善知识产权管理制度,保障创新主体合法利益,促进知识产权快速高效转化,激发创新主体参与创新的积极性。

(七)完善人才评价以及激励机制

一是积极推进人才分类评价机制改革。积极探索把品德作为科技人才评价的机制,突出国家使命导向,推动国家重大攻关、基础研究、应用研究和技术开发、社会公益研究四类创新活动评价制度的建立。对于国家重大攻关任务的科技人才评价,建立体现支撑国家安全、突破关键核心技术、解决经济社会发展重大问题的实际贡献和创新价值的评价指标;对于基础研究人才,突出同行评价,注重研究成果质量及对国家、社会的影响力;对应用研究和技术开发,强化创新创造业绩贡献评价,注重创新能力、创新成果、产学研结合等;对于社会公益研究人才,注重服务支撑能力和社会贡献,突出转化效益效果评价,注重产值、利润、吸纳就业、节约资源等指标。针对不同类型、不同层次、不同行业的特点和对人才的不同需求,引入企业、行业协会、中介组织等多元主体评价,构建分行业、分产业、分领域的操作性强、持续动态和可落地的多元人才评价标准体系。

二是探索新型人才评价方式。依托政策,在职称与职业资格密切相关的职业领域,建立职称与职业资格对应关系,通过大数据平台分析人才应用范围、评审(鉴定)条件,统筹结合,共同规划、探索、创新人才评价体系,对数字经济复合型人才进行评价,结果互认,避免交叉,减少重复。通过信息共享,在申报者和人力资源管理部门之间搭建起一座沟通的桥梁,防范社会上假评审、假培训、假鉴定行为,促进新政策的顺利实施,让人才获利受益,同时利用人才基础信息,整合人才评价成果,形成多维人才队伍分析报告,挖掘人才数据资源价值,提升人才服务部门整体数据分析能力,实现基于数据的科学决策,推动人才队伍建设。

三是发挥协同体的积极性和创造性,注重物质激励与非物质激励并重。面向市场,引导全社会多渠道、多层次增加人才培养投入,形成以财政投入为引导、企业投入为主体、社会投入为补充、优惠政策作扶持的全社会人才培养激励机制,进一步激发人才的主动性和创造性。注重高层次人才事业支持和精神关怀,加强高层次人才工作的"软环境"建设,创造开放、自由的发展环境。适当增加荣誉奖励,给予高层次人才精神上的成就感和满足感,用"软环境"留住人才。

课题组负责人:张　洪

课题主研人员:袁　野　万晓榆　刘雪艳　王宇范　申永康　万文韬
　　　　　　　陈佳怡

此课题为2022年度人力资源服务行业重点课题项目,于2022年12月结题。研究报告内容仅代表课题组观点。

实践篇

重庆北碚：探索产才融合发展新模式 打造重庆卓越工程师半岛

重庆市北碚区委组织部

摘　要：立足成渝地区双城经济圈产业经济发展需求，深化与川渝两地高校职校、科研院所、重点企业合作，依托蔡家半岛现有资源，整合优质高校、企业资源，以培养造就卓越工程师为抓手，深化产学研联合培养，将卓越工程师半岛打造成具有辨识度的人才引育平台，赋能区域产业发展。

关键词：卓越工程师半岛　产学研融合　人才培养

一、项目背景

习近平总书记指出"要培养大批卓越工程师，努力建设一支爱党报国、敬业奉献、具有突出技术创新能力、善于解决复杂工程问题的工程师队伍"。为了推动重庆制造业高质量发展，打造全国重要的先进制造业基地和现代服务业高地，必须加快解决许多产业面临工程师数量不足、质量不高的问题。市委人才办也制订了《卓越工程师培养集聚行动方案》。北碚区深入学习贯彻习近平总书记关于人才工作系列重要指示，以推动成渝地区双城经济圈建设为牵引，积极响应国家战略使命，植入人才培养、成果转化、创业孵化、展览竞赛等功能，打造成渝地区工程师产教融合实训示范基地、全国卓越工程师产学研用一体化培育模式新阵地，助力重庆市创建全国卓越工程师培育名城，积极探索产才融合发展新模式，打造重庆卓越工程师半岛，推动形成"人才链—创新链—产业链—资金链"四链融合示范，为区域高质量发展注入新动能。

二、具体做法

(一)聚焦工程师培养,全链条搭建卓越工程师培养平台

构建多方联动培养机制。以培养造就卓越工程师为目标,坚持"共商、共建、共管、共享"原则,通过"政府主导、企业主体、市场运营"的发展方式,整合优质高校、企业资源,形成"龙头企业+中小创新企业+公共服务平台+高校科研院所"的创新生态发展机制。

打造卓越工程师半岛平台。以88平方千米的蔡家半岛为核心,整合12平方千米产业园区,逐步拓展到西部(重庆)科学城北碚园区、两江水土新城等区域,搭建协同创新中心与实践基地、卓越工程师小镇、云端学院、科创成果孵化基地4个平台,实现教育培训、产业孵化、国际交流、会展竞赛、泛卓越工程师发展生态圈5个功能,着力培养更多"满足社会需求,服务国家发展"的卓越工程师人才,精准服务川渝两地相关重点产业发展。

创新全流程闭环体系。打通产业和学校边界,突出"工学一体",通过"线上+线下"的教学模式,形成中职、专科、本科、研究生工程师领域教育贯通衔接为主、在职人员技能提升为辅的多元化多层次培养体系,形成"人才链—创新链—产业链—资金链"四链融合示范,构建卓越工程师培养全流程闭环体系。

(二)聚焦区域发展需求,全要素强化人才引育留用

分门别类引才。分领域印发《北碚区推进工业互联网发展若干措施》《北碚区促进智能传感器产业发展若干措施》《北碚区软件产业发展专项扶持政策》,统筹使用1亿元"资金池",重点支持企业人才引育、平台载体打造。

聚焦重点育才。围绕"数字化+工业互联网+传感器"等智能智造产业发展定位,联合高校职校"订单式"育才,匹配重点企业、支柱产业开设"命名班",全力培养现代制造业急需的"高精尖缺"产品研发工程师等高层次工程和技术人才。实施"新时代三千名流"人才计划,设置"卓越工程师类""技能人才类"领域专项,激励先进典型。

数字赋能留才。坚持以数字化为切入点,打造人才服务数字化平台,谋划"工程师赋能制造业一件事"。建立重点企业引才需求数据库,完善"碚有引力·高校巡回引才"电子流程图,编制工程师人才急需紧缺型人才目录,推动人才需求、人才招

引、人才培育、人才服务系统集成,为人才选育管用提供数智支撑。

创树品牌用才。围绕高新产业和新职业举办综合性技能大赛,做精"碚城工匠"品牌,累计推出人社部认证"大国工匠"及市人社局认证"巴渝工匠"20余人。构建特色产业联盟组织,指导成立重庆市工业互联网大数据产业发展联盟、重庆(国际)智能传感技术创新联盟等高新产业联盟和人才协会,定期开展科技项目"揭榜挂帅",拓展技术研发和人才运用空间。

(三)聚焦校院地企合作,全方位搭建平台赋能发展

完善校地合作政策。切实加强与属地优势高校合作,出台了《关于进一步深化与在碚院校合作推动高质量发展的意见》《环西南大学创新生态圈扶持政策(试行)》《北碚区吸引青年人才聚碚创新创业三年行动方案》,开展"碚有引力"高校巡回引才,与高校合作实施"千人千岗就业见习"专项行动暨大学生留碚创业计划,每年精准匹配见习岗位1000个,更好发挥人才优势,助推经济社会高质量发展。

搭建协同创新平台。链接工程领域创新研究院所、重点企业、专家团队等资源,校地企多方合作共建卓越工程师协同创新中心、云端学院、科创成果孵化基地,依托第三方人力资源服务机构、西南大学校友会等设立"招商引资招才引智"联络总部及分部16个,围绕目标高新产业开展项目合作,引进高层次产业人才。

打造人才锻炼基地。以卓越工程师主题产业园为运营主体,依托重庆工程师联合体,做实北碚区工程师协会,支持先进制造领域领军企业创建卓越工程师实践基地,推进企业与高校开展"1+1"定点实习实训与创新创业,常态化开展技术研发交流活动,打造"工程师之家"。

三、取得的成效

(一)项目运营逐步明确

半岛项目将由区属国有企业采取"1+N"模式("1":总包;"N":自营、分包、联营等N个模式)承接整体运营。与高校、企业达成合作办学事项,启动卓越工程师培训培养工作,聚焦产业发展方向及企业需求,已为四联集团、广怀集团、北碚电信企业组织"机器人+"卓越工程师高级研修班、智能制造工程师等培训班10余场次,开设企业各类"订单班""命名班"3个,培育"高精尖缺"研发工程师、系统工程师等

高层次工程和技术人才600余人,积极推动培训、实训、认证"三中心"项目实现实体化运营。

(二)大赛成果赋能发展

先后两次作为唯一承办区县与市人力社保局等市级部门共同承办首届卓越工程师大赛和2023全球卓越工程师大赛。2023年6月,在首届卓越工程师大赛暨卓越工程师半岛签约仪式上,北碚区已与市人力社保局签订卓越工程师培养集聚战略合作协议,卓越工程师半岛正式揭幕落地北碚,多项大赛成果落地北碚实现转化,其中,"微生物来源产物生产菌种的改造"项目作为大赛金奖项目与重庆乾泰生物医药有限公司实现"双向奔赴"落户北碚,大幅度降低了生产成本,预计达产后将为公司新增销售额1.5亿元/年。同时北碚还向20余个达成合作意向的团队及个人颁发卓越工程师大赛"成果转化合作项目"、卓越工程师半岛"产业顾问"证书。2023年12月,在2023全球卓越工程师大赛上,中国科学院重庆绿色智能技术研究院、四联集团、重庆材料研究院、诺奖二维材料研究院4个单位入选全市首批卓越工程师实践基地,总数占全市的13%。

(三)校地企实现合作共建

半岛与重庆大学、西南大学、中国科学院重庆学院、西南科技大学等10所合作高校,中国工业互联网研究院重庆分院、中国科学院重庆绿色智能技术研究院、重庆材料研究院等4家科研院所,以及航天云网、力帆科技、四联集团等7家龙头企业共同签订卓越工程师半岛共建合作协议,实现信息共享和资源互利,22名"科技顾问"选派至重点园区。与西南大学共建"卓越工程师半岛科创孵化中心",已顺利揭牌投用。重庆广仁能源装备股份有限公司与重庆智能机器人研究院合作开发的"特高压输电铁塔塔脚智能焊接系统",重庆红岩建设机械制造有限责任公司与重庆交通大学合作开发的"特大桥塔内智能巡检技术"等一批校企合作成果亮相国际人才交流大会,重庆歇马机械曲轴有限公司与重庆工商职业学院共同成功申报市域产教联合体,四联集团与重庆大学联合设立测控技术与仪器国家级教学实习基地和研究生培养实践基地,全区10余家重点企业与区内外高校达成科技创新、人才培育等方面合作,共同培养卓越工程师队伍。

四、经验启示

(一)聚焦产业需求,推动成果转化

根据区域发展需求和企业所需的技术和人才,导入合作高校职校优势学科、优秀人才、优质成果等,聚焦解决共性技术难题,实现成果转化、技术转移、项目孵化。在现有的北碚国家大学科技园、工业互联网产业生态园的产业功能基础上,进行有益补充。

(二)加强资源共融,推动区域合作

卓越工程师半岛项目在产才融合发展、校地企合作、人才培养、工程师集聚等方面积极探索,发挥好蔡家自贸区对外交流合作的优势,打破区域壁垒和校地企之间的信息孤岛,实现信息共享和资源互利,为人才提供广阔的发展平台。

(三)盘活存量资产,推动周边发展

卓越工程师半岛通过盘活蔡家半岛存量资产,建设培训、实训、认证三个中心,串联产业园、人才公园等区域,不断完善卓越工程师半岛配套,形成泛卓越工程师发展生态圈。

重庆江津:打通产才融合壁垒 赋能产业创新发展

——重庆江津区实施"科技副总"进企业专项的实践探索

摘　要:为推动创新链产业链资金链人才链深度融合,破解市场主体特别是中小型企业高端人才不足难题,2022年7月以来,江津区坚持问需企业,创新"政府引才、企业用才""柔性借智、协同攻关"工作机制,在全市先行试点实施"科技副总"进企业专项,选聘高校、科研院所专家人才到企业,具体担任技术副总、金融副总、管理副总,为企业提供坚实的智力支持。通过成立工作专班,深入园区、企业,点对点摸实情、问需求、收建议,制定企业问题和高端人才需求"两张清单",按需引才。加大与区内外高校对接力度,建立企业需求库和专家人才库,根据专家优势和企业实况科学评估论证,确保选聘人才和接收企业精准匹配。出台"'科技副总'进企业专项实施细则",明确职责、强化考核,给予全方位的资金激励、政策支撑、服务保障。一年多来,江津区分三批次选聘54名"科技副总",助力企业创建创新平台28个,实现科技成果转化42项,解决关键难题90个,"科技副总"赋能产业高质量发展成效逐步显现。

关键词:产才融合　柔性引才　科技副总

为推动创新链产业链资金链人才链深度融合,破解市场主体特别是中小型企业高端人才不足难题,江津区坚持人才引领驱动,面向经济主战场,在全市先行试点实施"科技副总"进企业专项,创新"政府引才、企业用才""柔性借智、协同攻关"工作机制,搭建企业"引才桥梁",提供人才"用武之地",赋能产业创新发展。

一、背 景

江津是全市的经济大区、工业大区、对外开放的重要窗口,江津拥有工业企业

5000余家、科技型企业2000余家,其中规上工业企业近600家,总量居全市第一。但部分企业因高端人才短缺,在突破发展瓶颈方面存在明显阻碍,严重制约了产业高质量发展,主要体现在三个方面。

一是产才供需关系不平衡。在愈发激烈的市场竞争中,企业对高端人才的需求越来越迫切。调研发现,区内68%的工业企业尤其是中小企业面临技术研发、现代管理、金融财务领域高端人才短缺等共性问题。同时,受限于地方发展水平和企业自身规模等因素,导致人才特别是高端人才不好找、引不进。

二是企业引才成效不明显。高端人才是社会稀缺资源,往往企业自身用大力气、花高薪引进的全职高端人才,由于发展前景、载体平台、服务保障等不及预期,导致人才用不好、留不住,产生企业投入不少但收效不多的问题,这既挫伤了企业引才育才的积极性,也在一定程度上造成了稀缺人才资源的浪费。

三是柔性借智机制不健全。高端人才往往集聚在市内外科研资源相对集中的高校、院所,客观上与区内企业存在地域限制和信息壁垒。加之人才柔性流动的渠道不畅通、机制不健全,未能在政策层面实现有效引导,高端人才缺乏到企业实现成果转化的主观能动性。

二、主要做法

(一)问需市场主体,构建高质效选聘体系

一是创新借智方式。转变党委政府人才管理职能,强化企业招才引智服务支撑,通过政府搭台、企业用才,建立"柔性借智、协同攻关"工作机制,制定专项实施细则,选聘专家人才到企业担任"科技副总",具体担任技术、金融、管理副总。二是明确准入条件。突出"高端化、专业化、年轻化"选聘导向,主要从海内外高校院所、知名企业等高层次人才集聚度较高单位引进,选聘专家需为专业水平高、创新能力强、实践经验丰富的优秀人才。三是精准供需对接。精准摸排168家企业创新难题、高端人才需求,梳理制定问题、需求"两张清单",确定柔性引智图谱。建立"线上推介、线下联络"机制,线上广泛发布人才需求,吸引市内外专家人才积极参与;与高校、科研院所广泛合作,建立专家人才储备库,线下定向邀约。分析人才优势和企业需求,为单个企业推荐3人以上比选,根据双方意愿精准匹配。

(二)突出作用发挥,构建全方位用才体系

一是赋能项目攻关。"科技副总"聚焦企业发展瓶颈,协同攻坚企业科研、金融、管理等重点难题,助推科研成果应用、关键技术突破,变革重塑企业创新能力。二是聚力协同育才。构建"科技副总"与企业联动育才新模式,通过专题培训、交流研讨等形式,指导企业培育专业性人才;组织"科技副总"开展专题调研、圆桌论坛等,为全区人才培养提供决策建议。三是集聚资源要素。发挥"科技副总"桥梁纽带作用,推动高校、科研院所创新资源向地方、企业流动,助力产学研深度融合,通过引进一名"科技副总",吸引一批创新人才、链接一批创新资源、落地一批优质项目。

(三)坚持能进能出,构建多维度管理体系

一是实行任期管理。"科技副总"每届任期2年,利用业余时间,每年线上、线下服务企业不低于2个月。支持作用发挥好的人才与企业续聘,或选择与其他企业合作。二是注重跟踪联系。采取线上联络、实地走访等形式,全过程跟踪联系"科技副总",动态掌握人才履职时长、协议完成情况,每季度晾晒工作业绩。三是创新综合考评。构建常态考评、量化考评、差异考评三位一体的综合评价机制,客观全面反映"科技副总"工作成效,强化评价结果运用。

(四)激发创新活力,构建立体式保障体系

一是建立薪酬制度。引导企业履行主体责任,支持企业采取年薪制、项目制等形式,与人才自主商定薪酬。区人才发展专项资金给予一定基础津贴、绩效津贴和项目奖补。二是优化服务制度。建立区领导联系优秀"科技副总"工作机制,配备人才服务专员,提供政策咨询、待遇兑现等专属保障,定制专家康养、节日慰问、免费入住人才公寓等暖心服务。三是健全荣誉制度。实行"科技副总"荣誉制度,举办区委区政府主要领导出席的聘用签约仪式,发放"津鹰人才荣誉卡"。建立"科技副总"赛马比拼机制,每年按20%比例评优树先,营造唯实争先、比学赶超的浓厚氛围。

三、工作成效

一是变"被动需求"为"主动要求",形成人才向企业加速集聚的新格局。党委

政府通过搭建桥梁、政策引导,激发了企业坚持人才引领、创新制胜的内生动力,企业的人才集聚效应持续显现。一年多来,江津区分三批次选聘中国人民大学、重庆大学、电子科技大学等30所高校、科研院所、大型企业的54名专家教授、行业精英担任企业"科技副总",其中,国家级人才4人,正高级职称23人(占比45%),博士33人(占比65%)。在人才的引领推动下,"双招双引"成效显著,柔性引进中国工程院王琪院士等顶尖专家,成功引进投资50亿元的坎德拉飞轮储能系统西南地区总部基地、投资35亿元的纳米新材料西南智造基地等优质项目,吸引500余名高校青年人才来津创新创业。

二是变"单一引进"为"协同攻关",建起人才与产业深度融合的新机制。"科技副总"深入企业"把脉问诊",引导高校、科研院所资源向企业流动,协同企业攻关关键技术难题、联合申报重大项目,助力企业创建创新平台28个,实现科技成果转化42项,解决关键难题90个。如重庆驼航科技有限公司"科技副总"潘小明,解决企业10余项关键技术难题,助力企业实现全球首次重载无人机"绿色矿山"勘探设备运输;中建桥梁有限公司在重庆大学教授陈增顺团队支持下,成功申报2023年"政府间国际科技创新合作"重点专项——中喀大跨桥梁智能检测联合实验室,将为中喀两国桥梁建设维护提供优质稳定的技术支持。

三是变"浅层联动"为"多方互动",走出教育、科技、人才协同发展的新路径。党委政府搭平台、给荣誉,用人主体给岗位、给薪酬,有效激发了高校、科研院所专家人才服务地方产业发展的动力。目前,越来越多的科技成果从高校"书架"向市场"货架"转化,越来越多的市场经验从基层实践到高校课堂理论升华,助力专家人才服务区域高质量发展,坚定扛起科教兴国和人才强国的时代使命,落实落地为党育人、为国育才的责任担当,推动创新链产业链资金链人才链深度融合,加快形成新质生产力。

四、经验启示

一是要聚焦用人主体引才用才。要始终遵循社会主义市场经济规律和人才成长发展规律,让用人主体当好授权松绑"主角",坚持围绕企业需求精准引才聚智,支持高校、科研院所、知名企业专家人才到企业解决难题、突破瓶颈,确保企业在人才引育留用各环节有话语权。

　　二是要深化校地校企深度融合。要全方位加强校地校企合作,对于区县来说,不仅可以创新引才新模式,实施"科技副总"进企业专项,还可探索育才新机制,遴选部分优秀人才进院校担任"产业导师",通过引育"双轮"驱动,实现校地企人才、平台、项目等要素多元对接,加速产学研用一体化融合。

　　三是要创优人才生态聚才留才。要制定更具吸引力、竞争力的人才政策,改革人才发展体制机制,统筹资源力量,着力以最优政策吸引专家人才,最良机制凝聚专家人才,最好环境服务专家人才,营造尊才爱才浓厚氛围,加快把人才优势转化为高质量发展动力。

重庆市人力社保局：多措并举打造"重庆英才服务港" 努力为新时代新重庆营造良好人才生态

重庆市人力社保局

摘 要：习近平总书记指出，环境好，则人才聚、事业兴；环境不好，则人才散、事业衰。近年来，重庆市委、市政府高度重视人才服务，坚持人才强市首位战略，全面融入数字化政府建设，强力推进人才工作数字化变革，实施重庆英才"渝快办"，持续推动"重庆英才服务港"迭代升级，务实推进服务标准化、数字化、智能化。通过迭代升级"重庆英才服务港"建设，实现重庆市人才服务对象更加全面、服务渠道更加多元、服务方式更加精准、服务事项更加优化，积极构建"市、区、用人单位"三级联动的人才服务体系，"近悦远来"良好人才生态氛围更加浓厚。

关键词：英才服务 数字化变革 提质增效

一、案例背景

重庆作为我国中西部地区唯一的直辖市、国家重要中心城市，是西部大开发的重要战略支点和长江经济带西部中心枢纽，成渝地区双城经济圈重要战略支撑点，区位优势突出。与东部经济发达地区相比，重庆挖掘自身优势的同时，意识到人才竞争必须从"拼政策经济扶持"转为"拼优良人才生态"，要把持续深化"重庆英才服务港"建设作为人才来渝安心发展、安心置业、安心生活的重点工作。针对人才创新创业的难点、痛点，重庆市坚持"人才所需、服务所应"，将建设"重庆英才服务港"作为人才服务主要载体，提供全方位"一站式"服务，为营造"近悦远来"独特"山城"魅力的人文、宜居宜业环境，激发人才干事创业活力提供有力支撑。

重庆市委、市政府高度重视人才服务工作，持续深化人才服务领域改革。2017

年以来,先后推出了人才服务1.0版(重庆市人才服务证制度)、2.0版(重庆英才服务管理办法)政策。2021年以来,市委组织部、市人力社保局立足新发展阶段对人才服务的提档升级需求,针对目前重庆市人才服务领域存在的办事流程不够顺畅、办事效率不够高效、覆盖范围不够广泛等问题,按照"人才所需、服务所应"总体原则,研究制定了人才服务3.0版,即《重庆英才"渝快办"实施方案》,并于2021年6月17日经市委人才工作领导小组审议通过。

按照市领导对加强人才服务的要求,市委组织部、市人力社保局会同20余个市级部门加快落实重庆英才"渝快办",同时根据人才提出的提供线下社会化、市场化服务保障的需求,深化拓展重庆英才"渝快办"内涵,进一步整合各部门及相关社会机构服务功能,增加为重庆英才提供的服务事项,并逐步拓展到区县,全力打造重庆英才服务港。2021年12月8日,市委组织部、市人力社保局等21个部门联合印发《重庆英才服务港建设方案》(渝人社发〔2021〕54号)。重庆英才服务港建设在2021重庆英才大会闭幕式上正式启动。

二、具体做法

2021年以来,市委组织部、市人力社保局会同相关市级部门,指导各区县(自治县)认真落实重庆英才"渝快办",建设"重庆英才服务港",务实推进服务标准化、数字化、智能化,初步实现了服务英才"愉快办",全市上下齐抓共管,"近悦远来"良好人才生态氛围更加浓厚。

(一)聚焦"便捷度",服务渠道更加多元

做实人才服务,提升"便捷度"是基础。为推进服务渠道更畅通、便捷,重庆市英才服务做了四方面努力。

1.推进全市联网,统一平台服务

市委组织部、市人力社保局联合印发《关于推进重庆英才"渝快办"全市联网联动服务的通知》(渝人社发〔2021〕225号),推动人才服务市区(县)联网,实现人才服务项目统一服务标准和流程。全市组织召开重庆英才"渝快办"视频培训会,正式部署重庆英才"渝快办"市区联动工作任务,推广统一平台服务,全市各区县(自治县)组织、人社部门以及相关人才服务工作部门负责人和经办人员共计600余人

参会,为实现"一键式"服务打下坚实基础。

2.推进渠道拓展,提供多元服务

结合高层次人才特点,以提高服务通达效率为目标,在升级改造"一站式"服务平台的同时,按照《重庆英才服务港建设方案》(渝人社发〔2021〕54号)全面推进"网上办、掌上办、线上办、码上办",实现了重庆英才"渝快办"服务更加高效便捷。"网上办",争取市政府办公厅支持,在市政府"渝快办"服务平台首页开设"重庆英才服务"专区,完善重庆英才网人才服务专栏;"掌上办",在市政府"渝快办"App首页开设专区,与"新重庆人才服务卡"微信小程序互联互通;"线上办",开设人才服务专线023-88612333,全面开展人才政策咨询及服务需求应答;"码上办",推出人才服务码,可扫码查询并自主匹配相关人才政策。

3.推进服务便捷,深化"一件事一次办"改革

从"人才所需、服务所至"出发,聚焦人才来渝重点需求,创新多跨协同,着眼于涉及面广、办理量大、办理频率高、办理时间相对集中的政务服务,梳理集成人才来渝这一阶段在不同部门、层级间办理的多个单一政务事项,通过梳理业务关系,合理规划"多表合一、一表申请""一套材料、一次提交""一表申报、一次告知",再造业务流程,推进服务表单融合,推出人才服务(人才引进、创新创业)"一件事一次办",实现人才(企业)办事由"多地、多窗、多次"向"一地、一窗、一次"转变,最大程度利企便民。

4.推进方式升级,探索数字化变革升级

按照全面推进重庆市人才工作数字化建设总体要求,围绕"全面提高人才工作数字化"目标,迭代升级"重庆英才服务港"数字化建设,形成相对完善的人才服务工作数字化模式。

一是依托"渝快办"平台建设"渝才荟"。作为人才服务的总入口,下设"重庆人才服务码""引才云""育才港"三个板块,分别服务人才身份认定、服务单位招才引智、服务人才自身成长。治理端方面,依托"渝快政"建设"渝才办",服务党政部门协同办公。

二是重点推出"重庆人才服务码"。依托"智慧人社"人才大数据平台现有人才数据,以"重庆人才服务码"为载体,扩展服务对象,将本科以上学历或初级以上专业技术职称或高级工以上职业技能等级的人才纳入服务范围;持续优化服务项目,人才码服务坚持"公共服务+市场化服务"相结合,制定差异化服务项目及内容。

(二)聚焦"体验感",服务方式更加精准

做实人才服务,提升"体验感"是重要举措。重庆市从健全服务机制、强化主动意识、关注个性需求、提升服务能力等方面,努力提升人才服务的体验感。

1.健全服务机制

进一步强化"专员+联络员"服务机制,市、区县组织、人社部门按服务人才数量配备人才服务专员,市、区县服务部门、用人单位等分别确定至少1名联络员,构建"市级+区县+用人单位"三级人才服务体系,避免多头跑路,实现"服务只找一人"。同时,实行人才服务"一次性告知、一次性受理、一条龙服务、全过程评价",推行"现场办、代理办、陪同办"等定制化服务。目前,全市"专员+联络员"队伍共4204人,其中市级801人、区县3403人。

2.强化主动意识

为确保所有人才了解并享受到人才服务政策,以"点对点,一对多"的方式通过线上、网上、短信的方式与重庆英才A卡持卡人才进行主动对接,实现与人才联系100%全落实。在对接联系中,服务专员重点向人才介绍了"服务专员+联络员"服务方式,同时讲解"新重庆人才服务卡"微信小程序使用方法和人才可享受的服务项目,并听取了人才的服务意见建议。2023年6月以来,市级针对子女入学、高温避暑、专员服务等主动开展38轮信息推送,切实推进被动服务向主动服务转变。

3.关注个性需求

按照"人才有所需,服务有所应"的工作要求,在服务中及时收集、关注并响应人才需求,对个性化需求认真研究落实。

例如,为充分发挥院士专家学术引领和高层次人才学术主力军作用,打造系列化、品牌化学术交流品牌,重庆市启动了重庆英才"智慧圈"建设。2023年3月21日,邀请45名人才召开A卡人才创新工作座谈会,促成重庆英才A卡持卡人牵头组建行业领域学术交流圈,通过分专业、分领域整合优势资源,凝聚人才力量,开展学术交流、推动成果转化、助力揭榜挂帅等活动。5月26日,针对人工智能、智能制造、生物医药、新材料、新能源汽车、现代农业、经济管理7个领域,组建了19个小组,市人力社保局向重庆英才"智汇圈"智汇先锋(组长)代表发放了"重庆英才智汇先锋"聘书,这也标志着重庆英才"智汇圈"正式开启新篇章。

4.提升服务能力

以"训、赛"为抓手,扎实推进服务队伍能力和水平提升。

一是通过开展全市用人单位联络员培训会提升职业素质。例如,专题对全市310余名服务专员、联络员以"线上+线下"视频会议方式集中学习服务政策、实操服务,为全市人才服务专业素质提供保障。

二是通过举办(参加)主题比赛,让服务队伍拥有荣誉感。例如,"英才服务港"服务专员代表市人力社保局分别参加2023年重庆市人才服务技能大赛、川渝人社法规政策宣讲大赛荣获一等奖,以赛促学,以赛促训,进一步提升重庆市人才服务队伍的素质和服务的质效。

5.加强业务督导

为推动主题教育走深走实,深入了解全市"重庆英才服务港"建设情况,市人力社保局组建专题调研组赴两江新区、西部科学城重庆高新区、璧山区、巴南区开展专题调研工作。调研组通过"明察+暗访"方式,一方面实地查看了英才服务港、"一站式"服务平台建设情况,深入9家企业单位与持卡人才、单位联络员深入交流,听取用人单位、人才意见建议;另一方面为深入体验人才服务感受,工作人员以人才身份实地暗访10个区县、电话暗访31个区县,根据调研中发现的部分服务事项人才使用频率较低、部分区县服务热度不够等问题,梳理形成调研问题清单,将需要整改的问题转化为服务改进的动力,为全市"重庆英才服务港"体系建设落地落实、服务提档升级打下坚实基础。

(三)聚焦"长效化",服务氛围更加浓厚

做实人才服务,实现"长效化"是重要保证。通过宣传引导、开展工作抽查、满意度调查、专项督查等举措,在全社会形成服务人才的浓厚氛围。

1.强化舆论宣传引导

在轨道2号线投放"重庆英才渝快办"车身广告宣传,设计制作"重庆英才渝快办"专属音频视频彩铃,增强人才对服务的参与感、获得感。策划"英才服务月"专题宣传,在重庆日报等市级主流媒体推出全市人才工作巡礼系列报道。拍摄录制"重庆英才·近悦远来"系列微纪录片、重庆英才话"英才"访谈视频。

2.优化品牌宣传设计

推出服务专员"小悦小来"线上表情包。卡通形象是以"2021年全市英才服务

技能大赛"一等奖获奖选手的原型为参考,希望通过活泼可爱的亲民表情包加强同人才的交流,让人才加深对重庆市服务专员的了解,塑造"人才所需、服务所应"的服务形象。同时,制作重庆英才"渝快办"服务平台动画视频,并在中国劳动保障报官网进行发布,帮助重庆英才了解利用线上渠道轻松便捷享受各项服务。

3.建立工作通报机制

每季度对各区县、各服务单位人才服务质效进行随机电话抽查,并结合重庆英才网、重庆市人才公共服务统计及问题反馈平台的信息数据,对英才服务卡发放、人才服务队伍建设、高层次人才服务、满意度等方面进行季度通报,指导督促各区县按照工作要求开展人才服务工作。

三、取得成效

从运行情况看,近年来通过实施重庆英才"渝快办"实施方案、"重庆英才服务港"建设方案,2022年全市服务高层次人才26.90万人次,同比2021年增长218.99%,服务满意率达到99.7%。围绕为人才提供更优质服务,重庆英才服务港从4个方面实现迭代升级。

一是服务方式、事项逐步丰富。由最初子女入学、医疗服务等9项基本公共服务扩展至围绕人才发展全周期69项"公共+市场"化服务。

二是参与部门逐步增加。通过近年来英才服务大力宣传和服务实效,越来越多部门积极参与重庆英才服务体系建设,市级公共服务部门由原来的6个扩充到22个,通过搭建"重庆英才服务热力图"市场化指引平台,吸纳有意愿为人才提供优质服务的商家(网点)近2000家,实现市场化服务从无到有的跨越。

三是服务对象范围逐步扩大。为扩大英才服务品牌影响力,在原有引进的高层次人才基础上将国医大师同级别人才纳入服务。下一步在全市人才服务体系一搭建的规划下,计划将本科以上学历或初级以上专业技术职称或高级工以上职业技能等级的人才纳入服务范围。

四是服务方式逐步数字化。按照"人才所需、服务所应"的原则,建立线下市、区县、用人单位三级"一站式"人才服务体系,通过市、区县共同打造"重庆英才服务港"(已建成两江新区、高新区、巴南区、石柱县4个区域性英才服务港),拓展线上"网上办、掌上办、线上办、码上办",努力为人才提供方便、快捷、贴心的服务,增强人才获得感。下一步"重庆英才服务港"以数字化变革为抓手,集合各类人才资源,集成各项人才服务,综合各种人才使用分析决策,重点打造重庆人才全周期服务平台"渝才荟",推行"重庆人才服务码",实现全市人才服务工作整体智治。

四、经验启示

通过落地实施重庆英才"渝快办",持续升级"重庆英才服务港",为重庆市持续提升人才服务"软实力"、持续营造"近悦远来"良好人才生态提供了有益启示。

(一)持续营造"近悦远来"良好人才生态,须坚持党管人才领导体制和工作格局

坚持党管人才原则,落实主体责任,需要各级党委(党组)把人才工作摆上重要议事日程。

一是要完善工作机制,形成党委统一领导,组织部门牵头抓总,人社部门组织实施,各职能部门各司其职、密切配合,社会力量广泛参与的人才服务工作格局。

二是要增强服务力量,各级各部门要立足实际、突出重点,聚焦人才所需,明确专门工作力量,夯实全市联动的"专员+联络员"专业服务队伍。

三是要凝聚社会共识,通过广泛宣传人才工作新成果、新经验,弘扬科学家精神,讲好重庆英才故事,推动形成全社会真心爱才、悉心育才、精心用才的良好环境。

(二)持续营造"近悦远来"良好人才生态,需坚持多方参与、联动协作,汇集更多拴心留人的服务资源

一是要找准服务需求。通过调研、需求征求等方式,从生活保障到事业发展,从公共服务到市场化服务,准确了解人才所需所盼所想。

二是要丰富服务供给。横向上,努力融合各部门政策、信息等服务资源,梳理支持人才创新创业发展事项;纵向上,深化"放管服"改革,进一步简化流程、提升效率,鼓励基层创新探索实践,同时,联动社会资源,提供优质高效的市场化服务。

三是要合理确定服务事项。按照"人才所需、服务所应"原则,综合考量人才需求度、可实施率、社会舆论等因素,合理确定、动态调整服务事项,努力为人才提供全过程、全方位服务。

（三）持续营造"近悦远来"良好人才生态，需坚持数字化发展方向，推动人才服务数字化变革

当前，世界正进入数字化全连接的智能时代，而人才作为走在时代前沿的精英，为其服务必然要坚持数字化发展方向。

一是要统一信息化平台，避免人才服务"多端口、多网站"散布问题，打造"一键式"服务载体，集合所有服务事项，推行全市联网、联动服务，实现"一网通办、全渝通办"。

二是要提升智能化水平，坚持"总体规划、统一部署、整体推进"总体思路，集合各类人才资源，集成各项人才服务，综合各种人才使用分析决策，打造重庆人才工作全周期服务平台，通过打破数据孤岛、突破体制壁垒、重塑物理空间和社会空间，实现人才工作整体智治。

三是要夯实"集成化"服务，升级现有"一站式"服务平台，进一步加强服务集成、资源集成、功能集成，推进"一窗综办"，提升市、区县、用人单位三级服务运行效能。

（四）持续营造"近悦远来"良好人才生态，需坚持聚焦人才"体验感、获得感"，提升服务能力和水平

一是要推进标准化建设，编制全市统一的服务规范、办事指南，同时，规范性与灵活性相结合，全力满足个性化合理需求。

二是要提升专业化水平，定期组织开展管理干部、服务专员、联络员专题培训，每年举行"最美英才服务者"技能比武大赛，以赛促训、以赛强能、以赛提质。

三是要推进常态化督导，建立完善即时评价体系，邀请第三方开展满意度调查，促进质效提升；以局（处）长走流程活动为抓手，定期开展人才服务督查，结果纳入年度工作考核。

重庆医科大学附属口腔医院：做好"三篇文章"打造青年人才高地

重庆医科大学附属口腔医院

摘　要：青年人才是国家战略人才力量的源头活水。进入新时期新征程，为统筹推进健康行动和深化医改各项任务，重庆医科大学附属口腔医院不断探索行之有效的好经验、好做法，以识才的慧眼、爱才的诚意、用才的胆识，培育和构建广阔多样、可持续的人才生态，逐步实现青年人才集聚效应。

关键词：青年人才　博士后　引进　培养　使用

济济多士，乃成大业，人才蔚起，国运方兴。人才是引领发展的第一动力，在2021年召开的中央人才工作会议上，习近平总书记强调"要造就规模宏大的青年科技人才队伍，要把培育国家战略人才力量的政策重心放在青年科技人才上，支持青年人才挑大梁、当主角"。博士后研究人员是高层次创新型青年人才的重要组成部分，是实现关键核心技术突破的有生力量。重庆医科大学附属口腔医院在党委的全面领导下，将博士后工作作为青年人才队伍建设的有力抓手，创新培养体系，创造了博士后"重医口院"模式。

一、树牢"聚天下英才而用之"的引才理念，在优秀博士引进上做好文章

一是创新方式方法，开拓渠道引才。采取名校导师推荐和各类招聘平台相结合，现场招聘推介会和线上招聘相结合，丰富高层次人才交流的活动，组团赶赴各大青年人才集聚城市，走进校园，跨出国门，集四海之气，借八方之力，广纳贤才。

二是聚焦事业所需，优化博士引进布局。坚持事业有所需，引才有所应，把握

战略主动,做好长远谋划,将博士后引进与医院事业高质量发展高度统一。实施差异化、精准化引才,重点引进口腔医学及交叉学科科研型博士。

三是牢固树立人才意识,形成院领导联系人才机制。针对优秀应届博士和海外博士,院领导通过电话或视频进行一对一深入交流,详细了解青年人才的求职意向和未来规划,介绍医院情况及博士后政策,为其提供职业发展建议,热情邀请青年人才来院从事博士后研究工作。

四是完善博士后招收流程,为青年人才求职提供一站式服务。制订博士后招聘流程,从青年人才岗位咨询、投递简历,到参加面试、试岗、确定录用,由专人进行标准化管理,并定期跟进每位人才的招聘进度,做好及时沟通协调。同时,为应聘的青年人才报销交通和住宿费用,提供试岗工作餐和生活补贴,为青年人才提供良好的求职体验。

二、坚持"得天下英才而育之",在博士后培养上做好文章

"致天下之治者在人才,成天下之才者在教化。"医院党委立足医院医教研协同发展,聚焦"怎样培育人,培育怎样的人"的靶心问题,拿出"衣带渐宽终不悔"的决心和"吹尽狂沙始到金"的恒心,把握人才成长规律,分类培养人才。

一是着力打造科研平台,构建项目、平台、人才"三位一体"的新格局。医院以"医技协同、转化医学、国际合作"提升育才水平,获批9个国家学科平台,4个省部学科平台,口腔医学学科排名逐年快速上升,软科、复旦排行榜位居10名左右,进入世界一流学科151~200位。全方位构建多层次、立体化的培养模式,通过国外科研平台合作培养、国内共建院士实验室、大PI带小PI团队培养模式等方式,培养青年人才,不断激活育才的"源头活水"。

二是创新博士后培养模式,彰显博士后培养辨识度。坚持问题导向,不拘一格多类型培养博士后,根据博士后能力结构,将博士后培养类型分为博士后A岗、B岗和C岗,制定并实施具有差异化的管理措施和评价标准,切实将博士后培养和使用结合在一起,医教研紧密结合在一起,让博士后能够发挥特长,弥补短板,实现快速发展。

三是建立全周期培养体系,加速博士后成长成才。实施博士、博士后连续培养,注重遴选海内外优秀博士来院做博士后,帮助青年人才尽早确定研究方向,实

现研究工作的连续性;开展青年人才培养计划,保证博士后在发展的阶梯上不断攀升;为博士后搭建研究团队,为其有效开展科研工作提供团队支持,培养学术管理能力,使其成长为未来的学术领导者;制订博士后出站培养计划,通过出站后临床、科研、教学专项培养,帮助博士后尽快适应新岗位,提升综合能力。

四是建立健全博士后评价体系,提升博士后培养质量。完善考核评价标准,建立规范、科学、有效的评价机制,分别组织开展博士后开题、中期、出站考核工作。邀请国内相关领域知名专家对博士后进行会议评审,帮助博士后理清思路,改进研究工作。

三、秉承"引天下英才而留之",在博士后使用上做好文章

一是"聚才"是一门学问,"用才"却更为关键。要发挥人才最大价值,需要探索人才价值实现的"最优路径"。医院党委从医院实际出发,制定和完善了一系列博士后激励政策,为博士后"筑巢架梯""雪中送炭",做到以待遇留人,以事业留人,以感情留人;采取目标考核机制,合理运用考核结果,实现博士后价值的充分彰显。

二是加大经费支持力度,激发博士后创新创造活力。为博士后提供生活资助、入站补贴、科研启动金、配套日常资助、出站过渡期生活补贴、出站进修资助等经费支持,经费覆盖了从进站到出站后的整个周期,让博士后全身心投入科研工作,最大限度发挥创新效能。

三是提供多项政策倾斜,畅通博士后成长路径。开通职称晋升绿色通道,博士后可通过绿色通道直接晋升副高职称;制定站中进编政策,优秀博士后可站中考核进编;在各级各类人才项目中,给予博士后一定比例或同等条件下优先推荐。

四是加强宣传与服务,构筑博士后良好生态。通过青年人才论坛、博士后评审会议、校园宣讲等渠道大力宣传博士后工作;利用各种会议向其他科室及骨干人员介绍博士后工作开展情况,让更多科室及人才投入到博士后培养工作中来;通过医院官网、微信公众号等平台,发布博士后工作进展及成果,展示博士后工作取得的成绩,提升影响力。定期组织沙龙、讲座、座谈会、学术论坛等博士后活动,促进交流,帮助博士后寻找科研问题,确定研究方向,开拓科研思维,提高科研能力。医院党委积极落实联系服务人才制度,关注博士后的思想,关心博士后的成长,协助解决博士后关心的个人和家庭问题,努力为博士后提供顺心、舒心的工作生活环境。

四、努力打造具有辨识度的博士后培养模式,博士后工作取得标志性成果

医院2018年获批国家博士后科研工作站,2019年获批国家口腔医学博士后科研流动站,经过5年努力,通过在博士后"引育用"上下功夫,博士后工作取得较为突出的成绩,为医院青年人才队伍建设注入了强大动力。

一是博士后培养数量不断攀升。累计招收博士后60人,已出站31人,目前在站28人。

二是博士后培养硕果累累。博士后获各级各类资助115项,资助金额共计2177万元。其中国家自然科学基金36项,中国博士后科学基金23项,重庆市博士后创新人才支持计划1项,第一届博士后创新创业大赛优胜奖1人。博士后在站期间发表SCI论文71篇,累计影响因子474.385,最高影响因子18.027。

三是博士后队伍呈现人才辈出的良好局面。实现医院国家级人才零的突破,入选国家优青1人;科技创新后备队伍作用凸显,入选重庆英才等省部级人才5人次,重庆市中青年医学高端人才、巴渝学者等市级人才8人次;博士后晋升正高2人,副高14人。

青年兴则国兴,青年强则国强。医院党委将继续以"功成不必在我,功成必定有我"的信心和决心,立足当下,放眼未来,精耕细作,培植好孕育青年创新人才的沃土,为青年人才铺路架桥,真正做到"人尽其才、才尽其用、用有所成",助力重庆建设人才中心和创新高地,为老百姓提供安全、优质、高效的口腔医疗服务。

重庆地质矿产研究院:减负松绑提效　擘画青年人才创新发展蓝图

重庆地质矿产研究院

摘　要:青年是祖国的前途、民族的希望、创新的未来。习近平总书记在中央人才工作会议上强调,要造就规模宏大的青年科技人才队伍,把培育国家战略人才力量的政策重心放在青年科技人才上,支持青年人才挑大梁、当主角。当前,青年科技人才发展面临"崭露头角机会少、成长通道窄、评价考核频繁、事务性负担重"等突出问题。为破壁垒、激活力,开展了"减轻负担专项行动":鼓励青年人才挑大梁,40岁青年人才承担项目超70%;减轻人才负担,确保青年人才科研时间不低于80%;加大科研激励保障,项目申报立项较"行动前"同比增长15%、发明专利增长40%、科技奖励数量增长52%。擘画青年人才创新发展蓝图,要以管理体系为统领、以激励保障为抓手、以人才成长为目的,打好"引育留用"组合拳,切实推进青年人才"减负松绑"提质增效。

关键词:青年人才　科技创新　减负松绑

一、相关背景

党的二十大报告指出,青年强,则国家强,强调全党要把青年工作作为战略性工作来抓。要深入实施人才强国战略,加快建设国家战略人才力量,努力培养更多青年科技人才。加快建设规模宏大的青年科技人才队伍是我国取得科技创新与突破发展的关键所在,也是我国建设世界重要人才中心和创新高地的重要保障。近年来,我国青年科技人才队伍建设和人才发展体制机制改革成效显著,但始终面临青年科技人才"崭露头角机会少、成长通道窄、评价考核频繁、事务性负担重"等突出问题。为破除政策壁垒、激发人才活力,2018年以来,国家相关部门先后开展3次减轻青年科技人才负担专项行动(以下简称"减负行动")。重庆市在2020年以来开展的两轮减负行动基础上,于2022年启动了减负行动3.0,进一步激发青年科技人才活力,减轻青年科技人才负担。

二、具体做法

(一)深化创新体制改革,鼓励青年人才"挑大梁"

针对青年科技人才"年纪轻、资历浅、成果薄、担纲机会少"等问题,相继研究制定《重庆地质矿产研究院优秀年轻人才培养管理办法》等12项激励制度,大胆起用40岁以下青年科技人才,明确青年科技人才担任项目负责比例不低于50%;实施"老带新"模式,探索青年科技人才与资深科研人员担当"共同项目负责制",在职称评定和职务晋升中视同项目负责人,有力提振青年科技人才干事创业热情。

(二)优化创新资源配置,为人才发展"增机会"

针对青年科技人才"创新资源获取难、崭露头角机会少"等问题,持续推动人才平台能级跃升,聚焦地质灾害防治、生态保护修复、页岩气矿产资源开发、古生物四大科技创新领导,搭建12个国家级、省部级创新平台,为青年人才创新发展提供舞台;建成国家博士后科研工作站,联合培养博士后36人;聘请朱敏、邹才能、何满潮等院士担任创新平台学术/技术委员会主任/委员;定期召开学术/技术委员会会议,创办"科技创新讲坛""青年·青研论坛"两大学术品牌,邀请院士专家来院指导交流,支持青年科技人才上讲台、谈感悟;支持青年科技人才到国际国内知名院校访学交流、顶岗锻炼,为人才发展拓宽渠道。

(三)加大支持保障力度,为人才发展"强动力"

针对青年科技人才"生存压力大"等问题,持续加大人才关心关怀和保障激励。建立6个人才梯队,分级分类给予岗位津贴,每年给予5万~20万元激励性报酬;对高水平科技成果给予现金奖励,单项最高可奖励100万元;每年投入不低于3000万元支持创新平台建设,鼓励青年科技人才依托科技创新平台主持申报开放课题、博士直通车项目,依托博士后科研工作站申报博士后科学基金项目,并提供配套经费支持,为青年人才发展提供"第一桶金"。创办《地研院刊》(院讯),选树科技创新人物典型,激励引导青年科技人才大力弘扬科学家精神,在以中国式现代化全面推进中华民族伟大复兴进程中奉献青春和智慧。

(四)大力推进"放管服"改革,为人才发展"减负担"

针对科研工作"行政事务烦琐"、青年人才"科研时间难以保障"等问题,探索设置科研财务助理岗位;对基金、人才项目实施经费使用"包干制"改革;完善"科研网上服务大厅",建立"院—个人"两级科研成果档案,实现科研一站式服务,让"信息多跑路,科研人员少跑路",切实把青年科技人才从各种形式主义束缚中解放出来,保障支撑创造更大、更好的科技成果。

三、取得成效

一是培养造就一批高水平青年人才队伍。大胆起用40岁以下青年科技人才,对项目、人才、奖励等申报给予政策倾斜,青年人才担任项目负责人占比达76%,较减负行动前有效提升13%,省部级及以上名号青年科技人才占比达60%,较减负行动前提升10%。近年来,青年科技人才成长迅速,依托国家博士后科研工作站申报中国科协青年人才托举工程、自然资源部杰青、"西部之光"访问学者、香江学者计划、巴渝青年学者等人才计划15人次,通过职称评定"绿色通道"评定高级及以上职称21人,有效扩充青年人才生力军;牵头建成7支国家、省部级创新团队,培养青年科技人才77名,其中"页岩气绿色勘探开发科技创新团队"荣获第六届"全国专业技术人才先进集体",逐步实现青年人才、团队向国家"第一方阵"进军新局面。

二是推动科研成果实现"量质"突破。减负行动以来,项目课题申报数量较之前提升15%,授权专利数量增加40%,并实现国际专利"零"的突破,论文(著)数量增加43%,成果奖励数量增加52%。青年人才开创性科研成果不断涌现,学术成果影响力不断攀升。页岩气矿产资源方面,发现页岩气新矿种,获国务院批准成为我国第172号新矿种,助推重庆成为页岩气勘探开发主战场。古生物研究方面,"从鱼到人"探源研究取得世界级突破,发布世界级全新发现"重庆特异埋藏化石库",填补了全球志留纪早期有颌类化石记录的空白,成果作为期刊封面论文在国际顶刊《自然》上发表。地灾防治方面,牵头实施"中国三峡库区地质科学考察",首次构建了瞿塘峡、巫峡5厘米三维实景+1厘米消落带全息数据库,填补了该领域的空白。生态保护修复方面,支撑申报"十三五"期间国家第三批、"十四五"期间国家第二批"山水林田湖草生态保护修复"项目,为重庆争取中央奖补资金42.3亿元,为推动重庆成为全国生态修复先行示范省市发挥了重要作用。

三是科研人才创新生态持续向好。打造"引才育才并用""用才留才并重"的全周期青年人才培养体系,引进青年人才33人、留学归国人才1人;营造"惜才爱才重才"的浓厚氛围,树立先进典型青年人才4类11人次;建成职工运动健身房,组织开展"每天运动1小时"活动等10余次;设立地学文化主题咖啡厅,丰富提升青年科技人才精神文化生活;组织开展科技创新讲堂19次,职业生涯发展规划咨询、心理健康咨询等培训15次。减负行动以来,科研人才创新生态持续向好。

四、经验启示

减负松绑,首要任务是"完善机制"。完善青年人才管理体制,健全松绑减负机制,在人才管理上要放活,在人才培养上要做活,在人才评价上要激活,赋予人才更多自主权,全面落实减负松绑成果见效。

减负松绑,重要抓手是"保障激励"。加强对青年人才"第一桶科研启动金"的支持,支持青年科技人才更多"挑大梁"。加大青年人才薪资住房保障措施,充分考虑子女入学等系统工程,让青年人才稳得住心,干得了事。

减负松绑,最终目的是"创新赋能"。让广大青年科技人才"轻装上阵",心无旁骛地投身科研创新,主动深入经济社会发展实践,潜心开展原始创新、技术攻关,把论文写在祖国大地上。

青年人才是党和国家事业发展的关键资源、宝贵财富和重要后备军,青年人才的培养是事关党和国家前途命运的重大战略任务,是全党的共同政治责任,以"大人才观"落实青年人才减负松绑提效,方能勾勒出"江山代有才人出"的科技创新发展时代"新"画卷。

重庆巴南：构建"五链融合"新体系　打造产才融合"新高地"

——巴南区人才引领重庆国际生物城高质量发展侧记

重庆市巴南区委组织部

摘　要：党的二十大报告提出，要深入实施人才强国战略，强化现代化建设人才支撑。市委、市政府提出着力打造"33618"现代制造业集群体系，创新打造新型显示、生物医药等六大千亿级特色优势产业集群，着力构建创新链、产业链、资金链、人才链新体系。巴南区深入贯彻党的二十大精神，积极落实中央、市委、市政府相关要求，大力实施生物医药产才融合工程，围绕生物医药产业构建"创新链、产业链、资金链、人才链和服务链"新体系，通过"产业汇集人才、人才助力产业"，有力统筹技术、产业、资金、人才等要素资源，持续改善和优化环境，促进各类创新要素向企业集聚，推动人才全链条嵌入式发展，不断激发各类创新创业人才活力，着力打造具有全国影响力的新医科卓越人才栖息地。

关键词：产才融合　新体系　重庆国际生物城

一、工作背景

功以才成，业由才广。在党的二十大报告中，提出要在生物医药等战略性新兴产业领域取得重大成果，不断加强基础研究和原始创新。生物医药领域是新一轮科技革命和产业变革中最有望实现革命性突破的重点领域之一。重庆市委、市政府高度重视，提出"33618"现代制造业集群体系，围绕生物医药产业构建创新链、产业链、资金链、人才链新体系，明确指出构建以重庆国际生物城为重点的"1+5+N"医药产业体系。巴南区围绕市委、市政府工作部署，深入实施生物医药产才融合工程，着力找准产业与人才发展的切入点、结合点。加大科研开发、人才激励力度，并与市级政策实现叠加,不断焊实产才融合"五链条",为促进产业转型升级、激发人才创新活力打下坚实基础。

二、主要做法

(一)培育"创新链",打造创新发展新高地

以生物药为核心,化学药、现代中药、医疗器械为特色,构建"1+3+N"特色产业体系,聚焦产业重点难点课题,组织企业科技骨干联合攻关,累计实施科技攻关项目30余个,累计获得国家、市区级专项资金支持超1亿元。推动市政府出台《支持重庆国际生物城建设生物科技成果转移转化示范地若干措施》专项政策,形成包括自创措施、突破措施、借鉴措施在内的8个方面28条具体措施,打造全市首个生物科技成果转移转化示范地。

(二)壮大"产业链",打造产业集聚新高地

成立区委领导任组长的生物医药产业发展领导小组,积极向上争取支持,获得"国家战略性新兴产业集群""国家高新区""国家工业旅游示范基地"和"国家科技创新集群"四张"国家名片"。推动市级层面成立重庆国际生物城建设推进专班,编制出台《重庆国际生物城总体规划》《重庆国际生物城建设发展三年行动计划(2022—2024年)》,培育国家专精特新"小巨人"企业1家,高新技术企业20家,建设10万平方米重庆国际生物城创新中心和50万平方米大型创新创业孵化社区,形成全市最具影响力的生物医药产业园区。

(三)盘活"资金链",打造金融服务新高地

组建多支产业基金,构建生物医药产业"基金群",用于产品研发、产业化项目建设、购买持牌品种等,对企业可发放最长超过10年期的贷款。在全市率先出台了首个区县生物医药专项政策,创新推出"医药研发贷",设立了1亿元的专项资金。定向支持生物医药企业进行新药研发和临床试验,临床前研究项目补助最高可达500万元,药物临床试验补助在完成三期临床后最高可达1050万元,新建生物医药第三方服务平台科研检测类设备补助最高可达1500万元。出台重庆国际生

物城高层次人才专项资金管理办法,每年投入200万元分批次对园区优秀人才进行奖励,全力支持生物医药产业的发展。

(四)激活"人才链",打造聚才汇智新高地

实施"'巴'方来才·'南'得有你"人才品牌工程,开展博士渝行周·走进巴南专场活动。创建国家级博士后科研工作站1个、市级博士后科研工作站1个、市级海智工作站1个,培育创新创业团队50余个,不断增强人才平台凝聚作用。深化重庆国际生物城与国内外高校"产学研用"合作力度,大力推动重庆理工大学生物医药大健康产业学院、苏州大学重庆研究院、重庆医科大学药学院建设,与四川大学、电子科技大学、重庆大学等8所高校及成都医学院共建"成渝生物医药产业人才校地联盟"。常态化举办"重庆国际生命科学高峰湖人才峰会"、长江国际免疫治疗高峰论坛等专业论坛,邀请"两院"院士和领军人才开展产业咨询和科研合作,为产业发展凝智聚力。在全国成立京津冀、长三角、粤港澳和华中4个国内引才工作站,每年赴10余个城市、20余所高校开展引才活动。

(五)做优"服务链",打造产业生态新高地

健全高效服务体系,构建"1+N"服务体系,1名园区领导和1名人才服务专员共同联系3~5家企业,着力解决好人才娱乐、住房、看病、子女入学等系列现实问题。建成24小时智能政务服务大厅,公布157项"零材料提交"事项清单,全面实现"就近办、一次办、马上办、随时办、网上办"。建设总面积近20万平方米的高峰湖公园,酒店式公寓、文化咖啡馆、智慧餐厅、体育运动公园、足球场、篮球场、羽毛球场等一应俱全,为人才提供舒适的休闲娱乐环境。建成生物城小学并投用,引入优质教育资源解决子女就近入学问题。制定短、中、长期人居建设目标,加快推进1233套国际人才公寓、创新中心和专家小院工程及配套设施建设,不断提升人才的归属感、幸福感。

三、取得成效

(一)高效引育了枝繁叶茂、生机勃勃的"人才森林"

巴南区认真落实党管人才原则,集中力量招才引智,人才聚集效应不断增强,

逐步形成了一支可持续的人才队伍。近年来,长江国际免疫治疗高峰论坛等品牌盛会年年高朋满座、大咖云集,李兰娟、赵国屏、杨焕明、吴玉章等20余名知名院士专家为生物医药产业把脉定向、献计献策,有力擦亮了"重庆国际生物城"金字招牌,极大提升了巴南生物医药产业的人才集聚力。截至目前,全区已集聚生物医药产业人才1.2万人,引进海内外高层次人才3000余名、博士研究生200余名、创新创业领军人才60余名;累计培育市级以上博士后科研工作站科研人员5名,重庆市"十大科技创新年度人物"1名,重庆英才计划人才(团队)4个,巴南菁英计划人才16名。

(二)深耕厚植了人尽其才、竞相成长的"创新沃土"

巴南区始终坚持厚爱有加、竭尽所能,着力以最大的热情、最优的政策、最佳的环境奉献人才、服务人才,促进人才各尽所能、竞相成长。人才干事创业热情进一步迸发,生物城涌现出了重庆博唯佰泰生物制药有限公司张高峡领头组建的"预防性重组蛋白疫苗产业化"、重庆智翔金泰生物科技有限公司常志远领头组建的"创新单抗药物研发和产业化创业团队"等攻坚团队12个,破解了"重组生物制品研发"难题7个,生物医药高层次人才牵头实施的美莱德P3实验室等科研项目81个。在研及临床产品数全市领先,目前,在研创新药物达54种,其中23种进入临床、9种进入三期临床,特别是治疗银屑病的赛立奇单抗有望成为重庆市第一个自研单抗药物,九价宫颈癌疫苗、长效胰岛素、口服紫杉醇等一批产品填补了国内空白,为全市新药物研发做出了新贡献。

(三)有力营造了创新引领、百花齐放的"产业生态"

目前,重庆国际生物城形成了以智睿生物、博唯生物为代表的生物药集群,以美国雅培克公司为代表的化学制剂集群,以四川新绿色为代表的现代中药集群,以海扶为代表的医疗器械集群,催生了智翔金泰等上市企业。创建了以重庆国际免疫研究院为核心的研发机构,免疫研究成果申请发明专利10项,推进了国际第一个模拟抗原疫苗获准中国、申报美国III期临床试验,引领了免疫力产业、免疫力经济和免疫力医学的发展。打造了以上海交大-重庆国际生物城数字医学联合技术中心为重点的校地合作产学研平台,形成了涵盖基础研究、产品研发、中试小试、成果转化的全链条创新体系。截至目前,重庆国际生物城入驻企业112家,产业规模超过千亿元。2022年,园区工业产值突破138亿元,较2018年增长159.37%;工业投资完成56.01亿元,年均增幅超25%。

四、经验启示

巴南区在大力推进产才融合中,集聚了一大批各类优秀人才,进一步提高了生物医药主导产业与高层次人才的需求匹配度,迸发了各类创新创业人才活力,在助力经济社会高质量发展中构筑了新高地。归纳起来,有四方面启示。

(一)要深化"人才引领发展"战略意识

千秋基业,人才为先。要坚持党管人才原则,牢固树立人才资源是第一资源的战略思想,按照新发展理念,大力引进带项目、带技术的创新人才,促进本区域产业聚集,以人才结构优化引领产业结构升级,以人才优化配置提升经济社会高质量发展。

(二)要强化"头雁"示范引领作用

将"头雁"人才吸引作为园区发展核心要素,紧盯国际领先、国内一流人才团队,强化顶尖人才平台、资金、政策、环境保障,以更加积极、开放、有力的政策措施吸引、留住、用好顶尖高端人才团队。同时,还要充分发挥"头雁"带头、引领、集聚、示范作用,通过以才引才,延揽集聚更多优秀人才、一流团队,提升整体创新力、竞争力,切实形成头雁领航、群雁齐飞效应。

(三)要细化"产才融合"全链条服务

一个区域经济社会高质量发展离不开产业、创新、资金、人才各链条融合。要大力推进知识、技术、能力、资金、人才等要素的加快集聚并实现共享互联相通,形成相互促进、相互作用的良性循环,才能形成"研究+技术攻关+成果产业化+科技金融+人才支撑"全过程创新生态链。

(四)要优化"近悦远来"人才生态

新发展阶段,区域的竞争就是人才竞争,人才竞争上升到人才生态体系的较量。为此,要把有限的资源进行科学合理配置,集中投入到推动产业平台建设、人才政策机制、公共服务等"大事"上,同时,也要着眼人才关心的住房、子女入学、健康医疗等关键"小事"上,创优人才整体发展环境,厚植成长土壤,才能形成"产业集聚人才,人才引领发展"的良好格局。

重庆江北:"金种子计划"书写引才留才"前半篇"文章

黄罂　重庆市江北区委常委、组织部部长

重庆市江北区将引才目光前移至在读优秀大学生,实施以引导和服务大学生实践锻炼为主要内容的"金种子计划",做到大学生实习前想来江北、实习中爱上江北、毕业后扎根江北、工作中建功江北,不断强化江北"第一印象",高质量做好引才留才"前半篇"。

一、聚焦发展选"良苗"

良苗需要沃土,沃土成就良才。

高规格海选。结合人才需求情况发布实习岗位信息,明确岗位工作内容及专业要求,重点选拔教育部认定的"双一流"建设高校(学科)或教育部认证的QS排名前100位国(境)外大学在读硕、博士研究生,或特别优秀的大四本科生,2022年62个实习岗位共有1000余名研究生投递实习简历,对这些简历进行了精准化筛选。按照党政机关部门、教育卫生系统重点金融机构、辖区企业等分类,结合实习工作内容筛选符合人选,对金融机构部分专业岗位采取视频面试等形式,进一步考察人岗匹配程度。2022年,23所国内外知名院校、62名在读研究生获得实习机会,其中32人获得金融机构实习岗位。

针对性优选。对发展急需的新能源汽车制造、大数据智能化、金融管理、生物医药等"高精尖缺"人才优先选择,启动"一对一"专线联系方案,力争江北实习为其工作"第一站";对满足基本要求、重庆生源、有意向扎根江北等条件的报名人员给予重点关注,做好全程跟踪服务,走好"引进来"第一步。

二、将心比心勤"深耕"

"走心"的服务必能生成引才留才的"强磁场",着力把"心"拴住。从实习期间往返路费到每天生活餐标、实习补助、人身保险,细节关怀尽力照顾周全,悉心关心让实习学生足够"暖心";落实导师帮带制度,帮助熟悉业务工作,指导参加"主题党日"工会活动等党团活动,帮助融入温馨的工作氛围。

着力把"人"引回。区委组织部、区人力社保局以及各接收单位各司其职,动态关注实习生"去留"意向,对"要留下"的做好后续服务;对"能留下"的合理引导;对"难留下"的努力争取,引导通过高层次人才引进、人才专项招聘、定向选调生招考、事业单位招录等方式到江北就业。近年来,共有北京大学、瑞典皇家理工学院等知名学府500余名大学生毕业后选择江北。

着力把"点子"转化。举办对话未来、学术沙龙技能比赛等交流活动,组织"我为江北发展献一策"等主题活动,各实习生结合专业知识、科研项目等为江北经济社会发展建言献策,部分"金点子"已生根发芽、开花结果,其中,"江北嘴金融党建论坛"成功举办12期;"'党建+直播'助农带货"在五宝镇院子村实践,取得良好成效。

三、精心呵护促"扎根"

引才是基础,留才是关键。用真金白银的待遇留才。每年评选A、B、C、D、E共5类"江北英才",根据认定类别落实安家资助、人才补助、安居补贴、项目支持、研修津贴等20余项支持举措,2023年预计拨付人才工作专项经费2000余万元。对在村工作的选调生,按时足额发放乡镇工作补贴,确保收入高于区级机关同职级人员;对战略科技人才、领军人才实行"一人一策"专项服务。

用干事创业的环境留才。拓展"研发中心聚团队""顶尖人才带产业"模式,推进人才与产业相互支撑、相互融合,发挥人才集聚与产业集群的"乘数效应";建设江北嘴博士后创新创业园、高端生物医药产业园,打造高端实验室、生产线,提供研发、试验交流、生产的一体化专业化平台,80余名博士后把论文写在江北土地上;全市首创"政银""政企"人才互派交流长效机制,34名干部人才互换角色,实现人才多渠道流动、多岗位锻炼。

用细致入微的关怀留才。在政治上"厚爱一分",建立"区领导—部门领导—镇街书记—村(社区)书记"四级联系机制,推动各级书记和人才交朋友;在生活上"多帮一把",人性化落实居住、饮食、教育、医疗等关怀举措;在心理上"多看一眼",建立1次情况摸底、1次交心谈心、1次走访、1次研讨的"4个1"制度,用关心关爱消解"千千结"。

四、跟踪培养助"挂果"

人才自古要养成,放使干霄战风雨。

抓好"缺什么补什么"。着眼人才发展因需施教,建立"岗前初训+面上轮训+重点专训"培训机制,分领域、分阶段、分层次设计课程,确保"培训的"正是"需要的",2023年已培训1500余人次;举理论"大学堂""职工大课堂""金融大讲堂"等专题培训班,开设经济金融、规划建设、大数据智能化等10余门业务课程,帮助克服"本领恐慌"。

突出"要什么练什么"。着眼人才"长高长大",坚持把人才放到矛盾多、任务重、困难大的岗位锻炼。对金融、教育、医疗等领域专业人才要求从柜台、讲台、手术台等一线干起;对企业技术人才,要求每周必须到生产车间、建设工地等现场了解情况,做能指挥、会操作的"练家子";对招录到党政部门的选调生,安排到村担任书记(主任)助理参与乡村振兴具体事务。

助力"做什么成什么"。着眼"想干事、干成事",全力在平台搭建、团队建设、职称评定、项目申报等环节做好"辅助",打好"配合",当好人才圆梦"催化剂"。近年来,613名人才入选"江北英才计划",马晓单光子产业化项目获创客中国全国二等奖;舒刚获全国优质课竞赛一等奖;周必豪"党组织+农机合作社"集体经济项目投入运营。

重庆潼南：区域人才联盟加速人才高效集聚

张立平　重庆市潼南区委常委、组织部部长

《成渝地区双城经济圈建设规划纲要》明确指出"支持遂宁与潼南探索一体化规划、成本共担、利益共享的建设模式"。为唱好"双城记"，建好"经济圈"，吸纳"人才流"，潼南区聚焦区域间人才政策不协调、人才流动不顺畅、人才公共服务不贯通等问题，与遂宁市联合成立川渝毗邻地区人才联盟，打破人才发展体制机制的区域壁垒，建立政策共通、人才共引、平台共建、资源共用、服务共享的人才一体化发展机制，促进各类人才合理流动和高效集聚，为遂潼川渝毗邻地区一体化发展先行区建设提供坚实的人才支撑。

一、坚持"一盘棋"统筹谋划，实现制度互融共通

确定人才联盟目标方向，首先要树立"一盘棋"的思想，从政策制度层面做好顶层设计。协同制订人才发展规划。围绕遂潼产业一体化发展规划，与遂宁市同步谋划、同步研究制订"遂潼川渝毗邻地区人才一体化发展规划"，推动两地人才工作一体部署、同向发力，主动把人才发展融入两地产业发展布局，促进产业链、创新链、人才链"三链"融合，充分发挥人才引领支撑作用。创新人才政策协同联动机制。实施更加积极、更加开放、更加有效的人才政策，打破行政区划限制的藩篱，完善区域内人才培养、引进使用、流动、激励和保障的政策措施，建立区域一体化人才评价制度，探索建立两地职称评聘、技能等级等方面对等互认机制。建立联席会议制度。由两地组织部部长作为联席会议召集人，科技、教育、人社、文旅等多部门共同参与，加强沟通协调，研究推动有关协作事宜，增强工作合力，形成常态机制。

坚持"一条链"同向发力,实现人才共引共育,发挥人才联盟集聚效应,重点是突出优势特色,坚持错位发展,精准引进人才,精细培育人才,共同打造聚才"洼地"。同招共引人才。把人才引进作为两地人才工作的一号工程、"源头工程",紧紧围绕遂潼川渝毗邻地区共育共兴的重点产业,协作编制产业发展急需紧缺人才目录,联手举办"遂州英才组团招聘全国行""英才潼行"等大型引才推介会、招聘会,携手组团参加重庆国际人才交流大会、蓉漂人才日等引才活动,联合开展"春风行动"线上招聘、直播带岗等。目前,两地共同举办招聘会9场,共同引进急需紧缺人才、科技创新人才及团队2000余人。互训共育人才。两地在注重外引的同时,把培育人才摆在重要位置,充分发挥现有人才在经济发展和科技进步中的主导作用。依托高校、职业技术(技工)院校和大型企业等建立或共享人才培养、实训基地,协同开展重点产业、行业急需紧缺人才培养,推进培养、实训成果在两地互认。通过联建师资库、课程库,联合办学办班,跨区域开展现场教学、党性教育、实岗锻炼等,共同培训培养各类人才1万余人次。互派共用人才。探索建立"合作共享、互派互助、共促发展"干部人才交流机制,每年互派30余名综合素质好、发展潜力强的优秀干部人才开展顶岗学习锻炼,不断推进跨领域、多层面、项目化的人才交流合作。

二、坚持"一体化"整合要素,实现平台齐搭共建

实现人才联盟的集成效应,要充分发挥合作平台的引领作用,推动人才、科技等要素加速集聚、优势互补,让人才创业有机会、干事有舞台、发展有空间,聚力打造高能级产业园区。着眼区域发展整体目标,以利益联结机制为纽带,推动遂潼涪江创新产业园区组建川渝遂潼投资发展集团,持续引入优质科技创新主体,两地每年选派40余名高层次人才驻园区集中攻坚、互学共促,推动川渝高水平科技成果在园区率先转化。协同组建行业联合体。坚持精准聚焦、协同发力、共谋发展,围绕两地优势产业和重点领域,组建现代农业人才联盟、基础教育联盟、医疗专科联盟和涪江流域科技创新联盟等行业人才联合体,每年开展学术研讨、技术指导等交流活动1000余人次,推动两地人才、智力等要素高效对接、共融互促。共同建设科研平台。坚持以需求为导向、以共享为核心,联合合川、铜梁、遂宁共同建立涪江流域科技创新走廊大型科学仪器共享平台,集聚科研机构、医院、学校、企业等成员单

位 300 余家,共享大型科学仪器设备 1400 余台,设立仪器共享检测专项创新券 50 万元,并实现遂潼两地通用通兑,推动提高科技资源使用效益,进一步激发科技人才创新活力。

三、坚持"一家亲"平等互利,实现资源开放共用

推动人才联盟的不断壮大,必须突破零和博弈思维,牢固树立合作共赢理念,以开放激荡人才活水,以共享做强人才事业,积极构建人才资源总量充足、配置均衡、利用率高、流通性强的协同发展机制。建立统一规范的人力资源市场体系。健全劳动用工制度,完善就业管理服务网络,共同建设遂潼川渝毗邻地区人力资源服务产业园,推动人才市场准入、人才统计标准等两地贯通,加快形成统一开放、竞争有序、灵活融通的人才市场,促进区域人才合理流动、人力资源高效配置。建立互联共通的人才资源库。充分运用大数据技术,构建畅通快捷的人才信息互通平台,按季交流人力资源市场供求分析报告,推动人力资源合理配置和有序流动。分类建立经营管理、产业技能专业技术等专家人才库,探索专家人才柔性交流制度,通过"双聘"、项目委托、外聘顾问、专题咨询等方式推进专家人才资源共享共用。建立互助共用的高端智库。依托南昌大学重庆研究院、遂宁市成渝地区双城经济圈高质量发展研究院等智库平台,借助研究院智力、学术、资源优势,联合开展创新性理论研究和系统性实践总结,共商共谋成渝地区双城经济圈建设遂潼一体化发展大计。

四、坚持"一站式"衔接贯通,实现服务对等,共享提升人才联盟的服务质效

必须坚持人本理念,共同营造"近悦远来"人才生态,全面加强人才服务保障,最大限度解决人才后顾之忧。建立人才评价共通机制。健全突出创新价值、质量、实效、贡献导向的人才评价体系,打通两地在人才层级、人才资格等方面的阻隔,研制出台《遂宁市急需紧缺人才认定管理办法》《潼南英才认定评价办法》,推进"遂州英才""潼南英才"入选者对等享受两地人才支持政策。建立人才公共服务共享机制。组建人才服务专员队伍,设立专门办事窗口,提供"一站式"服务。完善区域人才公共服务清单,扩大服务事项,简化办事流程,推动两地专业技术职称互认、职业

技能等级互查、流动人员人事档案互查互转,目前两地已实现户籍迁徙创新创业、社会保险等 10 余项人才公共服务对等共享。建立人才活动联办机制。共同举办"'渝你潼行 遂心如意'成渝两地青年人才联谊市级示范活动""遂潼现代女性创业沙龙""遂潼中等职业教育师生技能大赛""遂潼川渝毗邻地区乡村振兴技能大赛"等活动,推动两地人才同台竞技、交流合作。

附

录

2023年度全市人才工作大事记

1月

【概览】

人才成就方面：重庆医科大学黄爱龙教授牵头的"乙型肝炎病毒微染色体的功能调控与干预新策略"，获得国家重点研发计划生物大分子与微生物组重点专项立项资助；北京理工大学重庆创新中心牵头建设的"中国复眼"项目，拍摄出国内首张月球环形山地基雷达三维图像；BOE（京东方）以2195件专利授权量位列美国专利授权排行榜全球第11位，连续5年跻身全球前20名；市级非遗代表性传承人周合平创作的《飞龙在天》龙灯彩扎作品被国家非遗馆收藏；重庆大足石刻文创园彩塑文创《大足狮》获得"中国工艺美术文化创意大赛"金奖；《重庆市江津区创新高层次人才评价制度》获"中国改革2022年度地方全面深化改革典型案例"。

平台建设方面：新建中国兵装传动技术研究院、华中科技大学同济医学院附属协和医院重庆医院、明月湖材料检测共享中心等。

政策措施方面：制定出台《加快西部（重庆）科学城人才双向离岸创新创业发展的若干措施》《九龙英才培育引进实施办法（试行）》《永川区驻外人才工作站管理办法》《永川区重点产业急需紧缺人才目录（2023）》《开州英才计划实施办法（试行）》《"梁平英才"命名办法（试行）》等人才政策措施。

【动态】

1月1日，市科技局公布2022年重庆市科技企业孵化器和众创空间名单，新认定54家市级科技企业孵化器和众创空间。

1月5日,梁平区召开区委人才工作领导小组会议,审议形成"'十四五'人才规划 + 高层次人才引进办法 + 一系列人才配套政策"的"1+1+N"人才政策体系。

1月9日,市人力社保局、渝中区政府举办"才聚渝中·智创未来"战略合作框架协议签约活动,加快建设"3+X"软件产业体系。

1月10日,科技领军人才创新驱动中心(重庆高新区)启动仪式暨首期科技领军人才论坛在西部(重庆)科学城大创谷·梦花园举行,该中心也是全市首个科技领军人才创新驱动中心。

1月11日,永川区举办首届永川"人才日"开幕式暨优秀人才代表座谈会、2023年人才云端招聘会等系列活动,颁发人才奖励金。

1月31日,市人力社保局印发《关于公布第四批重庆市专家服务团服务基层专家团队名单和第三批专家服务团考核结果的通知》,第四批将选派125个团队1044名专家深入基层开展服务。

2月

【概览】

人才成就方面:渝鲁共建石柱县中益乡夏布非遗工坊、酉阳县西州苗绣非遗工坊、彭水苗绣非遗工坊3个案例入选全国"非遗工坊典型案例";巴南区生物药品制品制造、大足区先进钢铁材料制品制造、涪陵区高性能塑料及树脂制造、九龙坡区铝及铝合金制造、綦江区智能关键基础零部件制造等5家产业集群入选全国创新型产业集群名单;荣昌区夏布织造技艺市级传承人马琳沁荣获"2022年度中国纺织非遗推广大使"称号;西南大学徐洛浩教授率先绘制全球首个家鸡全基因组完整图谱。

平台建设方面:新建国家储能技术产教融合创新平台、非常规油气院士工作站、中科华岩玄武岩纤维新材料研究院、国家基层心衰中心等。

政策措施方面:制定出台《南岸区、重庆经开区急需紧缺人才目录》《万州区"十四五"期间人才发展规划》《九龙坡区专业技术人才队伍"十四五"发展规划》等人才政策措施。

【动态】

2月2日,科技部火炬中心公布2023年实施"企业创新积分制"高新区名单,重庆高新区、永川高新区、铜梁高新区入选。

2月3日,江北区启动"江北杰出英才""江北英才计划·塔基人才"申报工作,主要评选在区经济社会发展中做出突出贡献的顶尖人才和创新创业的优秀青年人才。

2月3日,九龙坡区出台《"数聚龙才"行动计划(2023—2025年)》,重点实施人才"引凤"、人才"安居"、人才"乐业"、人才"暖心"四大行动。

2月3日,潼南区召开"英才潼行·建功潼南"专家人才座谈会,通报2022年度专家人才意见建议办理落实情况,兑现人才创新创业支持。

2月7日,涪陵区开展人才评定工作,聚焦科技创新、新材料、医疗卫生等行业新评定科创团队3个、产业技能人才82名,升级评定卫生健康系统人才20名。

2月7日,教育部·重庆市深空探测省部共建协同创新中心学术咨询委员会暨建设方案研讨会在重庆大学举行,12位院士、50余位专家参会研讨。

2月9日,非常规油气院士工作站在重庆科技学院揭牌,工作站将聚焦国家能源战略需求,瞄准学科发展前沿,组建联合攻关团队,围绕重稠油、天然气水合物和深层页岩油气等非常规油气高效安全开发领域进行攻关。中国工程院周守为院士、谢玉洪院士,出席揭牌仪式。

2月16日,《南岸区、重庆经开区急需紧缺人才目录》发布,包含180余个急需紧缺岗位和1100余条人才需求信息。

2月20日,中希文明互鉴中心成立仪式在雅典举行,习近平主席致贺信,项目由西南大学牵头,联合中国人民大学、希腊雅典大学等共同合作,将围绕人才培养、科学研究等方面开展工作。

2月22日,市农科院聘请包括邹学校、胡培松、李培武3名中国工程院院士在内的12位全国知名专家为学科建设荣誉首席专家,将从把方向、定目标、争项目、育人才等方面助力该院学科建设。

2月23日,重庆国际生物城参加中国(重庆)—比利时经贸产业交流会,就促进中比项目引进和海外人才交流合作开展对接。

2月24日,2023年"百万人才兴重庆"系列引才活动正式启动。计划全年开展线上线下引才活动300场以上,引进各类急需紧缺人才1.8万名以上。

3月

【概览】

人才荣誉方面:蹇宏获评2022年度中国机械工业"质量工匠"荣誉称号。

人才成就方面:重庆大学周绪红院士和王宇航教授团队研发出全球首台165米级预应力钢管混凝土格构式塔架;涪陵页岩气公司专家团队设计的"涪陵页岩气田焦石坝区块一期工程产能建设项目"获得2021年度石化工业工程设计一等奖;重庆驼航科技有限公司负责的参赛项目"江津造"重载无人直升机获第七届中国航空创新创业大赛全国总决赛一等奖。

平台建设方面:新建禾赛科技软件全球研发总部、国家数字经济创新发展试验区核心承载体暨卫星互联网产业园、重庆中国药科大学创新研究院、2023几何拓扑学术论坛暨重庆几何拓扑基础学科研究中心、成渝地区双城经济圈数字经济人才(华为ICT)实训基地、重庆农业农村科技人才发展研究中心、重庆三峡研究院院士工作站、重庆空天技术创新研究院等。

政策措施方面:制定出台《重庆市推动成渝地区双城经济圈建设行动方案(2023—2027年)》《重庆市提升科技服务能力推动科技服务业高质量发展三年行动计划(2023—2025年)》《关于加快推进以卫星互联网为引领的空天信息产业高质量发展的意见》《九龙坡区"数聚龙才"行动计划(2023—2025年)》《江北区关于加快推进区属国有企业人才强企建设的若干措施》《南川区人才引进工作运行规则》《万盛经开区人才高质量发展三年行动计划》等人才政策措施。

【动态】

3月7日,永川区举行"重庆数字经济人才市场永川市场"授牌仪式,围绕数字经济人才"引、育、留、用、转"等环节,提供一站式服务。

3月10日,巫溪县举办高层次人才"一站式"服务平台揭牌仪式,将为县各领域领军人才提供73项服务,力求为人才提供全要素、全过程、全周期优质服务。

3月15日,铜梁区启动"青苗·面向未来"人才培养计划,通过申报、资格审核、业务技能评价、演讲及现场答辩等层层筛选,选拔出73名青年人才进行为期24个月的系统性业务技能和管理知识培训,建立约70人的管理型和业务骨干型人才储备库。

3月19日,首届"巴蜀工匠"杯乡村振兴技术技能大赛在永川区落下帷幕。截至目前,全市共有技能人才 503.2 万人,其中,高技能人才达 158 万人,占全市技能人才数量的 31.4%。

3 月 21 日,"数字中国与高校数字教育"主题论坛在北碚举行,国内 70 余所高校近 500 名教育行业领域人才线上线下参与论坛。

3 月 21 日,依托重庆理工大学建设的重庆几何拓扑基础学科研究中心举行揭牌仪式。该研究中心由国际著名数学家、世界华人数学界最高荣誉"晨兴数学奖金奖"得主刘克峰教授担任主任。

3 月 25 日,2023 中国(重庆)国际智能建造产业创新大会在涪陵举行,中国工程院院士、重庆大学校长王树新,中国工程院院士、深圳大学土木工程学院院长陈湘生等专家学者参加大会并致辞演讲,大会通过国内外专家现场路演等方式,联合政、企、校各方力量,推动构筑智能建造新格局。

3 月 26 日,重庆人力资本服务产业园在经开区迎龙创新港开园,将打造集人才招聘、培训、人才测评、价值评估与变现、人才大数据应用等多位一体的大型人力资本服务产业链,形成立足重庆、服务川渝、辐射全国的人力资源服务采购和供应的重要基地。

3 月 30 日,南川区面向全国启动"菁英引才引智"活动,创新推出"领军团队 + 事业专技 + 国企高管 + 民企工匠"打捆引才模式,计划分批引进科创研发、文旅融合、大数据等领域人才共计 124 名。本次活动得到人民日报、新华社等 13 家媒体平台同频同步宣传,网络浏览总量达 150 万人次。

3 月 31 日,重庆市博士后管理办公室主办的 2023 年度"新农科·新产业·新生活"博士后沙龙在中国·重庆国家级专家服务基地举办。活动达成"博士后—项目企业"重要合作协议 4 份,为 16 家新设立的国家级博士后科研工作站授牌。

4 月

【概览】

人才荣誉方面:罗小敏、苏小琼、苏婷婷代表重庆市参加 2023 年"鹏萌杯"全国女子举重锦标赛,获得 4 枚金牌、1 枚银牌。

人才成就方面:重庆市在第八届中国国际"互联网+"大学生创新创业大赛中共获得 27 个金奖;重庆科创职业学院的"高端智能装备与虚拟仿真专精特新产业学

院"入选工业和信息化部首批公布的"专精特新产业学院"启动建设名单;重庆云谷·永川大数据产业园孵化器上榜 2022 年度拟备案国家级科技企业孵化器名单。

平台建设方面:新建北京大学心理与认知科学学院专业实践基地、凤凰(西南)数字人才培养与产业孵化基地、重庆西部工业互联网产业学院、重庆市科技创新知识产权研究中心、创客港·未来科技园、华宇城·生命科技园、拾光格·数字软件园、黄金湾·智谷、青凤高科产业园创新孵化中心、1491 未来设计创意中心、重庆卫星遥感产业大数据应用基地、"潼南巧匠"技能大师工作室、"巴渝工匠"乡村驿站、重庆邮电大学"智能汽车专精特新产业学院"等。

政策措施方面:制定出台《关于进一步支持西部科学城加快建设的意见》《重庆市高新技术企业和科技型企业"双倍增"行动计划(2023—2027 年)》《渝北区促进软件和信息服务业高质量发展十条措施》《江津区高层次人才评价制度 2023 年重点任务》《永川区科技创新支撑产业发展激励政策》《南川区支持企业青年人才创新创业若干措施》《铜梁区人才发展三年行动计划(2023—2025 年)》《武隆区重点人才工作单位"一把手"抓"第一资源"清单》。

【动态】

4 月 4 日,江北区举办第一届"江北杰出英才"专家评审答辩,来自四川、贵州和重庆等地的人才工作领域专家教授参与评审,13 个行业领域、24 名优秀人才进行现场答辩,共评选出 10 名"江北杰出英才"。

4 月 6 日,江津区与威凤国际教育科技(北京)有限公司合作共建凤凰(西南)数字人才培养与产业孵化基地,重点围绕数字孪生、数字创意内容生产、大数据及人工智能等 6 个领域,培养集聚数字人才。

4 月 7 — 8 日,九龙坡区开展"健康为民·院士专家九龙行"系列活动,中国工程院院士李兰娟、郑树森及团队专家在区人民医院开展义诊,并作"新一代数字化医院发展和思考"专题讲座。

4 月 9 日,第八届中国国际"互联网 +"大学生创新创业大赛在重庆大学圆满收官。在本次大赛中,重庆市共获得 27 个金奖。

4 月 12 — 14 日,2023 年"乡村振兴·重庆专场"公益活动举行。活动当天,腾讯西南总部联合重庆市慈善总会开展实施的"巴渝新农具计划"公益项目也正式拉开帷幕。项目以乡村人才数字化培训作为切口,立足重庆 17 个市级乡村振兴重点帮扶乡镇所在的区县,计划 4 年内在落地区县开展数字化培训 1700 余场,培养超

35000 名的新农人。

4 月 13 日,长寿区前往清华大学、中国农业大学开展"常来长寿 人才长寿"人才招引推介活动,与清华大学签订共建研究生社会实践长寿基地协议,设立"清华之友——长寿英才奖学金"。

4 月 14 日,市科协启动 2024 年科技小院建设项目申报推荐工作,已有 21 个科技小院获中国农技协批复成立,15 个已正式运行。

4 月 14 日,两江新区博士后政策明月湖专场宣讲活动在协同创新区融合创新中心举行,近 50 名博士后站点负责人参加。

4 月 16 日,"中国工程院院士重庆科技行"走进西部科学城重庆高新区,调研西部科学城智能网联汽车创新中心暨李克强院士工作站,召开座谈会详细了解科学城在打造"科学家的家,创业者的城"过程中科技创新、人才培养、营商环境的推进情况。

4 月 18 日,由市农科院和奉节县主办的"农科专家进奉节"活动顺利举行。活动中,奉节县与市农科院、市畜科院专家达成多项科技服务合作项目,并为农科专家授科技服务旗。组织农科专家走进产业基地、生产企业调研发展情况及技术困难,精准"供应"科技服务。

4 月 19 日,重庆市人才服务技能比武大赛三赛区预赛在奉节县举行,来自重庆市 13 个区县的选手同台竞技。奉节县、垫江县、梁平区从中脱颖而出,成功获得大赛晋级资格。

5月

【概览】

人才荣誉方面:在第五届全国农业行业职业技能大赛家畜繁殖赛项决赛中,荣昌区江红参赛并获得一等奖,被授予"全国技术能手"称号。

人才成就方面:教育部公布"十四五"第一批教育部重点实验室建设立项(培育)名单,重庆大学非线性分析数学与应用教育部重点实验室、陆军军医大学老年心血管病教育部重点实验室、重庆邮电大学网络空间大数据智能安全教育部重点实验室等获批立项建设,重庆医科大学重大脑疾病与衰老教育部重点实验室获批培育建设;重庆市袁道先科学家精神教育基地、重庆自然博物馆(中国西部科学院旧址)、816工程入选2023年科学家精神教育基地。

平台建设方面:新建成渝地区双城经济圈西部(重庆)科学城专家服务基地、天府国际技术转移中心巴南软件园服务站、西部职教基地发展研究中心、成渝地区双城经济圈脑与类脑科学重点实验室、重庆觉醒睡眠与认知基础学科研究中心、孙和平院士精密测量科普工作室、九龙坡区忽米科技网络有限公司博士后科研工作站等。

政策措施方面:制定出台《卓越工程师赋能专项实施方案》《重庆市技术创新中心建设运行管理办法(试行)》《重庆市乡镇农业服务机构农业技术人员高级职称"定向评价定向使用"办法》《涪陵区2023—2025年人才强区行动计划》《沙坪坝区支持人才创新创业若干措施》《巴南区为科技人才办实事工作清单》《永川区企业创新主体培育提升"663"行动计划》等。

【动态】

5月11日,科睿唯安(CA)2023年发布的最新ESI数据显示,重庆市重庆大学、西南大学等12所高校62个学科进入ESI世界学科排名前1%。

5月12日,港澳科学家重庆行·2023渝港澳科学家圆桌论坛在西部科学城重庆高新区举行,10余位港澳科学家与重庆专家学者代表共聚一堂,围绕聚焦重点领域,探讨重庆与港澳地区的交流与合作。

5月14日,由渝东北11个区县联袂举办的重庆首届三峡人才节在万州区举行,来自清华大学、北京大学、浙江大学等多所高校的专家学者,天津市、江苏省等多个对口支援省市区,以及鲁渝东西部协作城市和湖北省、四川省等多个市(州、县)相关部门负责人参加活动。

5月15日,"天府国际技术转移中心巴南软件园服务站"授牌仪式在巴南软件园举行,服务站将重点开展成果转化、科技人才交流培育、项目对接等工作。

5月16日,沙坪坝区印发《支持人才创新创业若干措施》,从强化人才贡献待遇激励、支持用人主体引才育才、激励人才创新创业等五个方面,制定设立"引才伯乐奖"等20项具体举措。

5月16日,第十届中国畜牧科技论坛在荣昌区开幕,论坛以"创新·数智·健康"为主题,邀请中国科学院、中国工程院的舒红兵、陈化兰、夏咸柱、陈焕春、向仲怀等10名两院院士,以及来自中国农业大学等单位的2600余名专家人才参加活动。

5月20日,由市科技局、市委宣传部、市教委、市科协、市社科联、西部科学城重庆高新区管委会共同主办的2023年重庆市科技活动周启动仪式及主场展览活动在西部(重庆)科学城举行,200余项科技创新和科普成果"组团"亮相。

5月23日至6月6日,永川区"逐浪奔永"全国重点高校巡回引才活动在上海、北京、杭州、广州、西安等地举行,旨在为永川和高校人才搭建交流、了解、匹配的平台,吸引更多的高素质人才来永创新创业创造。5个城市、8所高校、1200多份简历,上演了一场城市与人才的"双向奔赴"。

2023年,全国社会工作职业水平考试,重庆报名人数24730人,报考人数再创新高,较2022年新增8365人,增长率为51.12%。其中,有18694人报考助理社会工作师(初级),较2022年新增6069人,增长率为48.07%;有5872人报考社会工作师(中级),较2022年新增2280人,增长率为63.47%;有164人报考社会工作师(高级),增长率为10.81%。

6月

【概览】

人才荣誉方面:重庆市畜牧科学院院长刘作华、重庆机电智能制造有限公司总工程师李先广荣获全国创新争先奖状。

人才成就方面:重庆文理学院研发的国家一类新药——抗癌新药PZ-1正式进入临床阶段;重庆高新技术产业研究院孵化园、重庆市科技工作者众创之家孵化器、重庆云谷·永川大数据产业园孵化器入围科技部"2022年度国家级科技企业孵化器名单";"成渝地区双城经济圈西部(重庆)科学城专家服务基地"入选人社部2023年专家服务基地建设名单。

平台建设方面:新建重庆中医药学院、重庆大学国家卓越工程师学院、重庆理工大学新能源及智能网联汽车产业研究院、西部职教基地创新创业协作体、中国梁平柚产业研究院。

政策措施方面:出台《重庆市科技专家库管理办法》《重庆市技术创新中心建设运行管理办法(试行)》《"十万英才聚长寿"育才计划政策三十条(试行)实施细则》《南川区企业科技人才和管理人才个人所得税奖励实施细则》等。

【动态】

6月,农业农村部公布了一批企业重点实验室,柑橘类精深加工重点实验室(重庆檬泰生物科技有限公司)、西南地区特色菌种种质资源保护与发掘利用重点实验室(重庆市天友乳业股份有限公司)、丘陵山区耕作机械重点实验室(重庆鑫源农机股份有限公司)3家上榜。

6月2日,首届"新龙科创杯"创新创业大赛在九龙坡区举行,来自成渝两地140个团队参加,参赛项目覆盖大数据与人工智能、先进装备与制造、生物医药等领域,有效知识产权数量超过1500项。

6月2日,中组部、团中央赴渝、赴川"博士服务团"团务活动在大足区举行,通过现场调研、专题问计、发展论坛等方式,为大足高质量发展提出100余条"金点子"。活动中大足区与博士签订2个战略合作协议,并聘请31名博士为"重庆市大足区高质量发展顾问"。

6月15日,市科技局组织召开2023年度国家重点研发计划高新领域专项申报动员会,重庆市重点高校、企业、科研院所近100位代表参会。

6月16日,首届卓越工程师大赛决赛暨卓越工程师半岛签约仪式在北碚区举行,卓越工程师半岛正式揭幕落地北碚,北碚区与市人力社保局签订卓越工程师培养集聚战略合作协议,双方将开展合作。

6月16日,"才聚三江·智创未来"合川区人才引领发展高端峰会在合举行,中组部、科技部、人社部等全国人才工作领域的专家学者围绕以打造人才引领高质量发展合川样板为主题,通过主旨演讲、高峰论坛、圆桌对话等,为推动合川区人才工作高质量发展献智献策。会上,聘请了李志刚、苏光明等9名专家为"合川区人才发展专家顾问",举行了"重庆市合川区招才引智服务站"授牌仪式。

6月19日,2023中国(重庆)蚕桑丝绸产业高质量发展大会在奉节举行,中国工程院、中国蚕学会、浙江大学等单位的6名专家围绕"数字蚕桑"、人才培育等发表主题演讲。

6月19—20日,以科技创新托起"品质之城"为主题的重庆民盟第四届"群言堂"暨成渝地区科技创新高峰论坛在渝北区举办,著名专家、知名企业代表等200余人参会,共话成渝地区科技创新。

6月26日,江津区白沙工业园发展中心与西北大学物理学院签订深化校企合作协议,就共建区域公共实训基地、共筑光伏产业人才高地等方面开展合作交流。

6月28日,南岸区、重庆经开区举行"江南菁英"人才日活动,现场发布"江南菁英"人才品牌、首批"江南菁英"人才名单和"南岸区、重庆经开区 2023 年人才十事"。

6 月 28 日,(华盛顿特区)美国护理科学院(The American Academy of Nursing)2023 年院士评选结果正式发布,重庆医科大学附属第一医院护理部赵庆华主任当选为美国护理科学院院士(Fellow of American Academy of Nursing,FAAN)。

7月

【概览】

人才荣誉方面:重庆市 4 名残疾人运动员在第 16 届世界夏季特殊奥林匹克运动会上共斩获 4 枚金牌、2 枚银牌、2 枚铜牌;雷挺婕荣获 2023 国际棋联女子世界锦标赛对抗赛亚军;重庆八中机器人团队在 RoboCup Junior 机器人世界杯比赛中获单队赛项世界冠军。

平台建设方面:新建中国农科院蔬菜花卉研究所西南研发中心、广州中医药大学第一附属医院重庆医院、重庆市青年科学家创新联盟等。

政策措施方面:制定出台永川区《关于落实青年人才发展指数工作任务的实施意见》,綦江区《綦江英才计划实施办法(试行)》《柔性引进高层次人才实施办法(试行)》《"招才大使"聘任管理办法(试行)》等。

【动态】

7 月 3 日,忠县首届"'忠'爱人才·'州'等你来"引才大会举办,420 名院士、专家、学者齐聚忠县,现场签署《共建忠县国际院士科创中心合作协议》《校地人才合作框架协议书》等,颁发"忠州引才推介顾问""校园引才大使"聘书,授牌"生物医药特色产业博士工作站"。

7 月 5 日,渝中区获评全市首个"重庆国际青年社区",将聚焦国际青年人才,实施打造一个国际社区青年活动中心、开放一个青年特色创业集市、孵化一批"小精专特新"青年企业项目、搭建一个青年交流平台、开展一堂青年成长课程等"五个一"计划,助力青年人才在渝中共创共享、安居安业。

7 月 6 日,潼南区举行"潼逐梦想 创见未来"潼南"青竹荟"之青年科技人才创新论坛,邀请教育部深空探测联合研究中心常务副主任、重庆大学先进技术研究院院长谢更新教授作"中国航天发展与探月工程"主题分享,区委区政府主要领导与200余名青年人才现场交流,36.4万余人次线上互动。

7月11—13日,梁平区举行第二届西部预制菜产业发展大会暨2023西部预制菜博览会专家大讲堂,邀请4名中国工程院院士围绕产业高质量新发展、人才引进培养等方面建言献策。

7月14日,2023年"百万人才兴重庆"博士渝行周——走进高校活动举行,本次活动由市委组织部、市教委、市人力社保局主办,市人才交流服务中心、四川美术学院承办。当天,共有73位博士与重庆高校意向签约。

7月22日,由市科技局和市科学技术研究院共同举办的"AI机器人技术前瞻及重庆产业布局策略探讨"研讨会举行。重庆市机器人行业重点高校、企业、科研机构和新型研发机构共10余位专家,围绕当前AI机器人的技术创新热点和产业发展趋势展开讨论,针对重庆市AI机器人发展现状、问题进行分析,并对重庆市如何选择细分赛道、抢抓发展机遇提出建议。

7月24日,巫溪县举办"候鸟"人才工作站揭牌仪式,首批来自全国各地的共22名"候鸟"专家人才出席仪式并签订19份课题认领协议。

7月29日,两江新区举办"两江之星"青少年优才培养计划暨渝台青年文化交流活动,40名"两江之星"青年与30名台湾青年参加活动。

2023年重庆市参加全国社会工作者职业水平考试,高级社工师考试通过17人,中级(社会工作师)通过693人,初级(助理社会工作师)通过5368人。目前全市社会工作专业人才7.8万人,持证社会工作专业人才3.2万人。此外,经全国高级社会工作师评审委员会对重庆市委托评审的2020—2022年高级社会工作师考试合格并通过初审的17名人员进行评审,有8人通过,通过率为47%,远超全国平均通过率(37%)。目前,全市高级社会工作师共计25人。

8月

【概览】

人才荣誉方面:在第31届世界大学生夏季运动会上,来自重庆高校和重庆籍的20余名大学生运动员共获得11枚金牌、8枚银牌、1枚铜牌;"熵密杯"全国首届商用密码应用安全大赛举办,全国110支队伍参赛,重庆衡鉴信息技术有限公司团队荣获三等奖。

平台建设方面：新建"政校企"协同培养机制的元宇宙产业学院、安赛搏植物细胞工程中心及产业化平台。

政策措施方面：制定出台《南川区支持企业青年人才创新创业若干措施实施细则》《奉节县支持青年人才创新创业若干措施》等。

【动态】

8月6日，为表彰先进、弘扬正气，进一步激励引导全市广大干部牢记习近平总书记殷殷嘱托，踔厉奋发、勇毅前行，市委组织部、市人力社保局、市国资委联合印发《关于表彰2022年度"重庆市担当作为好干部"的决定》，对100名2022年度"重庆市担当作为好干部"进行表彰。

8月8日，第31届世界大学生夏季运动会在成都闭幕，来自重庆高校和重庆籍的20余名大学生运动员共获得11枚金牌、8枚银牌、1枚铜牌。

8月8日，第十二届中国创新创业大赛（重庆赛区）暨第九届重庆"高新杯"众创大赛万开云分赛在万州科技创新中心路演大厅举行，10组选手现场比拼。

8月10日，2023中国航空科普教育大会暨第七届全国青少年无人机大赛在南岸区开幕，中国航空学会理事长林左鸣、中国载人航天工程副总设计师杨利伟、中国工程院院士吴光辉和刘大响等出席开幕式并发表主旨演讲。

8月10日，长寿区举办首届长寿英才现场评审活动，来自高校、科研院所、创新创业孵化基地等单位的12名人才工作领域专家参与评审，青年拔尖人才、领军人才和创新创业示范团队3个项目的100余名优秀人才现场答辩。

8月10日，西部科学城重庆高新区印发《成渝地区双城经济圈西部（重庆）科学城专家服务基地实施方案》，将创新高层次人才柔性流动机制，集聚创新资源、突破关键技术、培养紧缺人才，为西部（重庆）科学城建设提供人才和智力支持。

8月16日，"2023重庆数字经济人才发展大伽谈"活动举行，现场发布《2022中国数字经济人才发展报告》《2022中国数字经济人才急需紧缺目录》《数字经济人才分类及评价规范》3项数字经济人才研究成果。

8月16日，北碚区蔡家智慧新城获首批"中国重庆数字经济人才市场工作站"授牌。该工作站将整合更多资源，做好人才需求调研、人才政策宣传、数字经济人才招聘引进、人才培育、职称评审、成果转化等工作。

8月15—18日，綦江区组织66名区内专家人才代表赴遵义开展"潮涌南州·綦聚英才"高级专家人才"三位一体"暨科技英才专题研修班活动，通过专题讲座、交流座谈、现场教学等方式激发专家人才爱国之心、报国之志。

8月18日,渝北区举办"基于自动驾驶技术的智驾社区成果发布会",俄罗斯工程院外籍院士白杰、东风悦享科技有限公司 CEO 李凯、天翼交通解决方案专家张红星等齐聚仙桃数据谷,共话自动驾驶最新前沿技术。

8月19日,首届石窟寺保护国际论坛在重庆大足石刻开幕,来自中国、阿富汗、伊朗、挪威等世界石窟寺保护领域近百名专家学者,聚焦气候变化条件下的石窟寺保护,挖掘石窟寺考古与多重价值,发布多项研究成果。

8月20日,酉阳县召开2023酉阳乡村发展国际大会,近100名国内外专家学者齐聚酉阳,论道乡村振兴、共话共富图景。

9月

【概览】

人才荣誉方面:在中华人民共和国第二届职业技能大赛上,重庆代表团共荣获5个项目金牌、2个项目银牌、4个项目铜牌、67个项目优胜奖;潼南区陈伟在全国农业行业职业技能大赛决赛中获一等奖。

人才成就方面:在第8届贵州遵义国际辣椒博览会上,石柱县武陵山研究院副院长、国家"三区"科技特派员谭杨国团队研发的朝天椒品种"石辣7号"入选"全国辣椒十大新优品种";在2023国际竹业品牌博览会暨第四届中国(宜宾)国际竹产业发展大会上,"新忠州人才"王建忠牵头研发生产的"以竹代塑"竹纤维环保餐具获金奖。

平台建设方面:新建国家生猪技术创新中心 SPF 猪科技创新联盟,重庆硒旺华宝生物科技有限公司、重庆果本生物科技有限公司、重庆万力联兴实业(集团)有限公司获批设立重庆市博士后科研工作站等。

政策措施方面:制定出台《北碚区"缙云英才"支持计划》《梁平区技能大师工作室管理办法(试行)》等。

【动态】

9月1日,江津区召开2023年专家人才暨"科技副总"暑期座谈会,来自重点院校、科研院所、企业的13名专家代表,围绕"江津建强西部陆海新通道重庆主枢纽,争当渝西地区一体化高质量发展排头兵"主题,为江津高质量发展积极献智献策。

9月2日,2023年滨州·奉节东西部协作联席会议在奉节县召开,就进一步加强人才合作、产业帮扶融合、技术协作对接等进行交流,并签订协作帮扶协议。

9月3—4日,以"智能网联新能源汽车产业高质量发展"为主题的院士科技行活动在西部科学城重庆高新区举行,7位中国工程院院士围绕智能网联新能源汽车产业发展建言献策。

9月4日,2023中新国际数字合作论坛在渝北区仙桃国际大数据谷举行,论坛以"数字化变革引领国际数字合作"为主题,与会嘉宾围绕中新信息通信创新合作、加快信息通信产业布局等共论数字化变革、国际数字合作。

9月6日,在2023国际竹业品牌博览会暨第四届中国(宜宾)国际竹产业发展大会上,"新忠州人才"王建忠牵头研发生产的"以竹代塑"竹纤维环保餐具获金奖。

9月8日,第八届中国创新挑战赛(重庆)在开州区举行。本次赛事聚焦新一代信息技术领域的重大技术需求,面向全国高校、科研院所、科技企业和技术团队寻求解决方案,通过"揭榜比拼"方式,搭建产学研用合作的科技成果转移转化平台。

9月9日,荣昌猪产业研究院举行首届专家会议,来自西南大学、重庆食品工业研究所、四川农业大学动物科技学院、重庆轻工职业学院、重庆市畜牧科学院的专家、学者20余人齐聚一堂,为荣昌猪产业发展建言献策。

9月14日,璧山区举行"润玉·合知行"——2023年璧山区重点产业集群高层次人才"订单式"培养开班仪式,授予重庆华创公司、重庆创燃公司"订单式"培养试点示范基地,将来自重庆大学、重庆理工大学的5名博士、4名硕士纳入首批"订单式"培养。

9月18日,长寿区首期领军企业人才培育"鲲鹏计划"培训班在清华大学正式开班,来自全区新材料、生物医药、乡村振兴等领域的50名高级管理人才、企业家参加。

9月19日,根据国际权威学术评价机构——科睿唯安本月中旬发布的最新ESI(基本科学指标数据库)数据显示,在渝高校新增4个学科进入ESI世界学科排名前1%,新增2个学科进入ESI世界学科排名前1‰。

9月18—20日,成渝地区双城经济圈专家服务团"走进丰都"活动顺利举办,来自能源、材料、食品、畜牧、医疗、文旅等7个行业领域的13个专家团队,通过考察交流、专题讲座、技术培训等形式,解决技术难题23个,签约长期帮扶协议11个,有力推动丰都经济社会发展和人才队伍建设。

9月22日,潼南区召开推动民营经济高质量发展暨科技创新和人才工作会议,强调加快集聚高层次人才,培育壮大重点人才队伍,加快建设成渝中部现代化科创人才新高地。

9月27日,第二届两江青年开明论坛在大足区举行,来自北京、上海等8省市的140余名青年人才参加,10位青年人才代表围绕典型成果、前沿态势、短板问题等方面分别作了主旨报告。

9月28日,万盛经开区开展专家进校园活动,邀请教育部深空探测联合研究中心常务副主任、重庆大学先进技术研究院院长、探月工程"嫦娥四号"生物科普载荷总设计师谢更新教授为900余名师生开展《月球第一片绿叶》科普讲座。

10月

【概览】

人才荣誉方面:在第二届全国博士后创新创业大赛上,重庆代表团获2金3银1铜。

平台建设方面:新建数字重庆建设培训示范基地、西南大学潼南现代农业实验示范基地、商汤人工智能计算中心等。

政策措施方面:制定出台《涪陵区创新团队评选认定管理办法(试行)》《北碚区评选新时代"三千名流"的通知》等。

【动态】

10月9日,由市教委、市国资委联合举办的重庆高校和市属国企中级技术经纪人培训班在大创谷梦花园顺利开班,全市共有34所高校和23家市属国企60名学员参加。

10月12日,2023中国—新加坡国际科技交流与创新大会在渝成功举办,400多名国内外知名学者、行业专家、企业家等齐聚一堂,聚焦汽车制造业、先进材料、信息技术等时下热点话题和重庆重点产业,共话科技创新。现场,11个项目集中签约,涉及新能源智能网联汽车、高端人才培养及产学研合作等。

10月19日,两江新区举办"2023全球卓越工程师大赛"暨海内外博士离岸创新创业洽谈会"云端"宣讲活动,两江新区中瑞产业园、协同创新区明月湖科创基地等单位负责人、工程师、HR等60余人参会。

10月18—20日,2023中国(重庆)国际高性能纤维复合材料产业创新大会在涪陵区举办,中国工程院院士杜善义、蹇锡高,德国工程院院士 Klaus Drechsler,英国皇家工程院院士 Michael R.Wisnom 等10余名中外复合材料专家、学者,近200名新材料产业链上下游企业家齐聚,交流产业发展趋势,研讨前沿成果和新技术应用。

10月24日,第四届江北嘴新金融峰会"红金渝"金融党建论坛在重庆大剧院举行,中国浦东干部学院金融创新研究中心主任柯迪等10余名金融领域专家人才围绕党建统领金融机构、功能、人才"三集聚",加快建设西部金融中心核心承载区开展主题演讲、圆桌论坛和案例分析,60余家金融机构、200余名金融人才代表参加。

10月27日,重庆市空天信息产业发展论坛在北碚区举行,中国科学院院士夏军等200余名专家、学者、企业代表进行了分享交流,33个涉及航空航天、智能网联新能源汽车等领域的双招双引项目签约落地。